角川映画

1976-1986

［増補版］

中川右介

角川文庫
19611

目次

※データ・ランキングページは関西ウォーカー編集部にて作成。

はじめに

一九七六年秋、『犬神家の一族』という映画が公開された。そのとき、日本映画は新たな時代に突入した。「角川映画の時代」である。

本書はこの「角川映画の時代」を歴史として描くものだ。

現在も「角川映画」は、かつての「大映」を継承する映画会社として存在するが、本書が描くのは、現「角川映画」とは別のものだ。角川書店社長であった角川春樹氏が設立した角川春樹事務所が製作あるいは他社と提携した作品群をいう。現在も「角川春樹事務所」という角川春樹氏が設立した出版社があるが、この本に登場する「角川春樹事務所」とは別の会社である。そして、角川春樹氏は本書の出版元である現在のＫＡＤＯＫＡＷＡグループとは関係がない。

「角川映画」「角川春樹事務所」がなぜ二つあるのかは、出版・映画界の人であれば説明は不要だろうし、別に秘密でもなんでもないが、その経緯を書くと一冊の本になってしまうので、ここでは、現在の「角川春樹事務所」とは別の「角川春樹事務所」というものがかつてあり、角川春樹氏がプロデュースした作品群が「角川映画」と呼ばれていたと確認するに留める。

なお、当時は「角川映画」という映画会社は存在せず、「角川映画」は通称でしかない。

さて、その「当時」とは、いつからいつまでを指すのか。角川春樹氏が陣頭指揮をとって映画製作をしていた一九七六年の『犬神家の一族』から九三年の『REX 恐竜物語』までをいう。そして本書がカバーするのは、そのうちの最初の十年、七六年から八六年までとしたい。それは私にとって高校一年生から社会人になるまでの時期にあたる。その間、私は角川映画を、封切られるたびに映画館で観ていた——多分、全作品を。まさに、「わが青春の角川映画」なのだ。

といって、私個人の懐旧譚として書くのではない。これまでに書いた『山口百恵』、『松田聖子と中森明菜』(朝日文庫)同様に、「角川映画の時代」は私にとって同時代だが、自分自身の記憶や思いはいったん脳裡から消去し、文献資料をもとにして再現していく。

映画の本ではあるが、映画作品評論の本ではないこと、したがって、テーマが何でどうだとか、あのカメラアングルがどうのとか、カット割りがこうのとか、そういう事柄は書かれない。監督論、俳優論でもない。各映画の解説はするが論評はしない。

存命している人物が多く出るが、歴史物語として描くので本文においては一切の敬称は省略する。また肩書などは当時のものである。

なお本書はKADOKAWAから発行されるが、私は現在も過去も同社に属したことのない外部の人間であり、本書もKADOKAWA公認の「社史の一部」ではない。本書で示される見解はすべて私個人のものである。

本書は二〇一四年二月に刊行された『角川映画 1976-1986 日本を変えた10年』の文庫化である。

文庫化にあたっては全体を見直し、単行本刊行後に判明した事実を追記あるいは訂正した。そのなかには、二〇一四年十二月に本書の主人公ともいうべき角川春樹氏にインタビューする機会を得たので、そのときに聞いた事柄も付け加えた。

二〇一六年は、角川映画四十周年にあたり、それを記念しての文庫化でもあるので、終章を大幅に加筆し、角川映画の現在までを概観できるようにした。しかしあくまで、本書は角川映画の歴史のなかの「最初の十年」を描くものである。

以上のように加えた部分もあるが、単行本にあったカラーの口絵、映画のスチール写真などは省かれている。

記述について

■人物の敬称はいっさい略す。

■人物の肩書、企業名はすべて当時のものとし、適宜、現在のものを補う。

■配給収入のデータはとくに記載がない限りは、「キネマ旬報ベスト・テン85回全史　1924‐2011」に拠る。

■角川文庫などの発行部数は当時の広告、チラシなどに拠る。したがって、水増しされている可能性は高い。

■レコードの売上枚数は『オリコン　チャートブック』に拠る。

■引用にあたっては数字の表記は漢数字にするなど、表記上、変えた箇所もある。

序章　一九七五年

一九七五（昭和五十）年十月二十七日、角川書店創業者にして現役の社長である角川源義が五十八歳で亡くなった。入院したのはその年の八月で、肝臓疾患だった。本人には知らされなかったが、癌だったとも伝えられる。その前から体調はよくなかったので、突然の死ではなかった。本人も周囲も、その日の近いことはわかっていたはずだ。

十一月六日、角川書店の社長には長男で編集局長だった角川春樹が就任し、次男の歴彦は専務となった。敗戦から三ヵ月後の一九四五年十一月十日に、当時二十八歳だった角川源義によって創立された角川書店は、ここに新しい時代に突入した。

二代目社長角川春樹（一九四二〜）は三十三歳、専務となった角川歴彦（一九四三〜）は三十二歳と若い。角川書店そのものも創業三十年目であり、大手出版社ではあったが、岩波書店、新潮社、講談社などに比べると歴史は浅かった。

角川源義が病床にあった九月二十七日、一本の映画がひっそりと、しかし熱気を帯びて封切られた。高林陽一監督作品『本陣殺人事件』である。この映画は日本アート・シアター・ギルド（略称ATG）作品だった。ATGは外国の芸術映画の配給を目的として一九六一年に設立されたが、七〇年代に入ると、日本の大手映画会社から独立した監督たちと提携して低予算の芸術映画を製作・配給するようになっていた。映画を製作・上映することが、ひとつの芸術運動として成り立っていた時代である。ATGの製作予算は一千万円とされ、それは当時の東宝や松竹などの一本あたりの製作費の数分の一だ。製作費はATGと監督の個人プロダクションとが折半で出すのが基本だった。

ATG作品は批評家たちの間では高い評価を得ていたが、興行的には苦戦する作品も多かった。もともと「興行」という概念を嫌って、自分の芸術的信念に従い、観客に媚びるのではなく、自分の作りたい映画を作ろうという「運動」なので、興行として失敗するのは、当然と言えば当然だった。しかし日本が資本主義社会である以上、興行的に失敗すれば、誰かがその赤字を負担しなければならない。この運動が衰退していくのは必然とも言えたが、試行錯誤を繰り返し、一九九二年まで活動を続けた。

このATG史上、配給収入が初めて一億円を突破したのが『本陣殺人事件』だった。つまり最大のヒット作となった。難解な芸術映画のATGが娯楽色の強いミステリ映画を作ったことも話題になったし、実験映画、自主映画の旗手のひとりだった高林陽一の作品であることも一部映画ファンを惹きつけた要素ではあっただろう。だが、これだけヒットしたのは、当時すでに角川文庫が主導する「横溝ブーム」が始まっていたからだった。

ＡＴＧで『本陣殺人事件』を企画したのは映画館新宿文化の支配人でもあったプロデューサーの葛井欣士郎だった。葛井は『横溝正史全集』を出していた講談社の紹介で横溝を訪ね、映画化権を取った。さらに『本陣殺人事件』が角川文庫からも出ていたので、角川書店にも連絡した。営業局長となっていた角川歴彦がこれを受けて横溝正史フェアの実施を決定、この時点では角川春樹は野性号で旅に出ていたと、角川書店の社史ともいうべき佐藤吉之輔著『全てがここから始まる』にはある。

一方、横溝の回想では、この年の六月十三日金曜日に、角川春樹が横溝正史を訪ねて来たという。日付まで確定できるのは、横溝がエッセイに書いているからで、その日が「十三日の金曜日」だったというので印象に残っているのだという。その日、横溝の許へは珍しく四組の来客があった。


四組の客のひと組が、角川書店の当時の局長、現在の新社長の角川春樹君である。その春樹君曰く、

「先生、そう出し惜しみをしないでドンドン作品をくださいよ。この秋までに二十五点揃えて、五百万部を突破させ、十月の文庫祭りを『横溝正史フェア』でいきますから」

私はしんじつドキッとした。因みに同書店の若い人が、去年（七四年）の暮れに

持ってきてくれた集計によると、私の文庫本、十六点か十七点でたしか三百三万部であった。それを十ヵ月で二百万部刷ろうというのだから、いかに点数が増えるとはいえ、こいつはアタマから無理な注文だと思わざるをえなかった。そこで私曰く、

「あんまり無理をしないでよ」

（「週刊読書人」一九七五年十二月二十九日）


角川春樹の野性号の旅は六月二十日から八月五日である。つまり、横溝の許を訪れ、十月に横溝正史フェアをやると伝えてから旅に出ているわけで、佐藤の本の記述と矛盾する。

ともあれ角川の言葉通り、『本陣殺人事件』が公開された一九七五年秋の時点で、角川文庫の横溝作品は二十五点になり五百万部を突破、映画公開と同時期に書店には横溝正史フェアと銘打たれ、横溝作品が積まれた。角川は宣伝協力費として、『本陣殺人事件』に五十万円を出資した。

『本陣殺人事件』はいわゆる「角川映画」ではないが、角川書店あるいは角川春樹と無関係だったわけではない。

ひとつのムーブメントとしての角川映画の、起点のひとつだった。

実験映画・自主映画の旗手として知られていた高林陽一（一九三一〜二〇一二）と、巨額の製作費をかけて作り大量宣伝でメディアミックスさせてヒットさせる角川映画と

は、あまりにもミスマッチだが、高林は角川映画の映画作家のひとりである。後に横溝正史原作『蔵の中』を監督するし、大林宣彦が角川映画で撮る『金田一耕助の冒険』『ねらわれた学園』『時をかける少女』に小さな役で俳優として出演する。このことからわかるように高林と大林宣彦とはもともと親しかった。大林は『本陣殺人事件』には音楽監督として関わっている。

大林宣彦（一九三八〜）もまた自主映画の旗手として知られ、その作品を見た電通のプロデューサーの勧めでテレビのコマーシャルフィルムを撮るようになり、「テレビCMの巨匠」「映像の魔術師」と呼ばれていたが、高林との同盟関係は続いていた。

大林は『本陣殺人事件』の試写会で角川春樹と初めて会い、「角川さん、あなたが『ラブ・ストーリィ』に目をつけたのは、なかなかですね」というようなことを言った。『ラブ・ストーリィ』とは、一九七〇年にアメリカで公開され、日本では翌七一年三月に『ある愛の詩《うた》』として公開されたアーサー・ヒラー監督の純愛映画のことだ。

原作となるエリック・シーガルの小説は七〇年二月にアメリカで出版され、三月になるとベストセラーランキングのトップに出た。富豪の家の青年と、庶民の娘とが出会い、親の反対を押し切って結婚するも、彼女は白血病で若くして死んでしまう、「身分格差の恋愛」と「不治の病」という、どちらもあまりにもありふれ、時代錯誤の陳腐な設定の恋愛小説だった。当時のアメリカはベトナム戦争後の倦怠感に浸っており、青年たちはドラッグとフリーセックスに溺れているというイメージが蔓延していた。そんな時代に、誰がこんなものを読むのかと思われたが、それが大ヒットしたのだ。

『ラブ・ストーリィ』は小説が書かれている間に映画化が決まっており、十二月に映画が公開されると、これも大ヒットし、原作小説は空前の一千二百万部を突破した。映画の音楽はフランスのフランシス・レイが担当し、アンディ・ウィリアムスが歌った主題歌のレコードも大ヒットした。

角川書店はこの『ラブ・ストーリィ』の原作小説の日本語版の版権を、僅か四百ドル(当時は一ドル三百六十円だったので十四万四千円)の前金で取得した。この金額については、角川自身が、一九七七年には「四百ドル」と書き、二〇〇五年には二百五十ドルと書いており、どちらが正しいのかわからないが、いずれにしろ、安い。こんなにも安く獲得できたのは、エリック・シーガルが無名の新人であり、「ラブ・ストーリィ」という、あまりにも陳腐なタイトルの時代錯誤の純愛物語ということで、他社が手を出さなかったからだ。

『ラブ・ストーリィ』日本語版は角川書店から七〇年十二月に発売された(後に『ラブ・ストーリー』という表記になる)。翻訳者名は「板倉章」となっているが、二〇〇六年のインタビューで角川春樹は「自分で訳してペンネームで出した」と語っている。映画公開が近づくと、「ある愛の詩」という映画の邦題をサブタイトルにして『ラブ・ストーリィ　ある愛の詩』として角川文庫として出し、その年のうちに百万部を突破した。『ラブ・ストーリィ』において角川書店は原作小説の版元として、映画と主題歌と小説とが三位一体となった大ブームの一翼を担い、メディアミックスの成功を体験した。この『ラブ・ストーリィ』も角川映画の起点のひとつとなる。

いや、さらに起点の前に原点があった——映画『卒業』である。アメリカでは一九六七年十二月、日本では半年後の六八年六月に公開されたマイク・ニコルズ監督作品で、ダスティン・ホフマンとキャサリン・ロス、そしてアン・バンクロフトが主演した、青春映画だ。主題曲となったサイモン&ガーファンクルの《サウンド・オブ・サイレンス》ともども日本でも大ヒットした。そして、いまでは忘れられているが、この時、チャールズ・ウエッブが書いたノベライズも、日本語版が早川書房から出されると、十万部を超えるベストセラーとなっており、これは翻訳小説としては驚異的な部数だった。映画との相乗効果である。

他社の成功例を見ていた角川春樹は、次は自分が成功するのだと決意し、そのチャンスがくるのを待っていた。というのも、『卒業』が公開された一九六八年夏、角川春樹は「会社は不況のどん底にあった。ぼくは経営の責任をとらされて、何の仕事も与えられなかった」時期にあたる（『シナリオ　人間の証明』収録のエッセイ「愛と夢をつれて」）。「伝説」はこのようにして始まる。角川春樹は一九六五年に角川書店に入社した。当時の角川書店は角川文庫の他、国語等の教科書と辞典を出版事業の柱としていた。一九六六年春のある日、角川春樹は全国の書店からの角川文庫の注文伝票を見ていて、詩集の売れ行きがいいことに気づく。角川は若者の間で詩への関心が高まっていると感じ取り、著名詩人の詩集をこれまでにないかたちでシリーズにしたら売れると考えた。そこで何人かの詩人にあたってみると、すでに新潮社や中央公論社から詩集のシリーズの話が来ているという。それならば外国の詩から始めようと、「世界の詩集」シリーズの企画を練った。

この時、角川春樹が考えたのは、単に著名な詩人ごとに代表作を一冊にまとめて出すのではなく、カラー印刷の口絵を付け、さらに、音楽を流した上で俳優に詩を朗読させたソノシート（薄いレコードのこと。この時代、CDはおろか、カセットテープもない）を付ける——というものだった。だが、父にして社長の角川源義は、詩集なのだから詩を読みやすくする工夫は必要だが、カラー口絵もソノシートも不要だと言った。それもまた正論だ。しかし角川春樹は父の反対を押し切って一九六七年一月から、「カラー版」と銘打った『世界の詩集』シリーズ全十二巻を刊行していった。若い女性をターゲットに、「詩はあなたの心のおしゃれです」というキャッチフレーズを考え、大々的に広告したところ、最初の「ハイネ詩集」は飛ぶように売れ、版を重ねて二十九万七千部になった。以後の巻も少ないものでも九万部、合計して百八十一万部というベストセラー・シリーズになった。

このカラー版『世界の詩集』は、「読む（詩）、見る（カラーの写真）、聴く（朗読）」の三位一体でもあった。

この成功を受けて、角川書店は六八年二月から同じ体裁でカラー版『日本の詩集』全十二巻を刊行した。ところが、最初の「中原中也詩集」を初版八万部で始めたところ、半分程度しか売れず、赤字となった。角川書店内部には労働組合を中心に、反春樹派がいたため、『日本の詩集』の失敗を口実にした春樹排斥運動が始まり、「社長の息子」といえども、いや、「社長の息子」であるがために、角川春樹は左遷された。もっとも、彼の名誉のために付け加えれば、『日本の詩集』は発売当初こそ大量の返品を抱えたが、じわじわと売れ、最終的にはどの巻も版を重ねていった。

ともあれ、『日本の詩集』失敗の責任を取らされ、角川春樹は窓際で、何も仕事のない日々を送ることになった。そんな時に、映画『卒業』とその主題歌、そして小説の大ヒットを知る。それは、彼自身が思いついた、活字と映像と音楽の三位一体によるベストセラーそのものではないか。自分の方法論は正しい――角川春樹はそう確信した。そして復権の日を狙っていた。

その雌伏の日々のある時、小説『ラブ・ストーリィ』を知ると、その翻訳出版を決めたのである。「当時二十九歳になったばかりのぼくは、あらゆる社内の反対を押し切ってこの賭けに挑んだ」とエッセイに書いている。

この賭けに角川春樹は勝利し、編集局長になった。「社長の息子」だから出世したのではなかった。

大林宣彦は、映画『ある愛の詩』を封切り時にアメリカで観ていた。なぜこんな時代錯誤の純愛ものがヒットしているのだろうと不思議に思いつつも、ベトナム戦争で疲弊したアメリカが、本音ではこのような純愛ドラマを求めている時代感覚を肌で感じた。そして、この映画が日本でも大ヒットした時、時代感覚を冷静に感じ取ってプロモーションしていた角川春樹のジャーナリスティックな感覚に感心していたのだ。そこで、『本陣殺人事件』の試写会で角川と初めて会った時、この映画を話題にした。

これをきっかけにして角川と大林との親交が始まった――と書きたいところだが、二人の関係は進展しない。この時は挨拶程度で別れてしまった。

この時期の大林宣彦はテレビコマーシャルを撮りまくり、一年の十カ月は海外でロケをしているという生活だった。当時、チャールズ・ブロンソン、デヴィッド・ニーヴン、リンゴ・スター、ソフィア・ローレン、カーク・ダグラスといった大スターたちが日本企業のコマーシャルに出ていたが、それらを撮っていたのが大林宣彦だった。大林は日本の映画作家としては最も多くハリウッド・スターを撮った人かもしれない。

その大林が商業映画第一作として撮るのが『HOUSE ハウス』だ。七五年秋の時点で東宝の企画会議を通っていたものの、撮影に入れない。日本映画界は閉鎖的だった。映画会社に助監督として入社して修業を積んでからでなければ監督になれないのが仕来たりだった。いくら大林が自主映画の世界では巨匠で、テレビコマーシャルの世界では数多くのハリウッド・スターを撮っていたとしても、「映画界」では「無名の新人」なのだ。『HOUSE　ハウス』は塩漬けにされてしまい、いつ撮影に入れるのかわからない。

自主映画出身の映画作家が映画会社で作品を撮る道はまだ、存在しない。その道は、大林自身が切り拓いていくしかない。

映画会社に助監督として入っても、すぐに監督になれるわけではなかった。

澤井信一郎（一九三八〜）が東映に入社したのは一九六一年である。一九七五年は十五年目にあたるが、澤井はまだ一本も監督としては撮っていなかった。彼が監督デビューするのは一九八一年、松田聖子主演『野菊の墓』まで待たねばならない。

東映は六〇年代後半に柱となっていた鶴田浩二、高倉健、藤純子（富司純子）らによる任俠映画路線が行き詰まると、一九七三年に深作欣二監督、菅原文太主演の『仁義なき戦い』シリーズがヒットし、実録路線に転じていた。

深作欣二（一九三〇〜二〇〇三）は七四年にシリーズ第四作の『仁義なき戦い　頂上作戦』と、五作目の『仁義なき戦い　完結篇』を撮り、これでシリーズを終えたつもりだった。しかし、ヒットしたのでさらに続けようとなり、同年のうちに『新仁義なき戦い』を作り、七五年は『仁義の墓場』、『県警対組織暴力』『資金源強奪』『新仁義なき戦い　組長の首』を撮った。この路線は翌七六年も続く。

一九七〇年代半ばのハリウッドでは、何人もの大スターの共演によるパニック映画が流行していた。一九七五年の正月映画としては、チャールトン・ヘストン、エヴァ・ガードナー、ジョージ・ケネディらが出た『大地震』と、ヘストンとケネディが出た『エアポート'75』が公開され、夏にはスティーヴ・マックイーンとポール・ニューマンが出た『タワーリング・インフェルノ』が大ヒットした。

ジョージ・ケネディ（一九二五〜）はハリウッドの脇役の名優である。父はミュージシャン、母はバレエ・ダンサーで、ジョージも二歳の年から舞台に出ていた。一九六七年に『暴力脱獄』でアカデミー賞の助演男優賞を受賞している。後に、角川映画『人間の証明』『復活の日』に出るが、パニック映画では主人公のヒーローを助ける役でよく出ていた。

これらのパニック映画に対抗しようと東映が一九七五年に作ったのが、高倉健主演、佐藤純彌監督の『新幹線大爆破』である。この映画は日本国内ではそれほどヒットもせず、批評家からも無視されたが、フランスをはじめ海外ではサスペンス映画の傑作として名高い。

佐藤純彌（一九三二〜）も深作と同じように東映でヤクザ映画を撮っていたが、作品に恵まれていたとは言いがたい。『新幹線大爆破』は新たな分野へ挑んだものだった。

一九七五年秋、佐藤は翌年二月に公開される西村寿行原作の『君よ憤怒の河を渉れ』を撮っていた。西村寿行は徳間書店から多くの本を出しており、『君よ憤怒の河を渉れ』もその一冊だった。同作は、徳間書店の傘下に入った大映と、大映社長だった永田雅一が興した永田プロダクションが製作し、松竹が配給した。

高倉健（一九三一〜二〇一四）にとっては、『君よ憤怒の河を渉れ』は東映を退社してフリーになってからの第一作だった。東映任俠映画を代表するスターだった高倉健の退社により、東映は、ひとつの時代を終える。そして高倉健は、「ヤクザ映画のスター」から「国民的俳優」への道を歩み始める。この後、七七年公開の『八甲田山』『幸福の黄色いハンカチ』で東宝や松竹の作品に出て東映色を払拭し、七八年の『野性の証明』がそれに続く。

徳間書店社長の徳間康快《やすよし》（一九二一〜二〇〇〇）は、七一年十二月に破産宣告を受けて倒産した大映の経営を七四年に正式に引き受けた。徳間は五社体制（松竹、東宝、東映、日活、大映）の一角である大映を傘下にしながらも、積極的なメディアミックス戦略を、すぐには打ち出さなかった。映画は映画、出版は出版と分けて考え、大映は徳間書店の本を映画化するわけではなかった。角川春樹と徳間とは映画への関与の仕方が異なっていた。

その大映がめぐりめぐって、徳間の死後、角川春樹のいなくなった角川グループの傘下になるのは、さらに後の話だ。

大映倒産が象徴するように、七〇年代半ば、日本映画界は低迷していた。

戦後の映画界は、松竹、東宝、東映、日活、大映の五社（一時期は新東宝も）が撮影所、配給網、直営映画館を持つ垂直統合型のビジネスモデルで経営されていた。監督も脚本家もスターも大部屋俳優も専属で抱え、もちろん撮影所の大道具・小道具、照明、衣装といったすべてのスタッフは映画会社の社員だった。

だが、テレビが普及するにつれて映画は斜陽化する。日本の映画の観客動員のピークは一九五八年の十一億二千七百四十五万人で、当時の日本の人口は九千万人台なので、ひとりが一年に十一回以上、映画館へ足を運んでいた計算になる。それなのに、翌年の「皇太子ご成婚」によりテレビが普及したことによって観客動員は激減し、一九七五年には一億七千四百二万人にまで減っていた。

七〇年代に入ると五社体制は崩壊していた。大映は一九七一年に倒産し、日活はロマンポルノ路線へ転向した。

ロマンポルノ時代の日活を代表する監督のひとりが、藤田敏八（一九三二～九七）だ。しかし藤田も一九七四年には沢田研二主演の『炎の肖像』や、当時新人だった秋吉久美子を起用した『赤ちょうちん』『妹』『バージンブルース』といった青春映画を撮っていた。

大映と日活以外の三社も安泰ではない。東映は時代劇黄金時代がとっくに過去の話となり、それに代わる任侠路線も終わり、『仁義なき戦い』に始まる実録路線が健闘したが、それも長く続かない。『トラック野郎』シリーズが最後の頼みの綱となる。松竹は『男はつらいよ』シリーズでもっている状況だ。

東宝は早くから製作と配給・興行を分離させる合理化に取り組み、製作会社をいくつもの子会社としていたため、企画に柔軟性があり、経営は最も安定していた。しかしその東宝もそれなりに危機感を抱き、七五年十月、映画部門を統括していた副社長の藤本真澄（一九一〇〜七九）が製作体制の若返りのために退任すると、副社長となった松岡功（一九四三〜）を中心にした企画委員会が設立された。その新体制のもとで生まれた企画が大林宣彦の『ＨＯＵＳＥ　ハウス』だった。

東宝が出資した製作会社のひとつである芸苑社が一九七五年に製作したのは、夏目漱石原作、市川崑（一九一五〜二〇〇八）監督の『吾輩は猫である』、坂口安吾原作、篠田正浩（一九三一〜）監督の『桜の森の満開の下』などだった。

映画会社の経営が傾き始めるのと反比例してテレビは急成長した。テレビ界は人材が不足していたので、映画界の人材を受け入れることができた。

そのテレビから、シナリオ作家、演出家、そして俳優も新たな才能が生まれた。

テレビから生まれたスターのひとりが、松田優作（一九四九〜八九）である。松田は新劇の文学座の研究生だったが、一九七三年に石原裕次郎主演の刑事ドラマ『太陽にほえろ！』に起用され、たちまち人気が出た。『太陽にほえろ！』には七三年七月から翌七四年八月まで出て、壮絶な殉職シーンを最後に降板、十月からは、山口百恵の「赤いシリーズ」第一作となる『赤い迷路』に出演した。映画にも出るようになるが、テレビでの活躍も続き、七五年四月から九月まで放映された『俺たちの勲章』では主演した。テレビ映画の世界には映画界から転身した監督や脚本家が多く活躍していた。後に角川映画を撮る斎藤光正（一九三二〜二〇一二）や村川透（一九三七〜）もそのなかにいた。

初期の角川映画は佐藤純彌や深作欣二、あるいは大林宣彦など一九三〇年代生まれの、当時四十歳代の監督が担っていくが、その次の、七五年当時は無名だった世代も角川映画は積極的に起用した。

相米慎二（一九四八〜二〇〇一）は一九七二年から日活で助監督として働き、神代辰巳、小沼勝、曽根中生監督らのロマンポルノ作品に携わっていた。翌七六年、その年の多くの映画賞を受賞する長谷川和彦監督の『青春の殺人者』の助監督を務め、ロマンポルノからは離れる。

根岸吉太郎（一九五〇〜）は早稲田大学を卒業し、七四年に日活に入社した。経営不振から新卒の採用を十年にわたり控えていた日活が、久しぶりに採用した新入社員だった。根岸は藤田敏八、曽根中生に師事する。七五年にはまだ彼の名はどの映画のクレジットにも表示されていない。

日活に根岸と同期入社したなかに池田敏春（一九五一〜二〇一〇）もいた。池田は早稲田大学在学中から石原プロモーションで働き、助監督を務めていたが、卒業後に日活に入社した。根岸と同じように曽根中生などの助監督をしていた。

森田芳光（一九五〇〜二〇一一）は、飯田橋の映画館ギンレイホールで働いていた。後に、「二十二歳ぐらいから二十八歳ぐらいまで」、「切符のモギリ、コーヒー・お茶の販売、場内の清掃・片付け、ポスターを配給会社にもらいにいったり、雑務の全てをやってましたね」と語っている時期にあたる。

崔洋一（一九四九〜）は東京朝鮮中高級学校高級部を卒業後、東京綜合写真専門学校に入るも中退し、一九七一年から映画界に入った。最初はテレビ映画の照明助手をしていたが、小道具を経て助監督になる。翌七六年の大島渚の『愛のコリーダ』ではチーフ助監督を務める。

井筒和幸（一九五二〜）は悶々とした日々を送っていた。自分で撮るしかないと思い詰め、この年、高校時代の友人に声をかけ映画制作を始めた。

「自分たちだけで、〝映画の祭り〟を始めたいという思いが募った。時代への衝動感、それが『行く行くマイトガイ　性春の悶々』というピンク映画のようなものを撮る、理由だった」と井筒は後に書いている。知人をかけまわって金を集めようとしたが、誰も出してくれず、父親からの借金でようやく作り、日活に売り込んだが、配給を断られた。

井筒は大阪の映画館に直接交渉して上映してもらったが、とても利益は出なかった。翌年になって、「若者が自費で作った初のピンク映画」として週刊誌に記事が出て、それを観たテレビのワイドショーから出演依頼があるなど、話題になっていく。

「天皇」黒澤明（一九一〇〜一九九八）は、この年、五年ぶりの新作『デルス・ウザーラ』を発表した。黒澤は一九六五年の『赤ひげ』までは年に一本のペースで撮っていたが、その後、いくつかの企画が流れた。日米合作の大作『トラ・トラ・トラ！』を撮影開始後に降板する事件があり、一九七〇年に『どですかでん』で再起するも、その翌年に自殺未遂事件を起こすなどして、「黒澤の時代は終わった」と思われていた。

その黒澤に手を差し伸べたのは、日本の映画会社ではなく、ソビエト社会主義共和国連邦だった。ソ連の国営映画会社モス・フィルムが黒澤を招聘して撮らせたのが『デルス・ウザーラ』だ。この五年ぶりの黒澤映画は、八月に公開された。

だが、黒澤が次作を完成させるためには、またも五年の歳月を必要とする。

後の「角川三人娘」たちはまだ小学生だった。この年、薬師丸ひろ子は十一歳（小学五年生）、渡辺典子は十歳（小学四年生）、原田知世は八歳（小学二年生）である。

角川春樹が角川書店社長になった一九七五年、角川映画に関係してくる人々は、このような状態にあった。

そしてこの一九七五年は、入場者数・配給収入において外国映画が日本映画を上回った最初の年として映画史に刻まれている。これを「洋高邦低」といった。

洋画では『タワーリング・インフェルノ』が三十六億四千万円の配給収入となり、『大地震』『エマニエル夫人』『007　黄金銃を持つ男』『ゴッドファーザーPARTⅡ』と続いた。一方の日本映画は一位が『男はつらいよ　寅次郎子守唄』の十一億円、以下、『男はつらいよ　寅次郎相合い傘』『伊豆の踊子』『花の高2トリオ　初恋時代』『青春の門』『潮騒』と続く。トップテンの二作が『男はつらいよ』で、三作が山口百恵主演作だった。東映の『トラック野郎』シリーズも八位にあり、これらは以後も安定した観客動員が見込めるシリーズとなるが、逆にいえば、他に何もない。

ハリウッドはフランシス・コッポラやスティーヴン・スピルバーグら若い世代が台頭して、息を吹き返していたが、日本映画には暗雲がたちこめていた。そう――救世主を求める雰囲気は、たしかにあった。映画業界の人々が自分たちを救ってくれる救世主を求めていたのではない。

観客が、映画ファンが、面白い映画を作ってくれる人を求めていたのだ。

第一部——疾風編

第一章　『犬神家の一族』で始まった——一九七六年

一九七六年一月八日、角川春樹は満三十四歳の誕生日を迎え、この日、株式会社角川春樹事務所を創立した。父・角川源義の死により角川書店社長となってから二ヵ月。角川書店とは別に自分自身の会社を立ち上げたのだ。目的は映画製作のためだった。資本金は六百万円、そのうちの二百万円を角川春樹が出し、残りは友人たちに出資してもらった。

事務所は飯田橋駅近くのマンションの一室。角川は十年後に「事務所と言っても、六畳のキッチン兼リビングと四畳半の寝室だけだった。つまり、私の賃貸アパートが兼ねていたのだ」と記す。専従の社員は当初は一人もいなかった。角川書店の社員が兼任して実務にあたる。

幻となった二つの作品

五月二十四日、東京プリンスホテルに百人を超えるマスコミを集め、角川春樹事務所は製作発表の記者会見をした。

角川春樹の他に、東宝の市川喜一、東映の日下部五朗、ＡＴＧの葛井欣士郎といったプロデューサー三人が並んだ。角川はこの三社それぞれと提携して三作を製作すると発表したのだ。

三作とは、まずこの年の秋に公開される横溝正史原作『犬神家の一族』で、これは東宝との提携で市川崑が監督する。二作目が赤江瀑原作『オイディプスの刃』で、監督は村川透で、一九七二年に三作撮った後は映画界を去っていたが、石原プロモーション制作のテレビ映画『大都会』で復帰したばかりだった。この映画では、ＡＴＧと提携する。主演俳優には中山仁、松田優作、川口晶らが決まり、すでにヨーロッパ・ロケも行なっていたが、公開は翌年四月を予定していた。三作目が東映と組む笠原和夫脚本、深作欣二監督の『いつかギラギラする日』で、七月に撮影を始め翌年春に公開予定。

『オイディプスの刃』の原作者である赤江瀑（一九三三〜二〇一二）は、放送作家として活躍した後、一九七〇年に小説現代新人賞に応募した「ニジンスキーの手」で作家となり、直木賞候補にもなった。一九七四年に発表した『オイディプスの刃』が第一回角川小説賞を受賞し、角川書店が力を入れていた作家のひとりだった。この角川小説賞は公募の賞ではなく、角川書店が自社で出した小説に与えるものだった。権威があるとは言えないが、角川書店がこれから売り出そうとしている作家たちが受賞していく。七五年は河野典生『明日こそ鳥は羽ばたく』、七六年の第三回は森村誠一『人間の証明』が受賞した。

『オイディプスの刃』ではラベンダーが重要な役割を果たすことになっていた。そこでシナリオはまだ決定稿ではなかったが、ラベンダーが咲く時期に南フランスのニースへロケに行った。これが角川映画としての最初の撮影である。しかし帰国後、角川は現状のシナリオでは製作できないと決断し、この作品は中止となる(その後一九八六年に成島東一郎監督によって角川映画として製作・公開される)。製作されていれば、村川透によって劇場用映画復帰第一作となるはずだった。

『いつかギラギラする日』は製作中止になった幻の角川映画だ。深作は一九九二年に同題の作品を撮るが、それとはまったく別の企画である。この時点での『いつかギラギラする日』は脚本家の笠原和夫が東映のために書き下ろした「実録・共産党」を改題したものだ。東映の岡田茂社長は『仁義なき戦い』で「実録路線」という鉱脈を得たことと、東宝が池田大作原作『人間革命』を創価学会の大量動員でヒットさせたのを見て、同じように組織的動員が見込めるのは共産党ではないかと考え、笠原に戦前の非合法時代の共産党を題材にした脚本を書かせた。戦前の共産党であれば、アクション映画になると見込んだのだ。東映の撮影所の組合が共産党系だったので、党員の組織的動員も組合の協力が得られれば可能だと考えた。だが、まずその組合の委員長との交渉で決裂してしまい、幻の企画となっていた。

このシナリオを知った角川春樹が、映画にしようと決めた。だが「実録・共産党」というタイトルでは観客動員が見込めないとして、角川が親しかった河野典生の『いつか、ギラギラする日々』のタイトルを借りて「いつかギラギラする日」としたのである。しかしシナリオをめぐって角川春樹と笠原との間で合意が得られず、中止となる。

この二つの幻の作品からは、最初期の角川映画が必ずしも大作志向ではなかったことと文庫と連動しなくてもよかったことがわかる。『オイディプスの刃』はATGとの提携であり、予算は四千万円だった。ATGとしては「大作」だが、大手映画会社の基準では小品の予算だ。『いつかギラギラする日』は笠原のオリジナル脚本であり、角川文庫の小説の映画化ではない。公開時にはノベライズ版を角川書店から刊行するつもりだったようだが、「横溝正史フェア」「森村誠一フェア」のようにひとりの作家をトータルで売り出すというプロジェクトにはなりえない。この二作が完成して公開されていれば、角川映画の出発点でのイメージはだいぶ異なるものになっていただろう。

巨額の製作費を投じる大作、文庫の販促と連動しての大宣伝という、角川映画初期の戦略は、最初から確固たるものだったのではなく、『犬神家の一族』の成功によって、後から確立されたものとも言える。ひとつの成功がいくつかあったはずの選択肢を消してしまい、唯一絶対の方針として自分自身も縛ってしまったのだ。

しかし、それも無理はない。それほどまでに映画『犬神家の一族』の成功は大きく、華々しく、そして鮮烈であった。

文庫戦争勃発

横溝ブームの始まりは、一九七一年に遡る。

角川文庫の最初の横溝正史作品は、一九七一年四月発行の『八つ墓村』である。以後、『悪魔の手毬唄』『獄門島』『悪魔が来りて笛を吹く』と続いて、七二年六月に『犬神家の一族』が五冊目として刊行された。この刊行の順番は作品が書かれた順ではない。「売れそうな順」だ。最初の五作はすべて後に映画化されるが、はじめから映画にしようと考えていたわけでもない。

『八つ墓村』が角川文庫として刊行された七一年四月は、『ラブ・ストーリィ　ある愛の詩』がミリオンセラーを目指していた時期にあたる。そのヒットに酔いしれるのではなく、角川書店としては、次の手を考えなければならなかった。

というのも、七一年七月、出版業界最大手の講談社がいよいよ文庫市場に参入することになり、角川文庫は最大の危機を迎えていたのだ。

二〇一〇年代にはほとんどの大手・中堅の出版社が「文庫」を出しているが、一九七〇年代に入るまで、総合的な文庫といえば、岩波文庫、新潮文庫、角川文庫の三つしかなかった。これ以外にも創元推理文庫、ハヤカワ文庫、春陽文庫などもあったが、ジャンルが限られていた。

三つの文庫のうち、岩波文庫は古典を専門としていた。新潮文庫は海外の古典の翻訳もあれば、現役の日本人作家の作品まで幅広いが、小説を中心とした文芸ものがほとんどだった。角川は、創業者の角川源義が国文学者であったことから、日本の古典が充実していたが、これは岩波とぶつかり、現役の作家は新潮社がほとんどを押さえていたので、そこから漏れたものを出すしかなかった。「三大文庫」と言われながらも、角川は岩波・新潮にはかなり差を付けられていた。

角川春樹は社内で編集の主導権を握ると、角川文庫をエンタテイメント路線に転換させた。文庫の中身――作家と作品のラインナップも変えていったが、文庫の外観も変えた。それまでの文庫には半透明のグラシン紙のカバーが付いていたが、映画化作品の文庫化を機に、映画の写真を使ったカラー印刷のカバーに変えた。以後、映画とは関係のない本もカラー刷りのカバーにしていった。やがて新潮文庫が追随してカバーを付け、この後に発刊される講談社文庫以降の全文庫も、カラー印刷のカバーが付けられていく。「文庫にカラー刷りのカバーが付いている」ことは現在では当たり前のものとして誰も意識しないが、最初からそうだったわけではなく、誰かが始めた「画期的なこと」だった。そしてこれこそが、角川春樹が出版界でなしとげた最大の革命なのだ。

カラーのイラスト入りのカバーは一九六〇年代半ばの創元推理文庫にもある。しかし、もっと前、一九五〇年代から角川文庫は一部の作品にカラー・カバーを付けていた。これは角川春樹入社前である。したがって、厳密には「文庫にカラーのカバーを初めて付けた」のは角川春樹ではないが、総合文庫で全点をカラー・カバーにしていったのは彼が初めてだった。

また、それまでの文庫は基本的に、書店で平積みされることはなかった。どの本も同一デザインの装幀だったので、表紙を見せても意味がなかったのだ。それを、角川春樹が入社し東京販売促進課が作られると、彼の陣頭指揮で促進課の社員たちが書店をまわり、棚の下に平置きできる場所を作ってもらうように頼んでいった。現在では当たり前の「文庫の平置き」という書店の光景も、角川の発案だったのである。

カバーのカラー化と平置きによって、書店での角川文庫の存在感は増していき、新潮文庫の牙城を崩していった。

角川は文庫の外形で革命を起こし、さらに古典・名作を安価に提供するものという文庫の内実までも、「ベストセラーをいち早く安価にする」ものへと変えていった。文庫を持たない版元から出ていたベストセラーは次々と角川文庫からも出るようになった。

このようにして角川による文庫革命が進行しているところに、最大手の講談社が文庫市場に参戦したのだ。しかも、講談社は最初に五十五点を一挙に発売するという物量作戦を取った。これにより、書店の文庫の棚を一挙に奪取しようとの目論見だった。

かくして、文庫戦争が勃発した。

講談社の参入により、これまで新潮文庫や角川文庫に自社で出した本を文庫化されるのを指をくわえて見ていた他社も文庫市場への参入を決め、一九七三年には中央公論社が中公文庫を創刊、七四年には文藝春秋が文春文庫を、七七年には集英社文庫と続く。これらの文庫は、七〇年代に入るまでは存在しなかったのだ。

このように各社が文庫を出し始めたのは、そうしないと自社が出した単行本が他社により文庫化されるため、その防衛策という消極的な理由もあった。単行本として千円で売れていた本を文庫にすると五百円になってしまうのだから、できれば出したくはない。しかし他社に取られたのではその五百円もなくなってしまう。文庫を出すしかなかった。

一方、角川書店は雑誌部門が弱かった。というよりも、ないに等しかった。「俳句」「短歌」は伝統こそあるが、そこから単行本のベストセラーが生まれるわけではない。小説雑誌がないので、角川書店の出す小説の単行本は新潮社とは点数において比べ物にならない。角川書店は他社が出したものを掘り起こすことで、文庫の点数を増やしていた。だが講談社の参入により、少なくとも講談社の本を角川文庫として出すことは今後できなくなる。他社も文庫に参入してくれば、ますます角川文庫として出す本がなくなってしまう。先手を打つ必要があった。

角川春樹はミステリ作家やSF作家を次々と訪問し、その作品を角川文庫から出させてくれと交渉していった。その姿はかつて角川書店創業期、あるいは角川文庫創刊時に、出版の許可を求めて作家たちを歩き回った創業者にして父である角川源義と重なる。

作家にしてみれば、雑誌に書き単行本になったまま眠っていた作品が、当時の三大文庫（岩波、新潮、角川）のひとつから出るのはありがたい話だ。ミステリを出している出版社は文庫を持っていないので、バッティングすることもなかった。カッパ・ノベルスで松本清張、高木彬光《あきみつ》を筆頭に多くのミステリを出していた光文社ですら、当時まだ文庫はない。

ミステリは、いまの出版界では主軸だが、当時は傍流だった。角川春樹はいわば隙間産業として、ミステリ中心のラインナップを揃えていこうとしていたのである。それは本当に隙間だった。ミステリを出している文庫は創元推理文庫くらいで、それも当時は海外の古典が中心だった。日本の現代作家のミステリで文庫で読めるのは松本清張作品くらいしかいなかった。その清張は大手出版社各社から単行本を出していたが、文庫は新潮文庫がほぼ独占し、角川文庫には新潮文庫が手を出さないものしか回ってこない。角川はどうにかして、松本清張以上のベストセラー作家を見つけ出さなければならない。

そういう状況下の一九七〇年十二月、角川春樹はひとりの忘れられた作家のもとを訪ねた。

忘れられていた巨匠

横溝正史（一九〇二〜八一）は、日本の探偵小説の歴史において、江戸川乱歩と並ぶ二大巨匠だが、一九六〇年代には忘れられていた。

六〇年代から七〇年代の小学校や中学校の図書館には、シャーロック・ホームズとアルセーヌ・ルパンと江戸川乱歩の少年探偵団シリーズが並んでおり、明智小五郎と小林少年、そして怪人二十面相のことは、読んではいなくても名前くらいは誰もが知っていたが、横溝正史と金田一耕助は誰も知らなかったと言っていい。つまり、当時は明智小五郎こそがいまの「金田一少年」と同じくらいの知名度があったのだ。

乱歩はすでに六五年に亡くなっていたが、横溝は存命である。六〇年代も新作を書いていたものの、かつて書いた中編を長編にしたものが数点あるだけで話題にもならず、「過去の人」だった。ミステリ界は、松本清張を頂点にした社会派ミステリが全盛だったのだ。

そんな状況ではあったが、一九七〇年に講談社は「横溝正史全集」全十巻を刊行した。これは六九年に「江戸川乱歩全集」全十五巻を出したところ、当初の予想以上によく売れたので通った企画だったが、その前に六八年から講談社の「少年マガジン」で『八つ墓村』が影丸譲也によって劇画化され、それなりに人気があったことも影響している。この講談社版「横溝正史全集」も予想以上に売れていた。

角川春樹は「少年マガジン」での劇画『八つ墓村』が小学生たちの間でよく読まれていることも知っていた。さらに、当時は国鉄（現ＪＲ）が「ディスカバー・ジャパン」のキャッチフレーズのもと、大々的なキャンペーンをしており、日本の土俗的なものへの回帰が始まっていた。その一方、角川は出版エージェントを通じてアメリカの出版事情の情報を得ており、オカルト・ブームが始まっていることを知っていた。このオカルト・ブームは七三年に映画『エクソシスト』で頂点に達するが、その前兆は七〇年の時点であったのである。

劇画に少年が夢中になっている、日本の土俗的なものが注目されている、オカルト・

ブームが来そうだという情報から、角川は、「これからは横溝正史だ」と考え、七〇年十二月、『ラブ・ストーリィ』の単行本が出た前後に、横溝邸を訪ねた。このとき角川春樹は横溝正史はとっくに亡くなっていると思い込んでおり、遺族と交渉するつもりで出かけたら、本人が健在だったのでびっくりしたと、振り返っている。

交渉はうまくいき、翌七一年四月に『八つ墓村』は角川文庫として刊行された。

横溝は当時のことをエッセイでこう振り返っている。


たまたま昭和四十六年の春、「八つ墓村」が角川文庫にとりあげられたところ、それが意外な売れ行きを示して、またたくまに十万までいった。

そのとき中島河太郎氏が私にいった。

「いまどきどういう読者が『八つ墓村』を読むんでしょうねえ」

その時点では推理小説に全然無垢な若い、新しい読者がとびついてきたのだとは、まだわかっていなかったのである。推理文壇に対して、岡目八目的存在であるはずの中島河太郎にすらわからなかったくらいだから、当の本人にわかりようがない。大変奇異な思いをしていると、「八つ墓村」が当たったについて、あれもこれもと求められるままに渡しているうちに、だんだん点数がふえていった。


（『真説金田一耕助』）

そして序章に記したように、七五年六月に角川春樹は秋までに二十五点・五百万部と横溝に宣言し、実現させた。

二人目の作家

横溝作品の刊行と前後して、角川文庫からはミステリやSFが続々と刊行されるようになっていく。後に角川映画になる原作を書いた作家のみ、最初に角川文庫として刊行された作品とその年月を記すと、このようになる。

一九六九年四月、森村桂『天国にいちばん近い島』
一九七一年四月、横溝正史『八つ墓村』
一九七一年八月、筒井康隆『幻想の未来』
一九七一年九月、小松左京『日本アパッチ族』
一九七三年五月、高木彬光『人蟻』
一九七三年十月、大藪春彦『復讐の弾道』
一九七三年十月、眉村卓『C席の客』
一九七三年十一月、山田風太郎『くノ一忍法帖』
一九七四年三月、片岡義男『僕はプレスリーが大好き』
一九七四年五月、森村誠一『腐蝕の構造』
一九七四年六月、半村良『軍靴の響き』

一九七四年九月、平井和正『サイボーグ・ブルース』
一九七五年七月、矢野徹『カムイの剣』
一九七五年八月、西村寿行『安楽死』
一九七五年十月、山村正夫『ボウリング殺人事件』
一九七六年三月、つかこうへい『小説熱海殺人事件』
一九七七年十一月、夏樹静子『蒸発』
一九七九年九月、阿佐田哲也『麻雀放浪記一青春編』
一九八〇年九月、鎌田敏夫『刑事珍道中』
一九八一年十月、赤川次郎『セーラー服と機関銃』
一九八一年十二月、栗本薫『天国への階段』
一九八五年三月、北方謙三『友よ、静かに瞑れ』

この他にも多くのエンタテイメント系の作家たちの作品が角川文庫には加わっていった。

国内の作家だけではない。海外の新しい作家の作品も次々と出された。なかでも最も成功したのが、フレデリック・フォーサイスの『ジャッカルの日』だった。これも『ラブ・ストーリィ』と同じように映画とのタイアップによって生まれたベストセラーだった。フォーサイスはまだ日本では無名だったが、角川は映画化になるという話を聞いて、僅か七百ドルの前金で版権を取り、ベストセラーにした。以後も角川文庫は「シネマ文庫」と揶揄されるほど、映画の原作、あるいはノベライズを出していった。

一方、日本映画界では、七三年から七四年にかけてベストセラーの映画化が成功していた。創価学会の動員があった『人間革命』は別としても、有吉佐和子原作『恍惚の人』、小松左京原作『日本沈没』、松本清張原作『砂の器』、山崎豊子原作『華麗なる一族』、五島勉原作『ノストラダムスの大予言』など、もともと売れていた本が映画化されることでさらに売れていった。だが、ここに挙げた作品はどれひとつとして角川書店の本ではなかった。そこに角川書店の最大の弱点があった。

角川書店は翻訳ではベストセラーが出せたが、日本人作家のベストセラーを出せなかったのである。というよりも、角川書店は文芸誌を持たないため、日本人作家の新作がなかなか出せない状況にあった。雑誌連載→単行本→文庫というサイクルの確立が急がれた。

そこで角川書店は七四年に小説雑誌「野性時代」を創刊し、新人の発掘・養成と人気作家の囲い込みに入る。この「野性時代」の陣頭指揮を執ったのも角川春樹だった。角川は「野性時代」への連載と、旧作の角川文庫化を依頼するため人気作家たちを訪ねて行く。そのひとりが、森村誠一だった。

デビュー作から読んでいた新進作家

森村誠一（一九三三〜）が『高層の死角』で江戸川乱歩賞を受賞してミステリ作家と

して本格的にデビューしたのは一九六九年のことだった。その前からビジネスマン向きの実用書や小説も書いていたが、一般的な知名度は低い。それでも乱歩賞を受賞した『高層の死角』は、森村にとってペンネームのものも含めて十五冊目の著書だった。角川春樹は森村作品のほとんどを読んでおり、注目していた。

一九七〇年前後の日本ミステリ界は松本清張の全盛期にあたる。清張は乱歩や横溝のような耽美系の異常な世界での殺人を描くのではなく、平凡な普通の人々が起こす犯罪を描き、社会派ミステリの全盛をもたらし、大ベストセラー作家となった。しかしその清張も、七〇年代には歴史ものへ傾斜し、推理小説では初期のような名作・傑作はなかった。そこへ次世代として登場したのが、森村誠一だった。

森村の最初の小説『大都会』は青樹社から六七年に発行されたが、ほとんど話題にならなかった。角川は「プレジデント」七七年十一月号のインタビューでこう語っている。

「初版五千部刷って、四千五百の返本だった。ビルの夜景の写真を使った表紙で、今でも持ってますが、私はその五百人の読者の一人だったんです」

つまり、角川は森村のデビュー当時からの読者だった。そして森村が六九年に乱歩賞を受賞し、七〇年にカッパ・ノベルスから『新幹線殺人事件』を出してベストセラーになると、「この作家は絶対に間違いない」と思った。それから四年ほどして「野性時代」を創刊することになり角川はその連載陣に森村を入れようと考えたのだ。

角川春樹の訪問を受けた森村誠一は「野性時代」七五年二月号から『人間の証明』の

連載を開始した。森村は「『人間の証明』は私にとって記念碑的作品である」として、こう振り返っている。

　この作品は、角川書店社長角川春樹氏直々の依嘱によって、同社発行の「野性時代」に発表したものである。一流出版社の社長が、一介の駆け出し作家のもとへ直接依頼に来るということはめったにあるものではない。私はその事実に感動し、角川氏の期待に応えるべく全力をふりしぼった。そして作者の今の力量では、これ以上の作品は書けないという少なくとも自分を納得させる作品ができたのである。

（『ロマンの切子細工』）

『人間の証明』の「野性時代」での連載に先駆けて、一九七四年五月、角川文庫から森村の『腐蝕の構造』が発行された。この作品は七二年十一月に毎日新聞社から刊行されていたもので、森村作品初の角川文庫だ。原子力開発と自衛隊の新装備計画利権をめぐる政官財界の「腐食の構造」をテーマとした社会派ミステリで、同年の日本推理作家協会賞を受賞した。これを皮切りにして、八月には『銀の虚城』と『分水嶺』、九月には『夢の虐殺』、翌七五年一月には最初の小説である『大都会』と、次々と角川文庫から森村作品が出されていく。これは、森村の初期作品を出していたのが青樹社という小規模の版元で、文庫を出していなかったので可能だった。最初の『腐蝕の構造』の毎日新聞社もいまだに文庫を出していない。

『人間の証明』の連載と過去の作品の文庫化で、森村誠一は急速に「角川の作家」となっていく。

角川春樹事務所が創立された七六年一月、「野性時代」での連載が完結していた『人間の証明』がハードカバーの単行本として出された。森村誠一にとって五十九冊目の著書だが、角川書店から出すのはこれが単行本としては初めてだった。森村の十五冊目の『高層の死角』が刊行されたのが六九年八月なので、乱歩賞受賞後六年半で四十四冊も書いたことになる。この七六年一月には森村の角川文庫としては十一冊目の『殺意の盲点』が出ている。

角川春樹は、映画『犬神家の一族』と横溝正史フェアの次の布石も、すでに打っていたのである。

だが、『犬神家の一族』と『人間の証明』のさらに先の目標があった。

真の目標『復活の日』

角川春樹が映画製作を具体的に考えるようになったのは、本人のいくつかのインタビューや談話などによると、一九七四年十二月のことである。映画『日本沈没』の公開が七三年十二月なのでその一年後となる。彼に映画製作を勧めたのは、配給会社の日本ヘラルド映画の原正人（一九三一〜）だった。原は後にプロデューサーになるが、この時点ですでに手塚治虫の虫プロダクションのアニメ『千夜一夜物語』や黒澤明の『デルス・ウザーラ』の製作に携わった経験もあった。

七四年十二月は日本ヘラルド映画がフランス映画『エマニエル夫人』を公開した時だった。『エマニエル夫人』のプロデューサー、イブ・ルッセ・ルアールは角川春樹と同年だった。そんな話を原から聞いて、角川春樹としては、自分たちの世代が動かなければ、日本映画の閉塞状態は打破できないと考えるようになった。

その時点で角川が映画化しようと考えたのが小松左京（一九三一～二〇一一）の『復活の日』だった。ハリウッドの大作に拮抗できる作品でなければ意味がない。これまでに読んだことのある日本の小説のなかで、スケールの大きな映画になりそうなものは何か――角川は『復活の日』を思い出した。『日本沈没』の大ヒットも、もちろん影響している。

だが、映画に関しては素人の角川春樹が手がけるには、『復活の日』は物語のスケールが大きすぎた。角川はまず日本映画界で実績を作る必要があると考えた。それでも角川は小松の許へ出向いた。一九八〇年に小松はこう回想する。

あれは何年前だっただろうか。――まだ白面の「青年重役」だった角川春樹氏が、ある日旋風のごとく私の前にあらわれ、ぜひこの作品（『復活の日』）を文庫に、と、例の熱っぽい調子で申しこまれた時は、いささか面くらった。

春樹氏の、この作品に対する入れこみが尋常でない事はすぐわかったが、しかし、私にしてみれば、十年近い昔の三十代前半に書いた旧作（注・『復活の日』は一九六四年に書き下ろされた）が、若々しい出版界の旋風児の心をひきつけた、ということは、うれしくもあったが面映ゆくもあった。

（映画『復活の日』プログラム）

小松は文庫にするならと別の短篇集を勧めたのだが、角川春樹は『復活の日』にこだわり、「行く行くは、この作品を映画化したい」とまで言った。小松は、「この作品の映画化は無理だろう。あの作品はもともと、絶対に映画にならない、あるいは極度に映像化の難しい大がかりなイメージを、文章で表現することを狙ったのだから」と言ったというが、結局、角川春樹に押し切られた。『復活の日』は映画にするかどうかはともかくとして、翌七五年十月、角川源義が死の床にある頃に角川文庫として刊行された。角川春樹としては、いつの日か映画にしようという思いを込めての刊行だったはずだ。

『八つ墓村』『本陣殺人事件』、そして『犬神家の一族』

一九七四年十月に公開された松竹の『砂の器』は暗い題材であったにもかかわらず、「感動の大作」として大ヒットした。日本映画としては珍しく音楽も評判となりサントラ盤が発売され、それなりに売れた。松本清張の原作小説は光文社のカッパ・ノベルスと新潮文庫から出され、どちらもベストセラーとなっていた。映像・音楽・活字の三位一体型のヒット作となった。

『砂の器』は、清張作品の映画化で実績のある野村芳太郎が監督し、脚本は橋本忍と山田洋次が書いた。橋本忍の橋本プロダクションと松竹との提携作品であり、創価学会系のシナノ企画との提携でもあった。映画のストーリーは、大胆な脚色により原作とは異なるものとなっていた。清張が書いた原作はハンセン病患者への差別と一九五〇年代当時の若者の身勝手さを告発するものなのだが、映画では「親子の情」、「業病という宿命」、「日本各地の自然風景の美しさとその中での父子の過酷な運命のコントラスト」が強調されており、まったく印象が異なる。小説を大胆に改変したがためにヒットしたとも言えるが、創価学会の大量動員のおかげでもあった。

映画界ではある作品がヒットすると、すぐに続編あるいは同じ傾向の作品が作られる。松竹では『砂の器』がヒットしたので、同じように日本の地方を舞台にした土俗的な傾向のミステリを作ろうとなって、横溝作品の映画化が持ち上がり、橋本・野村の次回作として『八つ墓村』が決まった。

横溝正史作品の映画化はそれまでにも何本もあったが、六一年に東映で高倉健の金田一耕助で撮られた『悪魔の手毬唄』を最後に、映画界でも横溝正史と金田一耕助は忘れられていた。小説と同じように映画でも、松本清張原作の社会派ミステリが隆盛となったのだ。

その清張映画最大のヒット作となった『砂の器』が、社会派ブームによって否定されたはずの横溝作品のリバイバルにつながるのだから、皮肉なものだ。

角川春樹によると、『八つ墓村』の映画化は、『砂の器』の封切りの半年後の七五年四月に角川から松竹に持ち込んだ企画だという。ところが松竹と直接製作費と間接製作費の認識が異なり、暗礁に乗り上げた。松竹は間接製作費として四億円を要求してきたので、角川はあまりにも法外な金額だと怒って抗議した。すると、二億円、さらに一億円にまで下がった。下がったのならいいようなものだが、角川はそのいい加減さに激怒した。

さらに橋本忍が書くはずの脚本がいつ出来上がるのかわからない。橋本は自分のプロダクションで、新田次郎原作『八甲田山』の製作を始めており、こちらは森谷司郎が監督と決まっていたが、脚本が難航していたのだ（七七年春に公開）。このため『八つ墓村』のシナリオもなかなかできなかった。

いつになるのかわからない『八つ墓村』を待っていたのでは、角川文庫での横溝正史フェアの計画も立てられない。角川は松竹とは一緒にやれないと決断した。

一方、序章に記したように自主映画の世界で知られていた高林陽一が、『本陣殺人事件』をATGとの提携で映画化することになった。角川はこの映画に宣伝協力費として五十万円を出した。『本陣殺人事件』は七五年秋に公開されると、小さな映画館でしか公開されず、それほど大宣伝をしたわけでもないのに、ATG作品としては初の配給収入一億円突破作品となった。

角川書店は同時期に「横溝正史フェア」を大々的に展開した。前述のように、すでにこの時点で角川文庫の横溝作品は二十五点となっており、総計五百万部を突破していた。『犬神家の一族』の映画化で横溝ブームが始まったのではないのだ。

この横溝ブームをさらに拡大させるには、もっと大きな仕掛けが必要である。ATGではなく、大手映画会社と組んで映画化するしかない。だが、松竹は信用できないし、あてにできない。角川春樹は松竹のライバル、東宝と提携することにした。

角川春樹はいよいよ自分で映画製作に乗り出そうと決め、『八つ墓村』『本陣殺人事件』以外で何がよいかを考え、『犬神家の一族』と決めた。その理由についてはいろいろと語っているが、山崎豊子原作の『華麗なる一族』がヒットしたことから、「◯◯の一族」という題が日本人には好まれると判断したのが、最大の決め手であろう。

かくして、一九七六年一月の角川春樹事務所設立に至るのである。

『犬神家の一族』の製作費は二億二千万円で、そのうち一億五千万円は角川書店が保証して銀行から借りる。さらに、角川文庫の横溝正史フェアの宣伝も含めた総宣伝費が三億円——つまり、宣伝費のほうが多いという、日本映画の常識を破る映画製作となる。

ヒットの要素がない映画

『犬神家の一族』は「角川映画」第一作だが、同時に市川崑・石坂浩二の「金田一耕助シリーズ」の第一作にもなる。以後、豊川悦司の金田一での『八つ墓村』と『犬神家の一族』のリメイクを含めば七作も撮るので、市川崑はよほど横溝ミステリが好きだったのではないかと思われるが、これは市川自身が売り込んだ企画ではなかった。

市川崑は後に、「どういう事情でこの話(『犬神家の一族』)が僕のところへ来たのかは良くわかりません」と語っている(『市川崑の映画たち』)。

角川と東宝との間で提携が決まると、映画製作の実務を担うプロデューサーには市川喜一が就くことになり、その市川喜一が市川崑に持ちかけた。市川崑は語っている。

「僕は昔から探偵小説のファンなんですが、なぜか、そういう企画にあまり縁がなかった。それがここへ来てやっと巡り合えたので、『よし、やってこまそ』と引き受けたんです」

しかし市川崑はその時点では『犬神家の一族』は読んでいなかった。市川が好んでいた横溝作品は、一番いいのが『本陣殺人事件』で、次に『獄門島』、そして『蔵の中』のような短編だったという。高林陽一が撮ったのはこのうちの二作なので、感覚が同じなのだろうか。市川崑も最晩年に『本陣殺人事件』を撮る企画があったが、これは頓挫した。

市川崑が『犬神家の一族』の監督を引き受けた時点で、角川春樹はすでに長田紀生によるシナリオを用意していたが、オカルト色が強く、角川自身が気に入っていなかった。角川はシナリオを書き直すところから始めてくれと市川に頼んだ。市川は日高真也らと共に新たにシナリオを書き、原作者の横溝正史にも挨拶に行った。その時に、金田一耕助の外見についてはは原作どおりにいくが、「無名の風来坊が事件に巻き込まれていく感じにしたい」と人物設定の変更の了解を求めた。

さらに、市川崑は、金田一には石坂浩二を指名したのは自分で、角川春樹もプロデューサーの市川喜一も当初は「二枚目すぎる」と反対したと語っている。一方、角川春樹は自分が石坂をキャスティングしたと語っており、真相は藪の中だ。

石坂浩二（一九四一〜）はテレビから生まれたスターだった。石坂は一九六五年にNHK大河ドラマ『太閤記』で石田三成に抜擢されたのが、最初の大役である。六九年の大河ドラマ『天と地と』では主役の上杉謙信を演じ、一九七五年には『元禄太平記』でやはり主役の柳沢吉保を演じていた。その他多くのドラマで活躍し、顔も名も知られていたが、映画での実績はほとんどない。石坂浩二を観るために映画館へ行った人はほとんどいない。

市川崑は石坂を「どこか透明感があって、現代性があって、二枚目というより、ちょうど二枚目半っていう感じが良かった」と思い、押し通した。さらに犯人役には杉村春子という意見があったものの、市川崑が高峰三枝子に決めた。高峰三枝子は往年の大スターではあるが、過去の人だった。高峰が上原謙と国鉄の「フルムーン」のコマーシャルに出て話題になるのはこの後、一九八一年のことだ。石坂も高峰も当時としては客が呼べそうな俳優ではなかったのだ。

監督の市川崑にしても、記録映画『東京オリンピック』こそ、『千と千尋の神隠し』

に抜かれるまで日本映画の観客動員数歴代トップを記録していたが、劇映画では評価は高くてもヒット作のない監督だった。この時点での市川崑の最大のヒット作はテレビ映画『木枯し紋次郎』である。彼がヒットメーカーとなるのは、まさにこの『犬神家の一族』以後のことなのだ。

さらにいえば、本格ミステリは映画には向いていない。

松本清張作品は、「誰が犯人か」は物語の発端、あるいは前半で分かるものがほとんどで、「なぜ殺したのか」という動機やその背景が主眼となる。だから映画に向いていた。ヒット作『砂の器』でも映画の半ばで犯人がわかる。だが、横溝の金田一耕助シリーズは、連続殺人事件が起き、探偵が関係者を尋問し、最後に一同を集めて、「犯人は○○です」と指名するタイプの「本格ミステリ」だ。これは小説として読んで面白いかといって、映画には向かない。探偵が関係者を質問していくだけなのでストーリーにそれほど起伏がないし、「絵」にならないのだ。

だが、横溝作品は、舞台が日本の自然の残る旧村で風景的に美しく、さらに、それぞれの殺人が特異なシチュエーションでなされる。登場人物はみな個性的だ。そういう観点から、本格ミステリの中では映画化しやすい部類に入る。

本格ミステリの映画化が難しい理由としては、肝心の「誰が犯人か」がポスターやチラシで配役を見ただけで分かってしまうからでもある。大物俳優が出ていれば、その人が犯人である確率が高い。この宿命から逃れるためには「刑事コロンボ」のように最初から犯人がわかるスタイルにして、大物俳優を犯人役に起用するか、アガサ・クリスティー原作、シドニー・ルメット監督の『オリエント急行殺人事件』のように、主要人物のすべてに大物俳優を起用するオールスターキャストにするしかない。角川は『犬神家の一族』ではオールスターキャストで挑んだ。

角川映画にはさらに別の難しさもあった。映画をヒットさせなければならないが、角川文庫も売らなければならないのだ。映画を先に観た人は犯人を知っているのに原作を読んでくれるだろうか、あるいは原作を先に読んだ人は犯人を知りながらも映画を楽しんでくれるだろうか——という問題だ。他の小説の映画化でも同じだが、小説と映画で同じストーリーを二度楽しめるかという問題が生じる。とくにミステリの場合、犯人を知った上で面白いかという問題は大きい。

普通の映画会社であれば、映画がヒットすればよく、原作小説が売れようが売れまいが関係ない。だが、角川の場合はそうもいかない。両方ヒットしないと困るのだ。

角川映画の名コピー「読んでから見るか　見てから読むか」は、この時点ではまだ存在しないが、作り手である角川には「読ませてから見せるか、見せてから読ませるか」が問われていた。

異例だったテレビを利用しての宣伝

『犬神家の一族』は当初は角川文庫の帯にも「東宝映画化」と書かれ、「角川映画」という言葉は使われていなかった。映画業界内でも、「角川書店が出資した東宝の映画」という認識で伝えられていた。五月二十九日の朝日新聞には、「映画会社が製作資金を外部に求める動きが出てきた」とあり、角川のことを「金づる」と表現している。

角川春樹は、シナリオと撮影の段階では市川崑以下のスタッフに任せていた。しかし、映画が完成し、宣伝の段階になってからは主導権を握った。

十月五日、東京プリンスホテルで、映画関係者約千名を集め、『犬神家の一族』の完成披露パーティーが開かれた。場内の照明が暗くなると、全身を白塗りにした異様な二人組が現れ、踊りだす。客が驚いていると、今度はブリキの仮面をかぶった男たちが、白木の棺をしずしずと会場中央に運び込む。そして、その棺の蓋が破られ、なかから白のタキシードを着た男が現れた。その男もまた不気味な仮面を被っていた——角川春樹である。

角川春樹は、「一本の映画にはスターはひとりいればいい」と語っており、『犬神家の一族』におけるスターは、映画界に乗り込んできた角川春樹自身だと言っていたが、それを目に見える形で示したのだ。

センセーショナルに登場した『犬神家の一族』は、映画そのものはきわめてオーソドックスな作りの作品となったが、この完成披露パーティーの頃から前代未聞の大宣伝がなされていった。

十月十六日の封切り日を目指し、『犬神家の一族』のコマーシャルがテレビで集中的に流されたのだ。こんにち、映画のテレビコマーシャルは珍しくも何ともないが、当時の映画界は「テレビは客を奪った敵」という意識が強く、テレビ局に金を払って映画を宣伝しようなどとは誰も思わなかった。映画の宣伝といえば、新聞広告とポスターなどしかなかったのだ。

『犬神家の一族』の宣伝が画期的だったのは、映画の宣伝でもあると同時に角川文庫の宣伝でもあったことだ。映画公開と並行して、角川文庫の横溝フェアも前年を上回る規模で行なわれた。この時点で角川文庫の横溝作品は四十点、累計発行部数一千万部と広告にはある。全国の書店には横溝作品が山のように積まれていた。前年秋の『本陣殺人事件』公開時には二十五冊・五百万部だったので、一年でさらに五百万部が売れたことになる。だが、これで驚いてはいけない。八一年秋に『悪霊島』が公開される時点では「八十冊・五千万部突破」なのだ。これはほんの始まりに過ぎなかった。

文庫にカラー刷りカバーを付けたのは角川文庫が最初だったが、この頃からさらなる工夫が凝らされていた。角川文庫は作者ごとに、背表紙の地色と文字の色を決めていたのだ。横溝正史の場合、背表紙は黒い地色で書名と著者名は緑で抜かれていた。一冊や二冊では分かりにくいが、書店の書棚では黒地に緑の文字の本がずらりと並び、遠くからでも、そこに横溝作品があるとわかった。さらに作家ごとにカバーのイラストレーターを変えていた。横溝作品では杉本一文の絵が使われ、映画のポスター、チラシにも同じモチーフのものが使われた。

映画公開が近づくにつれて、横溝正史の名を知らない日本人はいない状態となっていく。面白いかつまらないかは、どうでもよかった。「横溝」と「犬神家」は流行語となった。観た者も観ていない者も話題にした。

映画がひとつの祝祭となった。

世界新記録と悪評

一九七六年十月十六日、角川映画はついにスクリーンに登場した。東京の日比谷映画という、普段は洋画を上映する映画館で先行ロードショーとなったのだ。

封切り日は雨だった。秋の雨は冷たい。はたして、こんな日に客は来てくれるだろうか。しかし角川春樹以下の関係者の心配は杞憂に終わった。朝から、傘を持つ人の行列は日比谷映画から延々と続き、日比谷通りにまで達していたのだ。

日比谷映画での最初の一週間の入場者数は五万六三三五名、興行収入は六千万円を超え、これはひとつの映画館の一週間の入場者数としては世界新記録となった。大宣伝をしながらも、この時点では日本でこの一館だけでしか上映されていなかったがために達成できた記録ではあるが、大ヒットには間違いない。

勢いに乗って、十一月十三日から全国の東宝系映画館で公開されると、どこも満員となった。一方、角川文庫の横溝作品は千八百万部を突破し、『犬神家の一族』だけで二百万部を超えた。

全国公開から六日目の十一月十八日、角川春樹事務所はマスコミ関係者を東京會舘十一階のエメラルド・ルームに招待した。『犬神家の一族』の大ヒットを披露するためのパーティーだったが、この席で、第二作として翌年秋に森村誠一原作『人間の証明』を公開すると宣言した。

当時の日本映画は二本立てが普通だったので、一本立てで公開された『犬神家の一族』はその意味でも特別感があった。製作費二億二千万円に対して、最終的な配給収入は十三億二百万円（十五億五千九百万円としている資料もある）となり、創価学会の組織動員による『続人間革命』の十六億円には及ばなかったが、この年二位の興行収入となった。

しかし、出る杭は打たれる。

角川書店が展開する派手な宣伝活動は、映画業界と出版業界の一部からは白眼視されていた。「こんなことをしていたら、角川は倒産する」と嬉しそうに語り合う業界関係者はたくさんいた。しかし、『犬神家の一族』は大成功した。角川の失敗を期待していた映画界と出版界の旧体制にとっては苦々しい事態だった。

十月二十二日掲載の朝日新聞夕刊の匿名による映画評は、「角川書店の若社長が初めてプロデュースした作品だ」と、揶揄した文章で始まる。そして、「資金を十分に使った約二時間半だけに、見飽きることはない。小手先でごまかすような画面ではないし、なぞを解くたのしみも味わえる」と書いておいて、「しかし、見終わった時に軽い失望があった。暇はつぶしたが、はて、という思いだ」とこき下ろした。

これは以後も続く角川映画への悪評の典型的なパターンだった。「面白いが、何も残らない」とあれば、まだ「面白い」とは認めているのでいいほうで、「上辺だけで中身が無い」というのが常套句となる。

朝日新聞の評はこう結ばれる。「どの画面にもすみずみまで光が当たっていた。露出計は正確に作動し、ピントも合っている。加藤武ら助演陣も笑わせるし、テンポも計算してある。しかし、血にのろわれた『犬神家』はどこへ行ったのか。日本古来の原始性を近代科学で解明してしまった感じ。市川演出の理知的作風からすれば当然の出来上がりで、素材と監督の組み合わせを間違えたようだ」。

つまり、横溝作品を市川崑に撮らせたプロデューサーが間違っていると言いたいのだ。映画そのものにはケチが付けられない。とくに、市川崑には文句が言えない。そこで、このような難癖を付けている。この映画評は分析としては正しい。市川崑の横溝シリーズは、まさに日本の旧い土着的なものを近代の視点で明るみに出したのだ。その分析はいいが、そこから導き出される結論が的はずれだった。だからこそ新鮮で面白かったのに、批評家たちは肯定的に評価できない。はじめから角川映画にケチをつけてやろうと考えて観ているので、こうなるのであろう。

この映画評が根本的に間違っていること、つまり横溝と市川崑の組み合わせの正しさは、この後の金田一シリーズの成功が証明している。角川の市川崑起用は芸術的にも正しかったのである。

『犬神家の一族』はこの年の「キネマ旬報」の「ベストテン」では第五位となった。一位は長谷川和彦監督『青春の殺人者』、以下、山田洋次監督『男はつらいよ　寅次郎夕焼け小焼け』、増村保造監督『大地の子守唄』、山本薩夫監督『不毛地帯』と続く（詳細は巻末の資料参照）。この順位は評論家たちが投じた票によるものだが、読者投票のベストテンでは『犬神家の一族』が一位になった。

もうひとりの革命家

『犬神家の一族』が大ヒットしていた十一月二十六日深夜、ニッポン放送のラジオ番組「オールナイトニッポン」の枠内で四時間のラジオドラマが生放送された。大林宣彦による『ＨＯＵＳＥ』である。

七五年秋に新体制になった東宝は新しい企画を探しており、東宝映像の役員となった角田健一郎が、たまたま東宝スタジオでテレビのコマーシャルフィルムを撮っていた大林宣彦と知り合うと、その新しい感性に興味を持ち、映画を撮らないかと持ちかけた。こうして生まれた企画が『ＨＯＵＳＥ』で、大林の長女・大林千茱萸《ちぐみ》のアイデアを大林が桂千穂とまとめたストーリー案が東宝の企画委員会を通った。

そして七六年六月一日に『ＨＯＵＳＥ』のシナリオの準備稿ができたが、東宝内で、助監督経験のない大林の起用に反対する声があったためか、なかなか製作に入れない。

そこで大林は映画製作よりも先に『HOUSE』のブームを起こしてやろうと考え、まずラジオドラマにしたのである。それが、十一月の放送だった。この前後から『HOUSE』という映画があるらしいと伝わるようになり、関心を持つメディアが報じていく。『HOUSE』は十二月一日には第二稿が完成し、八日に東宝が発表した翌年のラインナップのなかに正式に入り、夏公開が決まった。

その頃の大林は、「HOUSE」のイラスト入りの大きな名刺を作り、会う人ごとに渡していた。何人かの手から手へと渡ったその名刺を角川春樹も目にした。そして、「こういうことをしている監督がいるのか」と、興味を持った。

角川春樹と大林宣彦——無類の映画好きでありながらも、既存の映画界とは別のところで仕事をしてきた二人の男は、ほぼ同時期に、それぞれの方法で日本映画に革命を起こすべく始動していた。

その手段として二人がメディアミックスを考えたのは、偶然ではない。すでに『ある愛の詩』という成功例があり、誰が考えても日本映画再生の道はメディアミックスしかないのだ。だが、考えても実行できる者が既存の映画界にはいなかった。

そこに、外部から二人の男がやって来た。

第二章　『人間の証明』での「証明」——一九七七年

角川春樹が第二作を『人間の証明』と決めて動き出すのは、『犬神家の一族』が大ヒットしている最中にあたる。角川には、二番煎じはやりたくないという気持ちがあった。土俗的本格ミステリの横溝の対極は何かと考え、都会的で現代的な森村誠一でいこうと決めた。角川文庫の森村作品も十数点となっており、森村にはまだ文庫化されていない作品はたくさんあった。森村との個人的な絆が強く、映画化にあたり原作者としてキャンペーンに協力してくれそうな人間関係が構築できていたことも大きい。

この作品は東京が舞台だが、ニューヨークもかなりの比重を占める。原作に忠実に映画化するのであればニューヨーク・ロケは不可欠だったので、角川はスタッフをニューヨークへ派遣した。

角川春樹が『人間の証明』の監督を依頼するため佐藤純彌と会ったのは七六年十一月下旬だった。角川は主役の刑事は松田優作でいきたいと佐藤に伝えた。

松田優作、登場

松田優作は幻となった『オイディプスの刃』の出演者のひとりでもあった。七六年五月の同映画の南フランス・ロケにも加わっており、出発する日に羽田空港で（当時まだ成田は開港していない）、角川春樹と初めて会った。この時期の松田優作は実は謹慎中だった。松田は七五年七月に、テレビ『俺たちの勲章』の鹿児島ロケの打ち上げの際にトラブルに巻き込まれ、ケンカ相手を怪我させていた。相手とは示談が成立していたのだが、半年後の七六年一月になって逮捕されたのだ。一週間後に保釈となったものの、三月の裁判では懲役十カ月・執行猶予三年の判決を受け、しばらく謹慎することになっていた。

角川は松田がテレビ映画『大都会PARTⅡ』に出ている時から、「自分が映画をプロデュースするなら、いつか使いたい」と思っていたと後に語っている。そして『オイディプスの刃』で初めて会った時には「暴行事件など、映画とは何の関係もない。そんなことは忘れて芝居に徹すればいい」と言ってやった。これをきっかけにして、角川と松田は仕事を離れても親しく付き合うようになる。

『オイディプスの刃』が中止になったので、この作品は松田優作のフィルモグラフィーにはなく、松田の謹慎後初の作品は東映の『暴力教室』となり、七月に公開された。松田は暴力がはびこる高校へ赴任してきた新任講師役で、暴力生徒のリーダーを舘ひろしが演じた。舘にとって映画デビュー作となる。

『暴力教室』が公開された七月は、『犬神家の一族』のロケの最中で、角川春樹はロケ先の長野県上田市の映画館の前を通った時に、松田と館のポスターを見かけ、「この二人は面白いかもしれない」と感じた。

こういう経緯があり、角川は松田優作を『人間の証明』の主役のひとり、棟居刑事に抜擢したのだが、それまでに高倉健、渡哲也などの名も挙がっていた。

棟居は原作では敗戦時に少年なので、一九三一年生まれの高倉だと少し歳が上になってしまうが、不可能ではない。だが、もうひとりの主役であるファッションデザイナーの八杉恭子役に岡田茉莉子の起用が先に決まっていた。岡田は三三年生まれで高倉とほぼ同年代だ。恭子と棟居とは設定上、十歳は年齢差がなければならない。そこで角川は渡哲也に打診したが、渡の所属する石原プロモーションから断られた。渡は同社が制作している「大都会」シリーズの主役であり、とても映画に出演する時間が取れなかったのだ。松田も同番組に出ているが、スケジュールの調整はつけられそうだった。

松田優作は一九四九年と戦後生まれなので、原作の棟居の設定よりもかなり若くなってしまう。さらにこの時点での松田はまだ駆け出しで、高倉、渡と比べれば一般的な知名度、スターとしての格は落ちる。しかし、角川は松田を起用した。

角川春樹は佐藤純彌と会った際に松田優作について「B級映画にふさわしいエネルギーを持っている」と、起用の理由を語った。このことは角川が自分の製作する映画を「B級映画」、つまり純然たる娯楽映画であると考えていたことを示している。初期角川映画は映画評論家や映画ジャーナリズムからは貶されまくっていたが、角川はもともと「評論家受け」のする芸術の香り高い映画も、反骨精神のある批判精神溢れた映画も、目指していないのだ。

『人間の証明』は、岡田茉莉子扮する八杉恭子が犯人で、松田優作扮する棟居刑事は恭子を追い詰める役だ。つまり、この二人の関係は『犬神家の一族』の高峰三枝子と石坂浩二の関係と同じである。さらに、岡田と高峰の二人は、「母親」であるがために殺人を犯す。この二作は「母もの」という点でも共通する。「母もの」であるがために、この二作は批判されるのだが、角川は「はじめから母ものを作っているんだから、母ものであるのは当たり前だ」と反論する。「母ものである」というのは分類したに過ぎず批判になっていない。「母ものは情緒的でけしからん」という批評は、それ自体が情緒的で、論理的ではない。

初期角川映画への批判は、ともかく最初から批判しようと構えて見て粗探しをしていくものだった。その最大のものが、「巨額の製作費をかけた」ということへの批判であった。金をかけないと批判されるのならともかく、金をかけているという批判も珍しい。日本映画界の人々の発想の貧困さを物語っていた。一般に、当時の日本映画は貧乏物語を描くのは得意でも、金持ちの世界を描くのは苦手だった。

角川映画の金遣いについては、特に宣伝費に対しての批判が多い。映画界の人々にとってテレビは不倶戴天の敵であった。そのテレビでコマーシャルを流し、巨額の宣伝費を使ったことが気に入らない。それは情緒的な敵対心でしかなかった。

角川としては製作費も宣伝費も必要と思われるから予算化している。無駄遣いはしていない。たとえば、ニューヨークのシーンで主役となる刑事にはジョージ・ケネディを起用したが、これは大金を積んで出てもらったのではなかった。最初はロイ・シャイダーと交渉したが五十万ドル（七七年一月は一ドル＝約二百九十五円なので、約一億四千五百万円）と要求され、次に『刑事コジャック』で日本でも知られていたテリー・サバラスに打診すると百万ドル（同約二億九千五百万円）と言われ、どちらも蹴った。当時はハリウッド・スターが日本企業のコマーシャルに巨額の出演料で出ていたので、ふっかけてきたのである。もし金に糸目をつけないのであれば、彼らのどちらかと契約したであろう。だが角川はジョージ・ケネディを起用した。

岡田、松田に続いて、他の配役も決まっていく。松田優作の上司には鶴田浩二、先輩刑事にはハナ肇、そして岡田の夫で大物政治家の役には三船敏郎と決まった。

敵は横溝正史

一九七七年一月十八日、日比谷の帝国ホテルで『人間の証明』の製作発表記者会見が開かれた。直接製作費は四億五千万円、宣伝費に二億円、さらに角川書店の宣伝費が四億五千万円と発表された。合計十一億円。『犬神家の一族』では製作・配給で東宝と提携したが、『人間の証明』は日活の撮影所を借りて撮り、東映の洋画部が配給し、東宝系列の映画館で上演すると決まった。

東宝とは『犬神家の一族』で成功を分かち合ったはずだったが、トラブルも生じていた。『犬神家の一族』が大ヒットしていた最中に、角川は同作で現場を仕切っていたプロデューサーの市川喜一他数名を横領容疑で告訴していた。製作費に約百万円の使途不明金があるというのだ。一方、市川らは角川を誣告罪《ぶこくざい》で告訴した。映画製作の現場では、さまざまな「領収証のもらえない金」が出るもので、市川らはその慣習にのっとっていたが、外部から映画製作に乗り出した角川にはそれが許せなかった——単純に言えばそんな構図の出来事だった。後に双方とも告訴を取り下げ和解するが、そんな経緯もあったので、角川は『八つ墓村』で松竹を見限ったのに続いて東宝とも縁を切り、東映と提携したのである。

以後、しばらくは東映との蜜月が続く。とはいえ東映ともべったりの関係にはならない。角川は一社とのみ提携するのではなく、作品ごとに業務内容ごとに、いちばん条件のいい会社と組むことにしたのだ。さらに、監督や俳優が作ったプロダクションの多くが、撮影スタジオを作り、機材を揃えスタッフも雇ったのに対し、角川春樹事務所が何も持たなかったのは、出版社ならではの発想だ。出版社は「机と電話があればできる」と言われる知識集約型産業だった。どんな大出版社でも印刷所や製本所は持たず、販売のための書店も持たない。映画でもそれを踏襲したのだろう。

かくして、自らスタジオも配給網も映画館も持たない角川映画は、正式社名「角川春樹事務所」が示すように、オフィスしかない会社なのに、日本映画界のキャスティングボートを握る。何も持たないがゆえに、何にも縛られず、自由だった。だが、この「自由」は角川映画が大きくなるにつれ、失われていく。

一方、東宝、松竹とも完全に縁を切ったわけではなかった。横溝ブームが続いていたので、東宝は市川崑・石坂浩二の金田一シリーズを製作していくことになり、松竹も『八つ墓村』を製作していたので、その宣伝でのタイアップがなされていく。

そう——『犬神家の一族』の大ヒットで、翌七七年になると横溝ブームはさらに燃え上がっていたのだ。四月には市川崑・石坂浩二による『悪魔の手毬唄』が公開された。東宝はこの作品でも角川に提携しようと持ちかけたが、「二番煎じの企画はやらない」という方針だった角川は断った。こうして以後の横溝シリーズは東宝が単独で製作する。もっとも横溝作品の著作権管理を角川が任されていたので、「企画・角川春樹事務所」とクレジットされるし、宣伝は文庫と連動していた。

さらに四月からは、TBS系列で毎日放送制作による「横溝正史シリーズ」が始まっていた。このテレビの横溝シリーズでは古谷一行が金田一耕助を演じ、十月までの半年間に、『犬神家の一族』『本陣殺人事件』『三つ首塔』『悪魔が来りて笛を吹く』『獄門島』『悪魔の手毬唄』の六作がそれぞれ三回から六回にわたり制作・放映された。原作の長さと物語の内容が異なるので、作品ごとに放映回数が異なるこの方式はうまくいった。テレビ映画ではあったが、東宝と大映・京都映像とが制作を担っており、監督は工藤栄一、蔵原惟繕、出目昌伸といったベテラン監督だったので、作品によってはテレビ版のほうがいいとの評価もある。このテレビの「横溝正史シリーズ」も、「企画・角川春樹事務所」であり、放送と連動して角川文庫の横溝作品は売れに売れていた。

テレビの横溝シリーズでは八月二十日に『獄門島』の最終回が放映され、その一週間後の二十七日からは、東宝の市川崑監督・石坂浩二主演の『獄門島』が公開された。まさに、競作となっていた。

そして十月には松竹の『八つ墓村』が公開となる。

角川映画第二弾『人間の証明』と角川文庫の「森村誠一フェア」の最大のライバルは、他でもない、横溝正史作品であった。そしてこの勝負は、どちらが勝っても角川書店が儲かることを意味していた。だがそれと同時に共倒れする可能性もあった。

シナリオ公募に応募したベテラン

初期の森村誠一は高層ホテルや空港、新幹線など、最先端の空間や業界を舞台にした作品が多い。金田一耕助のような名探偵ではなく、刑事が地道に捜査する点では松本清張と同じで、大富豪一家が遺産目当てで殺し合ったり、複雑な血縁関係が生んだおどろおどろしいドラマではなく、普通の市民による欲望や怨念などを動機とする殺人が描かれていた。このように社会派でありながら、密室やアリバイなどトリックを重視する点が新鮮だった。

『人間の証明』は、複数の事件が並行して描かれ、最初は何の関係もないと思われていた人々が実は深い関係があったという、森村作品の様式が確立された作品となる。映画的カットバック手法を駆使したストーリー展開は、一見、映画にしやすい。だが、登場人物が多く、錯綜した人間関係を二時間前後の映画にするのは、かなり困難と思われた。窮余の策として、角川はシナリオを公募することにした。賞金は破格の五百万円。応募資格は「プロ、アマを問わず」だった。当時、一本の映画の脚本料は新人なら四十万円、通常は百万円から百二十万円で、大御所クラスで三百万円が相場だった。

シナリオ公募は、「こういう映画が製作される」という宣伝キャンペーンも兼ねていたので、賞金も高くしたわけだが、角川としてはこれに発奮してプロの脚本家が応募してくるのではないかと計算していた。

この作戦は当たった。新聞広告で『人間の証明』のシナリオ公募の「賞金五百万円」「プロ・アマを問わず」という応募規約を読んで、次第に不機嫌になり、「これは、プロにとって最大の侮辱である」と感じた脚本家がいた。松山善三である。一九二五年生まれで、松竹に入り、木下恵介のもとで修業して脚本家となり、『名もなく貧しく美しく』では監督もしたベテランの脚本家だ。妻は女優・高峰秀子である。松山は回想する。

現在活躍中のシナリオ・ライターを認めず、「やれるものならやってみろ」という、プロデューサーからシナリオ・ライターへの挑戦状ではないか。そのプロデューサーの名は、角川春樹とあった。（『シナリオ人間の証明』）

松山は「俺も古くなった」から「車検」を受けなければならないと思うようになっていた。その数年間、松山は十数本の脚本を書きながらも、映画になったものは一本もない状況だったのだ。松山は『人間の証明』を買い求め、応募することにした。

シナリオの公募には、六百六十九本の応募があった。なかには数枚の原稿用紙に粗筋を書いただけの、シナリオとしての体裁も整っていないものもあったというが、これだけの応募があったことは、とりあえずキャンペーンとしては成功だ。応募した者は少なくとも『人間の証明』は読んだはずなので、読んだけれど応募しなかった者も含めれば、公募そのものが一千冊程度の販売促進になったはずだ。

問題はいいシナリオが集まったかである。これが難しかった。小説であれば、完成度はともかく素人にも書けるが、シナリオとなると、構成力を必要とするので、最終選考に残ったのは、プロの作品ばかりとなった。脚本家・監督の松山善三、脚本家の山浦弘靖、俳優・プロデューサーの岡田裕介（後、東映社長）、松竹のプロデューサー・脚本家で作家になった小林久三らの作品が残った。それでも、審査員の誰もが気に入る作品はなかった。いったんは受賞作なしにしようかとなったが、角川が残ったなかでは松山善三を推した。

松山は公募に挑戦するため、『人間の証明』を読んだが、クライマックスとなる事件解決の場面が主人公のモノローグとあって、これは脚色不可能な原作だと思った。それでも書いて応募した。原作と大きく変えた点は、棟居刑事をニューヨークへ出張させたことだった。原作ではニューヨーク市警は東京の警視庁からの依頼で捜査をして報告するだけで、東京から来た刑事と一緒に捜査するわけではない。実際の警察活動でも日本の刑事が被害者がどんな生活をしていたかを調べるために、わざわざニューヨークへ行くことはない。

しかしこのように脚色するとニューヨーク・ロケの必然性も生まれ、映画のスケールは大きくなった。角川はこの点を評価したのだ。公募作品の多くが従来の日本映画の枠に囚われて、ニューヨークでのシーンをカットするか、あってもごく短いものばかりだった。そのなかで、松山のシナリオだけがニューヨーク・シーンの割合が大きかった。

プロデューサーの角川が松山作品を推すので、監督の佐藤純彌もこれを叩き台にして書き直すことを条件にして、松山善三の受賞が決定した。

大ベテランである松山善三の受賞は最初から決まっていた出来レースではないかとの見方もあるが、そうではないようだ。この最終審査の様子は、応募者の名は伏せられたものが雑誌「キネマ旬報」に掲載され、そこでは松山作品も含めて、さんざんに叩かれている。

松山は撮影の過程でシナリオが修正されることは納得している。

映画の歴史、はじまって以来、作品は何千本も、何万本も出来たけれど、シナリオ通りに出来た映画は一本もない。シナリオは、映画製作の一部分であって、完成した創作物ではなく、独立して歩くことは出来ないものだと、僕は思っている。シナリオの決定稿は、映画の完成と同時に出来上がり、完成と同時に忘れられるものだ。

そして「シナリオには顔がない。顔を作るのは演出者である」と松山善三は、『シナリオ人間の証明』の巻末に収録されたエッセイを結んでいる。

ニューヨーク・ロケ

一九七七年当時の日本映画界では、外国で本格的にロケをすることそのものが、まだ珍しい。ロケと言っても、俳優と監督とキャメラマンら数名で出かけて、盗み撮りのようにして撮ってくるものがほとんどで、ユニオンを通して現地のスタッフと正式契約して撮った作品はなかった。『人間の証明』は初めて本格的なニューヨーク・ロケをした日本映画でもあった。

製作費四億五千万円とも六億円とも言われたが、そのうちの約三億円はニューヨーク・ロケのために費やされた。アメリカの新聞は、「日本人が百万ドルを持ってやってきた」と、『人間の証明』のニューヨーク・ロケを報じた。

四月六日に始まったニューヨーク・ロケは、現地スタッフ約七十名を雇い、一ヵ月以上にわたった。日本側から参加したのは、松田優作他の数名の俳優以外では、角川春樹と監督の佐藤純彌、そして撮影監督の姫田真佐久ら数名であった。アメリカには、他国の映画会社がアメリカ・ロケする場合でも、アメリカ人スタッフを雇用しなければならないというユニオンの規定があるのだ。

日本語と英語という言語の違いもさることながら、同じ映画撮影という仕事でも日米では慣習が異なるので、佐藤以下の日本側スタッフと俳優にはさまざまな苦労があった。

角川春樹によると、撮影中、松田優作と佐藤純彌との間で確執があったという。佐藤は高倉健で撮りたかったという思いが根底にあり、松田もそれを知っていた。さらに撮影システムの違いで思うように撮影が進まず、佐藤は苛立っていた。監督の苛立ちは松田にも伝染していた。そんなところに、コーディネーターのサイモン・ツェーがある日本人俳優を責め立てた。その場に居合わせた松田優作の耳には、その口調がかなりきつく聞こえた。松田は「あんた、俳優をなんと思っているんだ」と言ってツェーを殴った。

松田は執行猶予期間中だったので、渡米するのにも裁判所の許可が必要だった。そんな状況で暴力沙汰が公になれば、執行猶予が取り消される恐れがあった。なのに、つい手が出てしまったのだ。角川はこれを知ると、松田優作を呼び出した。

私はこれには怒った。怒ったのは、〝秩序〟という意味からで、私が何かをしなければ周囲にも示しもつかないし、一対一でやると覚悟を決めた。激しいケンカになると思ったけれども、構わない。素人相手のケンカをやる気はなかったのですが、優作を呼びつけた。

するとの優作は、サイモン・ツェーを殴ったことに対し、「何をされても結構です」と、私に土下座して謝った。そのタイミングが絶妙で、私はその場で思わず笑い出しました。

(『松田優作クロニクル』)

この件で、二人はさらに親しくなった——角川は笑いながら語っている。

そんな事件がありながらも、カーチェイスのシーンも含めた一カ月以上にわたるニューヨーク・ロケは終わった。角川春樹は、「出来上がったラッシュを見たら、日本でのシーンよりも面白くて、さすがだと思いました」と振り返っている。

帰国して五月二十四日から日本国内での撮影が日活の調布撮影所で始まった。その期間は二カ月半にわたった。当時の日活ロマンポルノは二週間で一本のペースだったので、その五倍の撮影期間が設定されていた。一方、角川春樹はニューヨークから帰国すると、五月十六日から旅に出た。角川は日本文化の源流を探る「黒潮文化の会」を結成しており、古代の帆船カヌー「野性号II」を作り、それで航海する冒険である。この旅は六月二十八日まで四十四日間にわたった。そして記録映画に撮られ、翌年公開される。

『人間の証明』は、国内での撮影ではセットや衣装に金をかけ、岡田茉莉子が着た衣装は撮影後、オークションにかけられた。そのオークションもまた宣伝の一環だ。

　映画のクライマックスであるファッションショーのシーンには二千五百万円が投入された。このシーンは映画のストーリー上は、ファッションショーが行なわれているとだけ観客がわかればよく、数秒で終わってもかまわない。だが、山本寛斎がデザインした衣装と、ニューヨークで活躍しているトップモデルによるショーが何分にもわたり続く。その間、物語は止まっている。これも無駄と言えば無駄なのだが、この意味のない豪華さこそが角川映画だった。

　豪華キャストにニューヨーク・ロケに、ファッションショー、話題性は十分だった。またも大量のテレビコマーシャルが打たれ、『人間の証明』は一九七七年秋の日本映画最大の話題作となっていった。

「バラエティ」創刊

　八月二十一日、角川書店から月刊誌「バラエティ」が創刊された（創刊号は十月号で、以後、前前月の二十一日が発売日となる）。アメリカに「バラエティ」という情報誌があるが、それと提携しているわけではなく、角川書店が日本で独自に出す雑誌だ。角川三人娘の全盛期になるとアイドル雑誌と化すが、創刊当初は「クロスオーバーマガジン」と銘打たれ、映画、音楽、小説、アート、スポーツなど、さまざまな分野のカルチャーを扱う雑誌だった。片岡義男らの小説が掲載されていたこともある。

「バラエティ」創刊号の巻頭は角川春樹と作家の五木寛之の対談で、その次が、「公開まであと47日」とした『人間の証明』の「速報」としてニューヨーク・ロケの様子がカラーで四頁にわたりレポートされている。

「バラエティ」創刊第二号の九月発売の十一月号では、特集が『『人間の証明』の全て』となり、森村誠一のインタビューが巻頭にあり、約三十ページにわたり、特集されている。以後も「バラエティ」は角川映画の広報誌あるいはファンのための機関誌としての役割も担いつつ発行されていく。だが、当初は全体のページのなかで角川映画の比重はそれほど高くない。角川以外の映画の記事もかなり多い雑誌だった。

出版ではさらに、シナリオも八月に角川文庫として刊行された。映画やテレビドラマのシナリオは、「売れない」のが常識とされていた。映画の研究者しか読まないからだ。だが、角川映画では『人間の証明』以後、全作ではないが、シナリオが角川文庫として刊行される。映画のスチール写真も点数は多くないが、収録されている。後になると、薬師丸ひろ子と原田知世主演作品はシナリオとは別に「フィルム・ストーリー」という形式の、映画のフィルムとシナリオとを合体させたカラー版の文庫も出される。

前年の『犬神家の一族』でもシナリオが角川書店から出されたが、この時は文庫ではなく、撮影現場で使われたものに表紙を付けたような体裁で、ひっそりと出されただけだった。『人間の証明』から、シナリオも積極的に売っていこうとなる。この文庫版のシナリオには原作者や角川春樹のエッセイなども載り、資料的な価値もあった。シナリオ・ライターと原作者には、脚本料・原作料とは別に、文庫の印税も支払われた。

主題歌の大ヒット

『人間の証明』で公募されたのはシナリオだけではなかった。

冒頭で殺される黒人青年ジョニー・ヘイワードの役も公募され、友人に奨められて応募したロックシンガーのジョー山中に決まった。さらにはジョニーの子供時代にはジョー山中の息子が起用された。ポスターなどに使われた黒人の子供である。

ジョー山中は一九四六年に横浜で生まれた。その声は、三オクターブは出るという。七〇年に内田裕也らとロック・バンド、フラワー・トラヴェリン・バンドを結成、七三年に解散してからはソロで活躍していた。

角川春樹が活字と映画のメディアミックスを考えるきっかけとなったアメリカ映画『卒業』や『ある愛の詩』では、原作小説が映画との相乗効果でベストセラーとなっただけでなく、サイモン&ガーファンクルやフランシス・レイの音楽も大ヒットした。

日本でも、ヒットした歌謡曲を映画にするとか、アイドル歌手が主演した映画では主題歌を歌うなどの映像と音楽のメディアミックスはあった。映画から生まれたヒット歌謡曲は多い。だが、歌手やヒット曲が先にあり、映画がそれに乗っかるという形がほとんどだった。映画が先にあり、その音楽も話題になりサントラ盤が売れることなどめったになかった。

角川は日本の映画音楽も革新しようと考え、『犬神家の一族』では通常の日本映画の音楽制作費の三倍とも言われる予算を組み、当時最先端のフュージョンの大野雄二――アニメ『ルパン三世』の音楽でも知られる――を起用した。『犬神家の一族』の音楽は、「映画音楽」という狭いジャンル内では話題になり評価も高い。主題曲「愛のバラード」はシングル盤としてリリースされ、サントラ盤のLPも発売された。映画音楽としては売れたほうではあったが、ヒットしたとは言えなかった。映画と文庫の大ヒットで隠れてしまったが、『犬神家の一族』では音楽はヒットさせられなかったのだ。

角川の判断を鈍らせたのは、松竹の『砂の器』のサントラ盤が売れたという成功例だ。『砂の器』では主人公が自分で作曲したピアノ協奏曲《宿命》を演奏するシーンが延々と続いた。その《宿命》のサントラ盤が発売されると、日本映画としては珍しく売れた。その直近の成功例を踏襲して、『犬神家の一族』は音楽にも力を入れたのだが、あくまで主題曲であって、主題歌ではなかった。実は『犬神家の一族』の《愛のバラード》には、山口洋子が作詞し、シャンソン歌手の金子由香利が歌った版があり、シングル盤として発売されたが、映画そのものにはこの歌は使われず、コマーシャルでも流れなかったので、ほとんど話題にもならなかった。

ようするに、主題歌でなければレコードは売れない――というわけで、『人間の証明』では主題歌を導入する。

『人間の証明』では西條八十の「母さん、僕のあの帽子どうしたでせうね　ええ、夏、碓氷から霧積へ行くみちで渓谷へ落としたあの麦藁帽ですよ」と始まる詩が物語で重要な役割を果たす。この詩を英訳し、主題歌を作ることになった。作曲は大野雄二、英訳したのは殺される黒人青年の役を演じるジョー山中だった。

ジョー山中はロックシンガーでもある。彼以外にこの歌にふさわしい歌手もいない。しかし彼はロック界では知られていても、世間一般での知名度は低い。そんな歌手を大作映画の主題歌に起用できるのは角川春樹しかいない。監督やシナリオにはベテランを起用し、映画の骨格はがっしりと固めるが、表層では無名に近い若者を起用し、彼がスターになることそのものを、映画のキャンペーンと連動させる。日本映画界は斜陽化するにつれて、自らスターを生み出すことをやめてしまったが、角川は「スター作り」をも実行していく。最初はプロデューサー角川春樹自身をスターにし、『人間の証明』では松田優作とジョー山中をスターにすべく、動いた。

主題歌《人間の証明のテーマ》は映画のテレビコマーシャルで流されたため、人々はいつのまにか、「ママー、ドゥ・ユー・リメンバー」という歌詞を覚えてしまった。『人間の証明』において、「活字と映像と音楽の三位一体」というメディアミックスは、一応の完成をみることになる。

だが、思わぬかたちで躓《つまず》いた。

《人間の証明のテーマ》のシングル盤は映画公開に先駆けて八月十日に発売されることになっていたが、まさにその発売当日、ジョー山中が大麻取締法違反の疑いで逮捕されてしまったのだ。現在ならば、逮捕された歌手のレコードは発売中止になるだろうが、当時の映画人も出版人も音楽人も、そんな野暮なことはしない。良識だとか常識には屈しない。予定どおりレコードは発売され、週間ヒットチャートで最高二位、年間二十三位、五十一万七千枚の大ヒットとなった。ジョー山中が逮捕されてしまったのでテレビ番組に出て歌うことはできなくなったが、角川はテレビコマーシャルでは流し続けた。

しかし、たとえば森村誠一はラジオ番組に出演した際、「何か曲のリクエストを」と言われ、ためらうことなく、《人間の証明のテーマ》と答えたが、「それだけはかんべんしてくれ」と断られたという。《人間の証明のテーマ》は、ヒットしているにもかかわらず、ラジオでもテレビでも『人間の証明』のコマーシャル以外では流れなくなっていた。つまりは、ジョー山中が歌う《人間の証明のテーマ》は、レコードを買う以外、聴けなくなり、そのためレコードがますます売れたとも言える。

山中の拘置期間は二ヵ月半に及び、出てきた時は歌も映画も大ヒットしていた。だが、予定されていたコンサートは中止になっていた。

ミステリ映画ブーム

一九七〇年代当時の映画界にとって、秋は谷間の季節だった。各社とも、年末公開の正月映画と夏の映画に最も力を入れ、それに続くのが、春の子ども向きのアニメなど、そしてゴールデンウィークだ。映画業界が見捨てていた秋だったからこそ、角川映画は多くの映画館を確保できた。そして、角川映画の登場によって秋は大作シーズンへと変わる。それほどまでに角川映画の力は大きかった。

『人間の証明』の公開日は十月八日土曜日である。九月には、コマーシャルで流されたさまざまなフレーズが流行語となっていた。「かあさん、ぼくのあの帽子、どうしたでしょうね」は「◯◯さん、ぼくの△△、どうしたでしょうね」といくらでも言い換えが可能だった。「読んでから見るか　見てから読むか」もこの時に使われた。そして「◯◯の証明」、さらには主題歌もヒットしていたので、「ママー、ドゥ・ユー・リメンバー」も流行した。

書店には森村作品が山のように積まれていた。『人間の証明』は七六年一月に単行本として出されていたが、七七年三月に角川文庫として出されていた。

森村誠一はこの映画に全面的に協力し、公開前の九月二十一日から三十日にかけて、『人間の証明』完成記念の全国縦断サイン会を行なった。名古屋、大阪、広島、東京、福岡、熊本、札幌、仙台と、八都市でそれぞれ数店の書店を訪れ、著書にサインをしていった。『人間の証明』は角川文庫の森村作品としては二十五冊目となり、映画公開時には角川での森村作品の累計発行部数は一千万部突破となっている。そのうち『人間の証明』だけで三百万部となった。この作品はその後もいくつもの版元で文庫になり森村誠一の公式サイトによると、累計七百七十万部となっている。

この時の森村作品の驚異的な売り上げは、大量宣伝が生んだ結果だが、作品そのものに力がなければ以後も持続的に売れるわけがない。森村が四十年近くが過ぎた今もなお第一線の作家であることは、角川の眼力を証明している。

TBS系列では四月からの「横溝正史シリーズ」が終わると、十月からは「森村誠一シリーズ」として『腐蝕の構造』『暗黒流砂』『人間の証明』が放映されていく。

因縁の松竹の『八つ墓村』もこの秋が封切りとなった。洋画系映画館で先行ロードショーされた後、松竹の邦画上映館で公開される。松竹は、角川が作った横溝ブームにうまく乗った。『八つ墓村』を公開するにあたり、松竹も角川顔負けの大量宣伝を展開し、テレビCMで流された「たたりじゃー」は流行語になった。角川文庫での横溝作品はその後も増え続けていた。横溝ブームは終わる気配がない。

同時期の東宝は勝負から逃げ、黒澤明の旧作『天国と地獄』をリバイバル上映した。映画館のスクリーンを埋めるものさえあればいいという態度だ。数ある黒澤の名作のなかで、なぜ『天国と地獄』だったのか。これはエド・マクベインの「八七分署シリーズ」が原作の広義のミステリだ。東宝もこの秋はミステリがブームとなると読んだのだろう。

かくして角川映画の登場によって、それまで出版界でも映画界でも異端だったミステリはメインストリームへと躍り出たのである。

またも酷評

しかし、映画『人間の証明』は酷評された。前年『犬神家の一族』を貶した朝日新聞は、十月十二日夕刊にまたも悪意に満ちた映画評を掲載した。『八つ墓村』との二作合わせての批評で、「映画史に残る傑作とは言いがたい」、「巨額の製作費も派手な宣伝もいささかむなしい感じ。期待が大きいだけに、失望の度合いも深い」と評す。『八つ墓村』については、キャメラマンによる自然描写だけは褒めるが、それ以外は全面否定した。

『人間の証明』も、「あきさせない工夫はなかなか」とし、ジョージ・ケネディ、鶴田浩二の演技は褒めるが、松田優作は「こっけい」の一言で斬る。ストーリーは「『それにしても出来過ぎた話だなあ』とあきれるだろう」、「見てから読む気になるかどうか」とコマーシャルのコピーをもじって皮肉っぽく論じ、「結局は読み捨て文庫の域を越えていない」と断じる。最後に、「奇想天外の物語や仕掛けさえあればいいのか。それで人間の心はつかめたか、という思いは残る」と書き、それは『八つ墓村』も同じだと、二作とも認めない。

映画評論家・小森和子は雑誌に書いた映画評では「日米合作としては違和感のない出来上がり。ただ、すべてが唐突な筋立て」と書き、宣伝に使うからと謝礼をもらって書いたコメントには「壮大な現代ドラマでありながら、鮮烈に人間の深奥に秘めた、愛と欲望の機微をつく。日米協力が見事に実った、初めての名作」と書いた。もしかしたら、宣伝コメントが本音で、しかし角川映画を褒めると評論家としての沽券にかかわると感じ、雑誌では疑問を呈したのかもしれないない。

しかし、観客は支持した。『人間の証明』は人の心を摑んだ。配給収入は二十二億五千万円になった。「キネマ旬報」のベストテンでは評論家の投票では五十位だったが、読者投票では八位に入っている。

十一月十四日、『人間の証明』が大ヒットするのを見届けると、角川春樹はホテル・ニューオータニでヒット謝恩パーティーを開き、その席で、角川映画第三弾は森村誠一原作『野性の証明』だと発表した。

大林宣彦、商業映画デビュー

『人間の証明』や『八つ墓村』が大々的に公開され、一息ついた、十一月二十六日、東宝系映画館では、山口百恵・桜田淳子・森昌子の「花の高3トリオ」の卒業コンサートのドキュメンタリー『昌子・淳子・百恵 涙の卒業式〜出発〜』が公開された。その併映となったのが、手塚治虫の『ブラックジャック』の「春一番」を映画化した、大林宣彦監督の『瞳の中の訪問者』だった。

大林宣彦はこの年の夏、前年十一月に先にラジオドラマ化して評判になっていた『HOUSE』の映画化を実現した。企画としては七五年に東宝の会議を通っていながらも、撮影所での助監督経験のない大林に撮らせることへの反感があり、宙吊りにされていた企画だったが、ラジオドラマに続き、コミック化、ノベライズ化など、大林が主導してメディアミックスを仕掛けていき、ようやく最後になって本体の映画が『HOUSE　ハウス』として完成したのだ。

『HOUSE　ハウス』は『人間の証明』が完成しつつある七月三十日に、百恵・友和映画『泥だらけの純情』と同時上映で公開された。当初は百恵・友和映画の「おまけ」扱いだったが、『HOUSE　ハウス』をメインとする映画館も出るなど大成功した。大人の評論家たちには訳のわからない映画だったが、十五歳以下の少年少女たちからは支持された。

角川春樹の成功は、映画界の外の人間でも映画は製作できる、そして大ヒットさせることができることを証明した。大林宣彦の成功は、映画会社出身ではない映画作家でも、商業映画は撮れるし、若者の支持を得られることを証明した。

大林が成功したのを見て、ホリプロの子会社であるホリ企画は、同プロ所属の新人、片平なぎさで撮ってくれと頼んだ。それが、『瞳の中の訪問者』だった。しかし、これはさんざんな悪評に終わった。大林は、もともと『HOUSE　ハウス』一本を撮れば、日本で映画監督として仕事をするつもりはなかった。だが、『瞳の中の訪問者』が失敗に終わった以上、このまま終わるわけにはいかなくなった。大林は翌年の百恵・友和映画を撮ることになる。

大ヒットした『人間の証明』だが、評論家たちは金をかけた大作に反発し、この年の「キネマ旬報」の「ベストテン」の一位は山田洋次監督の『幸福の黄色いハンカチ』だった。以下、新藤兼人監督『竹山ひとり旅』、篠田正浩監督『はなれ瞽女《ごぜ》おりん』、森谷司郎監督『八甲田山』、浦山桐郎監督『青春の門　自立編』が上位五位、市川崑の『悪魔の手毬唄』が六位、『獄門島』は二十七位で、野村芳太郎の『八つ墓村』は十六位だった。大林宣彦の『ＨＯＵＳＥ　ハウス』は二十一位。読者が選んだベストテンでも一位は『幸福の黄色いハンカチ』で、二位が『八甲田山』、三位に『八つ墓村』、四位に『ＨＯＵＳＥ　ハウス』で、『人間の証明』は八位だった。

興行成績では、創価学会の動員があった『八甲田山』が配給収入二十五億九百万円とトップで、『人間の証明』は二十二億五千万円で二位、『八つ墓村』が十九億八千六百万円で三位となった。『悪魔の手毬唄』も七億五千五百万円で十位に入っている。興行トップテンのうち三作が角川文庫を原作としていた。残りの七作のうち『八甲田山』以外は、東映の『トラック野郎』と松竹の『男はつらいよ』と東宝の「百恵・友和映画」が各二作である。角川文庫原作映画はこれらに十分に伍していたことになる。

十二月二十六日、角川春樹事務所は、『野性の証明』で主役の子役を公募すると発表した。応募資格は十歳から十三歳の女性、締め切りは翌年二月十八日。

第三章　『野性の証明』でのスター誕生――一九七八年

　角川映画が第三弾として選んだのは森村誠一の「証明シリーズ」第三作『野性の証明』だった。雑誌が「野性時代」、冒険のための船が「野性号」、と、角川春樹にとって「野性」は思い入れのある言葉のようで、森村は、角川からの提案で「野性の証明」というタイトルの小説を書いたという。

『人間の証明』に始まる森村誠一の「証明シリーズ」は、第二作『青春の証明』が七七年四月に、第三作『野性の証明』が七七年九月に角川書店から刊行されていた。いずれも大作だがかなり速いペースで書かれていたのだ。『人間の証明』が映画化されて大ブームになっていた時点で、すでに小説の証明シリーズ三部作は完結し、さらに「野性時代」では「十字架シリーズ」第一作『白の十字架』の連載も始まっている。

　東宝が金田一耕助シリーズを続けようと持ちかけた際、角川は「二番煎じはやらない」と断った。では、『野性の証明』は『人間の証明』の二番煎じではないのか。証明シリーズは、シリーズとはいえ、三作に共通する登場人物がいるわけではない。物語のつながりもないし、三作ともミステリとしてのテイストも異なる。物語の中で詩が重要な役割を果たす点が、唯一の共通点といえる。シリーズであってシリーズではない。

公開オーディション

森村誠一の『野性の証明』の重要な登場人物のひとり「頼子」は十歳という設定だ（冒頭、両親が殺される時は八歳）。角川映画はこの役を演じる子役を公募することにした。応募資格はそれに合わせて十歳から十三歳とされ、二月十八日の締切日までに千二百二十四名が応募した。数次にわたる選考を経て最終的に九人が選ばれ（六人としている文献もある）、二月二十八日、銀座のヤマハホールでの公開オーディションが開かれた。

角川春樹は六年後にこう回想している。

> 私が彼女に初めて遇《あ》ったのは、六年前の三月下旬だった（注・「二月下旬」の誤りと思われる）。びっくりするほど眸に輝きを持った少女が、母親に伴われて私の部屋に現れた。その日は、映画「野性の証明」の長井頼子役オーディションの、第一次審査日だった。薬師丸博子と名乗る十三歳の少女は、そのタイトル通りの、現代が喪失した野性の輝きに満ちている。半年後、博子はひろ子と改名され、日本映画がひさびさに生んだ女優になった。
>
> （角川春樹『試写室の椅子』）

当時の日本映画界には、スター女優が枯渇していた。藤純子は七二年三月公開の『関東緋桜一家』をもって、歌舞伎役者尾上菊之助（七代目菊五郎）との結婚のため引退し、浅丘ルリ子や吉永小百合は日活がロマンポルノに転じたためテレビに活躍の場を移しつつあった。松竹の松坂慶子はまだ大スターにはなっていない。七〇年代後半に客が呼べるスター女優といえば、山口百恵くらいだった。しかし百恵はテレビから生まれたスターであり、本業は歌手だ。

撮影所も配給機構も映画館も持たない映画会社、つまり、専属の映画スタッフを持たないことによって映画界に革命を起こした角川春樹事務所は、このオーディションで薬師丸ひろ子を見出すと専属女優とした。これによって角川映画は変質していくことになるが、角川春樹が当初から意図していたものだったのかどうかは定かではない。

角川が当時困っていたのが俳優のスケジュールが意のままにならないことだった。映画の撮影中でも、テレビやコマーシャルなどの他の仕事を入れる俳優が多くスケジュール調整に苦労した。角川は、全てのスケジュールを管理できる俳優が必要だと感じていたのだ。

ともあれ、一本の映画に出たことで薬師丸の人生が変わったように、薬師丸というひとりの女優を得たことで角川映画は変質し、さらには日本映画界も薬師丸の登場によって大きく変わっていくのである。

日本映画史を変えることになる運命の公開オーディションの審査員は、角川の他、原作者の森村誠一、監督の佐藤純彌、東映のプロデューサー、「野性時代」編集長・渡辺寛、そして角川と親しくしていた劇作家のつかこうへいだった。最終の公開オーディションの前に薬師丸と会っている角川は、すでに彼女に決めていた。だが最終審査には「長井頼子」にもっとふさわしい少女が残っていた。このままだと薬師丸は選ばれないだろう。そこで角川は多数派工作に乗り出す。つかこうへいは最終審査当日のことをこう書いている。


私は途中、角川氏から廊下の暗がりに呼ばれ耳打ちされた。

「森村さんは原作にぴったりのオカルティックな自閉症タイプのA君という少女を推すはずだ。そして佐藤さんもその子を推すだろう。オレもこの映画に関してはそう思う。が、俺は将来のスターを作らなきゃならん。それには薬師丸だ」

そして角川氏は悲しそうに目を伏せ、あの自閉症タイプの女の子を主役に抜擢しても、この一作限りだろう。それはその子の将来においてかえって不幸になる、ということを言われた。

私は言った。

「プロデューサーはあなただから、薬師丸にすればいいじゃありませんか」

「いや、そうはいかん、これは監督がつくるもんだ」

「でも一次選考会じゃ、森村さんも佐藤さんも薬師丸を悪くは言ってないですよ」

「が、薬師丸にはひとつネックがある。むろん、目の前で一家が惨殺され、絶語症になるにはかわいらしすぎる、森村さんはこう言うだろう」

たしかに薬師丸さんのかわいらしさは一般的なもので森村氏の意図した文脈にはあわない。

「が、もっと致命的なことがある。クライマックスで高倉健が、自衛隊の戦車に追いかけられて逃げ回るシーンがある。が、薬師丸は体がでかすぎて高倉健が背負って走り回れない。大木をしょって走るみたいになって絵にならない」

なるほど薬師丸さんは中学生にしては背が高い。しょって走られて絵になる構図は考えられない。

「監督の佐藤さんもそこをつくだろう。が、俺は将来のことを思う。いまのところ薬師丸を推すのは俺と渡辺だ。君が薬師丸に手を上げてくれれば3対3になる、頼む」

（『つか版・男の冠婚葬祭入門』）

このエッセイが書かれたのは一九八四年、すでに薬師丸が大スターとなっている時だ。会話は録音されていたわけではないだろうから、つかの記憶をもとに書かれている。つかは作家である。話を面白くするのが仕事だ。したがって、かなり脚色されているように思われるが（たとえば、高倉健の主演はこの時点ではまだ正式には決まっていなかったともいう）、角川が薬師丸を強く推したのは本当だろう。

オーディションについて後に薬師丸はこう回想する。

一次は書類審査で、二次からは映画の中のセリフと演技、それと歌なんかのテスト。いまでもそうだけど、人前に出るのが苦手なほうだから、二次を受けに行くのが本当に嫌だった。最終審査のときヤマハホールで歌ったのは、岩崎宏美さんの「思秋期」だったかな。〝ピンク・レディーのマネはできますか？〟なんて聞かれて、〝できません〟と答えたり、やっぱり、わりとはっきり覚えてますね、この日の出来事は。

（『薬師丸ひろ子フォトメモワール Part 1』）

選ばれた時の第一声として、記録されているのは、「受かるとは思っていなかったので、なんと言ってよいのかわかりません」。後のインタビューでも、「受かりたいなんていう気が全然なくて、通知がきて、これでおしまいだから」と思って最終審査に「のんきに行った」ので、名前を呼ばれた時は、「まさか、まさか」とびっくりし、家へ帰ってから「これからどうなるんだろう」と家族で話したという。

三十年近く後の二〇〇六年の日経ビジネスのウェブ上のインタビューでは、薬師丸はこう語っている。

「たまたま私の写真を撮った人がいて、その方が私の知らない間にオーディションに応募していたんです。私は何の演技もしたことがないし、オーディションには落ちるつもりで行きました」。そして、角川が強く推薦したことについては、「私を最終的に推したのは角川（春樹）さんだけだったという話を聞きましたが、『みんなは反対したけど自分が賛成したんだ』とおっしゃる方が、ほかにもすごく多くて、誰の話が本当なのか、いまだによく分からないんです」と笑いながら語る。

「スター誕生」物語というものは、常に真相は「藪の中」である。

裏の事情はどうでもよい。ともかく、薬師丸ひろ子が選ばれたのだ（薬師丸は当初は本名のまま「薬師丸博子」と名乗っていたが、『野性の証明』公開直前に芸名として「薬師丸ひろ子」とする。本書では「博子」の時期も「ひろ子」と記す）。

つかの書いていることが事実だとしたら、角川春樹はこの時点で将来のスターを生み出そうと考えていたことになる。この時、角川も「長井頼子」にふさわしいと認めていた候補者は、三輪里香といった。彼女も角川春樹事務所に入り、翌年一月から放映されるテレビ映画版『野性の証明』で頼子を演じてデビューする。しかし薬師丸のようなスターにはならなかった。この点でも角川春樹は正しかった。

高倉健登場

公開オーディションが二月二十八日、その四日後の三月四日には薬師丸の初仕事として、「バラエティ」の写真撮影があった。映画の宣伝用スチールも兼ねての撮影だ。「バラエティ」には五月号に初登場し、以後、毎号、グラビアページに薬師丸の写真が掲載され、それは写真集『薬師丸ひろ子 フォトメモワール』としてまとめられる。

前年（七七年）九月に単行本として刊行されていた『野性の証明』は、半年後の三月には早くも角川文庫として刊行された。カバーは迷彩服を着た男が少女を背負っているイラストだった。これで角川文庫の森村作品は三十一冊となった。

三月三十日、東京・帝国ホテルで『野性の証明』のキャスティングが発表された。監督には前作に続いて佐藤純彌が起用された。音楽は『犬神家の一族』『人間の証明』につづいて大野雄二――角川春樹、森村誠一、佐藤純彌、大野雄二という主要メンバーは『人間の証明』と同じだ。違うのは、高倉健という大スターが主役を務めることだった。

高倉健は、当時の、そして驚異的なことに二〇一四年に亡くなるまで、日本映画界最大のスターであった。『犬神家』の石坂浩二や高峰三枝子、『人間』の松田優作や岡田茉莉子らに比べれば、高倉は人気と知名度の点で群を抜いていた。さらにこの時期の高倉は東映ヤクザ映画から離れ、七七年の『八甲田山』『幸福の黄色いハンカチ』の二作で俳優としての新境地を開いていていた。

出版社が映画を製作することそのものが新しかった『犬神家の一族』、主題歌もヒットさせ、活字と映像と音楽の三位一体のメディアミックスを完成させた『人間の証明』――では、第三作『野性の証明』は何が新しかったのか。それは、「スター映画」の復権だったことだ。

日活の石原裕次郎主演映画や東映の中村錦之助の時代劇などの、スター映画全盛時代は終焉を迎えていた。そこに、あえて角川はスター映画を作ろうとして、最後の映画スターとも言える高倉健を起用し、さらに同時に新たなスターを生み出そうとしたのだ。

高倉は三十日の発表会では、「こんな大きなプロジェクトの一番大きな役をおおせつかって、不安と不思議な気持ちが入り混じっています。一生懸命やります」と挨拶した。高倉の「相手役」となるヒロインには中野良子が起用された。さらにこの日は、脇役の田村高廣、舘ひろしらも出席した。角川春樹はこう語った。

「私の好きな映画は『ゴッドファーザー』であり『七人の侍』です。どちらも男性映画であり、男が原初に備えている暴力の衝動が凄まじいまでに描かれている」

そして、「男の逞しさ、タフさをワイルドに描きたい」とし、前二作は「母親の愛情というテーマの女性映画であったのですが、今回は男性の中にひそむ野性の復権と暴力をテーマにし、そして女性が見ても納得しうる、感動できる映画にしたい」と続けた。

映画最大のクライマックスはラストの二十分にわたる戦闘シーンであることも発表された。そのシーンのためにアメリカ・カリフォルニアでロケし、戦車二十台、ジェットヘリ十機を駆使し、実弾も使用する。このシーンに自衛隊員として出演する者はアメリカのグリーンベレーで特殊訓練を受ける。この戦闘シーンには四億八千万円が費やされる。

原作の『野性の証明』は『人間の証明』のように、いくつもの事件が同時並行して進むのではなく、物語構造は単純だ。基本的には高倉扮する味沢を中心にして物語は進む。

味沢は自衛隊の特殊部隊員だったが、事情があって東北のある都市で生命保険の外交員をしている。この都市は三國連太郎扮するドンが市政を牛耳り警察も思うままだ。中野良子はこの市の腐敗を暴こうとしている新聞記者。そこに保険金目当てと思われる交通事故が起き、高倉と中野が事件を解明していく――このように社会派推理小説として物語は進む。

薬師丸は寒村で集落ごと皆殺しにされた事件の唯一の生存者だが、そのショックで記憶を失っている。この事件と高倉がどう関係しているのかが、もうひとつの謎となる。

『犬神家』と『人間』が「母もの」だったのに対し、「野性」は「男の映画」となる。そこで主役には、男の中の男、高倉健に白羽の矢が立ったのだ。

『野性の証明』は五月にクランクインした。公開は十月七日。またも秋は角川映画の季節となる。

深作欣二、時代劇とSFを撮る

角川映画の成功は映画界の構造改革をもたらした。角川と提携しその成功を近くで見ていた東映は一本立て興行の導入へ舵を切った。

東映の大作路線のひとつとして、七八年一月二十一日、深作欣二監督『柳生一族の陰謀』が封切られた。東映としては久々の時代劇であり、萬屋錦之介が十二年ぶりに東映に出演した作品でもあった。テレビコマーシャルも含めた大宣伝もなされ、九億七千万円の製作総原価で十六億五千万円の配給収入と、大成功した。

東映は東京と京都に撮影所を持ち、二本立てで二週間ごと、年間四十から四十五本以上を製作・配給・上映していたが、角川映画や『八甲田山』『八つ墓村』、あるいは『宇宙戦艦ヤマト』などの成功により、観客の嗜好が大作一本立てに向かっていることは明らかだった。同じ料金で二本の映画を観ることになる二本立て興行は、観客にとっても得なように見え、だからこそ定着していたわけだが、九十分前後の作品を二本見ると三時間以上も映画館にいることになり、忙しくなった日本人の時間感覚と合わなくなっていた。洋画は一本立てだから、それに慣れてしまった若年層にとっては二本立ては長いし、二作とも面白ければ得した気分になるが、そうでない場合は、金も時間も無駄にした気分になってしまう。

東映の岡田茂社長は、七八年は年間六本程度の大作を製作すると決め、その第一作として『柳生一族の陰謀』が製作されたのだ。

角川春樹は『犬神家の一族』以後、初期の角川映画にほんの数カットずつではあるが出演していた。映画に出るのも好きなようで、『柳生一族の陰謀』にも角川はワンシーンだけ、駿府城を囲む家光軍を率いる総大将の役で出ている。この撮影時、家光と対立する駿河大納言忠長の侍大将の役を演じたのが、夏八木勲（一九三九～二〇一三）だった。角川は、夏八木の一斉射撃を受けて壮絶な死を遂げる豪快な演技に惚れ込み、『野性の証明』で高倉健を執拗に追いかける刑事の役に抜擢した。

それのみか、夏八木は角川春樹事務所の専属となり、芸名を夏木勲と改めた（その後また夏八木に戻り、そのほうが定着しているので、「夏木」時代も「夏八木」として記す）。『柳生一族の陰謀』に続いて、深作はゴールデンウィーク公開のSFアクション『宇宙からのメッセージ』を撮った。アメリカでは前年（七七年）夏にジョージ・ルーカスの『スター・ウォーズ』が公開され記録的な大ヒットとなり、スティーヴン・スピルバーグの『未知との遭遇』がそれに続き、SFブームが到来していた。

日本でも『宇宙戦艦ヤマト』が劇場版アニメとして七七年に公開されるとヒットしており、オカルト・ブームの次はSFブームが来るのではと予測されていた。角川書店はしかし『スター・ウォーズ』のノベライズの日本語版の版権を取得し公開に合わせて刊行する。『スター・ウォーズ』の日本公開は当初は七七年十二月とされていたが、宣伝に時間をかけたいという配給会社の意向で半年延びて七八年夏の公開となっていた。それならば先にSF映画を作り公開してしまえと、東宝は『惑星大戦争』を、東映は『宇宙からのメッセージ』を作ることになったのだ。

角川書店の「バラエティ」六月号（四月二十一日発売）には、『野性の証明』クランクイン直前の角川春樹と佐藤純彌とが、『宇宙からのメッセージ』撮影中の深作欣二を訪ねて鼎談している記事が載っている。『仁義なき戦い』というヤクザ映画の実録路線から時代劇へと転身し、次はSFと、この時期の深作は、ジャンルを問わず撮るようになっていた。

角川が「ＳＦは前から撮りたかったのか」と質問すると、深作は「以前から、外国の小説をポチポチ読んだりしてて。やりたくなったのは、小松左京さんの『復活の日』とかのような、近未来を描きながら現代を照射する構造のＳＦがスケール大きく日本でもいくつか生まれてきて、ああ撮りたいな、と思うようになってきた」と答えている。

このとき深作が撮っていた『宇宙からのメッセージ』は『里見八犬伝』の宇宙版のような話だった。後の『復活の日』『里見八犬伝』への伏線は、この頃から敷かれていた。

さらに角川春樹の手腕を買った東映は、翌年に向けて、東映作品のプロデュースをしてくれと依頼する。こうして角川春樹は角川春樹事務所作品の他、東映作品のプロデュースもすることになり、その第一作として、翌年一月公開の横溝正史原作『悪魔が来りて笛を吹く』が決定する。

二つの「第三作」、二つの「野性」

角川映画第三弾は『野性の証明』とされているが、厳密にはこの年の五月二十七日に公開されたドキュメンタリー映画『野性号の航海　翔べ怪鳥モアのように』である。しかしこの作品はドキュメンタリーであることから、一般で言う角川映画としては語られない。

野性号とは古代のカヌーのような帆船で、角川はこれで冒険航海をしており、それを映画にしたのだ。角川の文芸誌が「野性時代」という誌名であるように、「野性」はこの時期の角川のキーワードだった。

しかし、角川がいくら「野性」という言葉に夢中になっても、『野性号の航海』は興行的には失敗した。もともとドキュメンタリー映画はよほど衝撃的な内容か感動的なものでないと、ヒットしない。この年の暮れに発売される季刊「映画宝庫」誌での石上三登志との対談で角川はこう語っている。

『野性号の航海』って史上最低の入りの映画がありまして。映画は思い入れだけじゃ出来ないことがよーくわかった(笑)。エンタテイメントとは相手を楽しませもてなすことなんですから。それを自分だけもてなす映画作っちゃったから惨憺たる結果ですよ。これも教訓でしたけどね」

「角川映画」とは、結局のところ角川春樹のプライベート映画だったと総括できるのだが、そのなかでも最たるものが『野性号の航海』だった。

角川自身、『野性号の航海』の興行的失敗は予想していたはずだ。だが、真の角川映画第三弾『野性の証明』は失敗するわけにはいかない。

『野性の証明』での「野性」の「証明」

『野性の証明』は五月十六日に調布の日活スタジオでクランクインするが、薬師丸ひろ子は、その前に映画のテレビコマーシャルを四月二十七日に撮影した。「お父さん、怖いよ、なにか来るよ」という台詞のものだ。

さらに、テレビドラマ『敵か?味方か3対3』に出演し、松原智恵子、水沢アキの妹を演じた。このドラマは五月二十五日から放映される。演技経験を積ませるためと、少しでも顔と名前を売っておくためでもあった。先にテレビドラマで慣れさせてから、映画に出させるというのは、以後も原田知世のデビュー時にも採られる戦術だった。

後のインタビューで薬師丸は「夢中でやったんですけどね、あとでテレビを見ると、われながら恥ずかしそうにやってるな、と。それが演技に出てるんですね。もう未熟となんとか以前の話」と振り返っている。

調布のスタジオでの撮影がいったん終わると、以後は金沢など地方都市でのロケとなった。角川春樹は他の仕事もあったので、金沢のロケ現場には何日か遅れて着いた。角川の顔を見るなり、監督の佐藤純彌がやってきて、「角川さんに謝らなければならない」と言った。角川は何かトラブルが発生したのかと思ったが、そうではなかった。佐藤はこう言った。

「薬師丸ひろ子は天才です」

佐藤は、オーディションの際に薬師丸の起用に反対したことを謝ったのだ。薬師丸ひろ子を推した角川の眼力の正しさを認めたのである。

調布にまた戻り、日本国内での撮影が七月六日まで続いた。そして八日からは二週間にわたりアメリカ・ロケが行なわれた。

東北が舞台だったはずの『野性の証明』は、終盤になると、突然、陽光きらめく大地での大戦闘シーンとなる。明らかにそれまでのシーンと「光」が違うのだが、そんなことを観客に突っ込む暇も与えず、壮絶なアクションシーンが展開された。

物語上、そこは日本の東北のどこかのはずだ。だが、アメリカで大規模なロケが行なわれたことも宣伝されていたので、観客のほとんどが知っている。いったい目の前で展開されているシーンは日本なのかアメリカなのか。日本だと思ってほしいのであれば、アメリカでロケしたことはむしろ隠すべきだ。『人間の証明』のニューヨーク・ロケや、後の『復活の日』の南極ロケは、実際にニューヨークや南極が舞台なのだから必然性があるが、『野性の証明』のカリフォルニア・ロケは物語上の必然性はない。大作にするために、わざわざ必要もないロケをし、それを話題にしているとの批判を浴びた。しかし、批判は最初から織り込み済みだった。むしろ、あえて批判されるような映画にしようと考えていたのではないかとすら思える。

この時点での角川映画は「金をかけた」ということで批判されていた。佐藤純彌は著書『シネマ遁走曲』に「監督を引き受けた僕もまた、映画界の裏切者よばわりされた苦い思い出がある」と書く。角川や佐藤は、どう作っても批判されるのだから、好きなようにやってしまおうと考えた。つまり、この映画を製作することそのものが、「野性」の「証明」だったのである。

角川映画がその祝祭性を最も華やかにアピールしたのが『野性の証明』だった。『人間の証明』に続き、主題歌もぬかりなく、作られた。『人間の証明』では西条八十の詩が物語でも重要な役割を果たし、それを英訳したものが主題歌となったが、『野性の証明』では、作品全体のイメージから山川啓介が作詞し、映画の音楽を担当した大野雄二が作曲した《戦士の休息》が主題歌となった。グループサウンズ、ズー・ニー・ヴーのリードボーカルだった町田義人が歌った。八月に映画公開に先駆けてシングル盤が発売され、映画のコマーシャルでも流され、二十九万五千枚のヒットとなる。

大林宣彦の失敗と成功

『野性の証明』がカリフォルニアで撮影されていた七月二十二日、この夏の百恵・友和映画として大林宣彦監督『ふりむけば愛』が封切られた。

大林が山口百恵に初めて会ったのはデビューが決まった直後のことだった。当時の大林はテレビコマーシャルの旗手として大活躍しており、百恵をグリコのコマーシャルに起用した。このCMで百恵は初めて三浦友和と共演したのだ。

百恵・友和映画は『伊豆の踊子』『潮騒』など、西河克己監督による文芸もののリメイク路線が続いていたが、二人にふさわしい作品は払底してきた。そこでオリジナル脚本、海外ロケと路線転換することになり、大林が起用されたのだった。シナリオはジェームス三木が書いた。

大林と三木は、「あの二人が主演するということがなかったら、もうまるでバカみたいなシナリオ」「あえて顰蹙を買う映画」を目指した。当然のことながら、「識者たちからは、さんざんバカにされました」と大林は語るが、「百恵・友和のファンには一番愛される映画」だと自負してもいる。識者がどう貶そうが『ふりむけば愛』はヒットした。前作『瞳の中の訪問者』での興行的失敗は帳消しとなった。

大林は初期の作品群について後にこう語っている。

『HOUSEハウス』での仕事は八割がプロデューサーとしてのもので監督としての仕事は全体の二割くらいだった。大林は撮影に入る前に一年半をかけてプロデューサーとして動き、ラジオドラマ化したり、コミックにしたりノベライズし、多くの雑誌に記事として載せてもらうなどのメディアミックスの仕掛けをした。それがこの映画の全仕事量の八割の時間と労力だったというのだ。撮影での監督は仕事量としては残りの二割に過ぎなかった。

その結果、成功した。そこで「プロデューサー的な成果を出した」ので、次の『瞳の中の訪問者』は「自分の好きな映画を好きなように撮ってみよう」として好きに撮った。その結果、「僕の好きな、密かにしまっておきたい愛すべき作品」にはなったものの、プロデュース的なことは何もしなかったので宣伝にも関与せず、興行的には惨敗した。大林は「作品を作るだけでは、そのまま映画は生きないということを実感しました」と語るが、これは角川春樹が『野性号の航海』の「史上最低の入り」を教訓にするのと同じだった。『瞳の中の訪問者』では、自分が満足しただけだったと反省した大林は、「お客さんが喜ばなければいかん」と考え、次の『ふりむけば愛』を撮り、それは成功したのだ。

評論家・識者の顰蹙を買うことは恐れないが、観客には楽しんでもらわなければならない――角川春樹と大林宣彦はほぼ同時期にそれを実感していた。

女優・薬師丸ひろ子誕生

『野性の証明』のアメリカ・ロケは七月二十八日に終わり、国内シーンの残りを撮って、八月五日に撮影は終了した。アフレコ、オールラッシュを経て、完成第一回試写は九月八日、十一日から全国キャンペーンが始まり、二十一日発売の「バラエティ」は当然のことながら、『野性の証明』を大特集した。

そして――「バラエティ」を引用すれば、「十月七日、日本列島に野性の憤怒が咆哮」した。映画『野性の証明』の封切りである。

『人間の証明』同様に大量のテレビコマーシャルが流され、薬師丸の台詞、「お父さん、こわいよ、なにか来るよ。大勢がお父さんを殺しに来るよ」、「男はタフでなければ生きていけない。優しくなければ生きていく資格がない」、「ネバー、ギブアップ」、などが流行語となっていく。「男はタフで…」は森村の原作にも映画にも出てこない、レイモンド・チャンドラーの小説の名セリフだが、角川春樹のアイデアで映画のキャッチフレーズとなり、広く知られるようになった。

公開時までには角川文庫の森村誠一作品は四十点、三千万部を突破した。

映画『野性の証明』は森村の原作をなぞるように社会派ミステリとして展開していくが、ミステリとしての要素は途中でどこかに消えてしまい、アクション映画と化す。そうかと思うと、主題歌《戦士の休息》が流れ、薬師丸のプロモーションフィルムのような映像となり、物語としては完全に破綻して映画は終わる。理屈を超えた破天荒さは評価のしようがない。

『野性の証明』は、「キネマ旬報」の評論家が選んだこの年のベストテンでは四十位、読者投票では七位と『人間の証明』の八位よりも上がった。高倉健と薬師丸ひろ子の人気が影響しているだろう。大林の『ふりむけば愛』は五十位だった。角川も大林も、見事に、確信犯的に、評論家・識者たちの顰蹙を買ったのだ。しかし角川映画としては初めて日本映画の年間興行ランキング一位を獲得した。配給収入は二十一億五千万円、二位は『さらば宇宙戦艦ヤマト』だった。興行的成功は、予想通りのものだった。『人間の証明』で確立された手法を踏襲し、成功すべくして成功したのだ。想定外の大成功とは言えなかった。それに日本映画としては一位でも、外国映画の一位は『スター・ウォーズ』で四十三億八千万円、二位は『未知との遭遇』の三十二億九千万円で、大きな差があった。おそらく、角川春樹に『犬神家の一族』や『人間の証明』で得たような勝利感はなかったはずだ。「思ったほど数字が上がらなかった」と角川は映画評論家の石上三登志との対談では語っている。

『野性の証明』の出演者たちはどうだっただろう。この映画は高倉健という当代一のスターが主演した作品でありながらも、宣伝では、むしろ薬師丸ひろ子が前面に出されていった。『野性の証明』は高倉健の代表作として語られることはほとんどない。「高倉健主演作」よりも、「薬師丸ひろ子デビュー作」として、映画史には残っている。

高倉は公開時の「キネマ旬報」七八年十月下旬号のインタビューで角川映画についてこう語っている。

「これだけの大型プロジェクトであり、その主役を演じるとあって、何かプレッシャーみたいな、不安みたいなものは感じましたね。それと撮影が終わってみて、いま感じるのですが、これからも失敗しないで続けていってほしいということです。もちろん、ただ、金をかけたり、大宣伝することだけがいいことだとは思わないですけど、すべてのものが、非常に小さくなっていく中で、夢を大きくふくらませてくれる可能性を持っていると思うんです。僕らはやっぱり、たくましく映画を作り続ける人がいてほしいですからね」

結局、高倉健が角川映画に出たのは『野性の証明』が最初で最後だった。

気の毒なのは中野良子だ。原作では彼女がヒロインである。実際、映画でも前半は中野のシーンは多い。だが、途中で殺されてしまい、映画を見終わった後は薬師丸の印象が強く、中野が出ていたことすら、忘れられた。

薬師丸ひろ子は「高倉健さんほか、いろんな人と知りあえたことが本当に良かったたですね」と後に語る。

はたして薬師丸ひろ子は今後も女優を続ける気があるのか。彼女自身が揺れていた。外堀を埋めるかのごとく、テレビドラマへの出演が決まっていた。三田佳子と共演するTBSの単発ドラマ『装いの街』である。十一月十六日に出演が決定したと発表され、翌年一月二十一日に東芝日曜劇場の枠で放映される。事務所は薬師丸にさらに仕事を入れていった。七九年正月の資生堂のコマーシャルにも起用され、実相寺昭雄が監督した。「バラエティ」での写真モデルの仕事も続いている。

『野性の証明』まで角川映画は年に一作だったが、翌七九年からは量産体制に入る。

角川春樹は『犬神家の一族』でヒットの方程式を確立し、『人間の証明』でその正しさを「証明」したわけだが、『野性の証明』では証明された方程式をなぞり予定通りヒットさせたものの、どんなに大宣伝しても、日本映画では配給収入二十億円程度が上限であることも分かってしまった。となると、次は「世界」を目標に置くしかない。

角川春樹は本来の映画作りの目的、ハリウッド映画に匹敵するスケールの大作を作る時が来たと判断した。

十一月、ついに小松左京原作『復活の日』の製作が発表された。監督は深作欣二、南極を含め世界各地でロケをし、世界マーケットも狙うという壮大な企画だった。

だが『復活の日』は物語のスケールからして、翌年(七九年)の公開には間に合わない。角川文庫の来年の目玉は誰にするのか。一方、映画界も、最初は角川映画を異端視していたものの、もはや角川映画なしではやっていけない。スタジオも、配給会社も、映画館も、角川映画を求めていた。

角川映画は映画界で大きな存在になってしまい、拡大を義務付けられていく。

大林宣彦からの挑戦

ひとつの雑誌が世の中を変える機会はそう多くない。政治家や芸能人のスキャンダルを暴くという形で、その人物の人生を変えてしまうことはあっても、たとえば、映画界を変えてしまうほどの力を雑誌が持つことは、ほぼありえない。

だが、この七八年の暮れに発売された石上三登志責任編集の映画マニアのための雑誌「映画宝庫」第九号は、その時点では当事者も読者も誰も知らないが、日本映画界を大きく変える「出会い」をもたらした。「映画宝庫」のこの号は「日本映画が好き!!!」という特集で、石上が四人の映画関係者とリレー対談した。原田眞人、大林宣彦、倉本聰、そして角川春樹である。

大林はそのなかで、今後やりたいこととして、「いつか見たハリウッド映画の素晴らしさをもう一度、自分の手でこの時代に合うようにアレンジして取り戻したい」と語り、日本映画をハリウッド映画に近づけるための可能性として、角川映画を挙げる。

「あの悪評高き角川さんなどは、映画を作品よりはまず商品として、ビジネスと割り切って着実な一歩を踏み出していますよね」、「角川映画というのは、観客が入る入らないが問題であり、内容についていい悪いをうんぬんするのは今はナンセンスだと思います」。

　石上はこれを受けて、「まったくおっしゃる通りと思います。ダメだダメだと言い続けられてきた日本映画の中で、ある意味では大変活力ある新しいことをやっている角川映画をけなす事は簡単なことですものね」と語り、「角川春樹さんに何か一言どうぞ」と大林に持ちかける。すると、大林は、こう言い放った。

「では……角川春樹さんよ、あなたが大林宣彦を使える時代がはやくきたらいいでしょうね」

　この石上と大林の対談の数ページ後に、石上と角川との対談が掲載されていた。掲載誌を手にした角川は、当然、大林と石上のページも読んだ。

　そして、角川春樹はついに大林宣彦と会おうと決断するのであった。プロデューサーと映画作家とが会うのだ。単なる映画談義では終わらない。それは、大林宣彦に角川映画を監督してくれとの依頼でなければ意味がない。

第四章　『復活の日』へ――一九七九年から八〇年

一九七九年の角川映画は、十二月公開の半村良原作『戦国自衛隊』を含めれば五作が公開され、それらと並行して、八〇年夏に公開される超大作、小松左京原作『復活の日』の製作も始まっていた。

もはや角川映画は「年に一度の祝祭」ではなく、「日常」となり、日本映画界での「異端」ではなく、「主軸」になりつつあった。

東映の雇われプロデューサー

前年（七八年）五月、『野性の証明』がクランクインするのと前後して、角川春樹は東映にプロデューサーとして一作ごとに雇われ、東映作品の製作も担うことになった。その第一作として横溝正史原作『悪魔が来りて笛を吹く』が決まり、企画をスタートさせていた。これも金田一耕助が活躍する話で、金田一には西田敏行が起用された。

東映としては角川がプロデュースすれば、角川文庫の宣伝費で映画の宣伝もしてもらえることになり、角川にプロデュース料を払ってもお釣りが来る計算だったろう。角川もそんなことは承知の上で引き受けた。

横溝正史ブームはとどまるところを知らない。すでに角川文庫の横溝作品は六十点を超えていた。その中から、どれを映画化するか。

東宝の市川崑による金田一耕助シリーズは、七七年に『悪魔の手毬唄』と『獄門島』、七八年に『女王蜂』と製作されていた。これらと松竹の『八つ墓村』とATGの『本陣殺人事件』は避けたほうがいい。一方、毎日放送・TBS系列で放映されたテレビ映画版の金田一シリーズ（金田一は古谷一行）は、七七年四月から十月までの第一シリーズが『犬神家の一族』『本陣殺人事件』『三つ首塔』『悪魔が来りて笛を吹く』『獄門島』『悪魔の手毬唄』、半年おいて七八年四月からの第二シリーズで『八つ墓村』『真珠郎』『仮面舞踏会』『不死蝶』『夜歩く』『女王蜂』『黒猫亭事件』『仮面劇場』『迷路荘の惨劇』が放映されていた。これらは知名度もあり、横溝作品の中で傑作に属するものなので、この中で映画になっていないものから選ぶのが順当だった。

七八年五月の時点で東映での映画化の候補になっていたのは『悪魔が来りて笛を吹く』の他、『仮面舞踏会』『迷路荘の惨劇』だったが、『笛を吹く』に決定した。

東宝は東宝で、七九年五月公開予定で横溝正史の最新作『病院坂の首縊《くく》りの家』の製作に入る。この作品は「野性時代」に連載され、角川書店から発行されたばかりのものだ。角川書店としては『病院坂の首縊りの家』の映画化は小説の拡販につながるのでありがたい。

『犬神家の一族』が成功したのを受けて、東宝から金田一シリーズを続けようと持ちかけられたが、角川は「二番煎じはやらない」と断った。その方針を転換し、再び金田一ものを手がけたわけだが、その理由について角川は、「バラエティ」誌で「石坂浩二の金田一耕助のキャラクターが、邦画の他のヒットシリーズのように定食ランチ化し、新鮮味を失いつつあるからだ」と説明している。

「金田一耕助って男に対するいろいろな試みがあってもいいと思うわけだ。幸い西田敏行君という、石坂君とはガラリ違う個性を得ることが出来た。二枚目というよりももっと人間っぽい、そして一度見たらちょっと忘れられない顔をした金田一が期待できる」

角川春樹事務所として製作しない理由としては、「角川映画でやればどう工夫しようと、まさに二番煎じになってしまうから」と答えている。

さらに角川自身の問題として、『復活の日』でのワールドマーケットへの挑戦という新しい局面に入るにあたり、「映画にかかわっていった原点からプランを起こし直す作業」が求められ、原点とは金田一耕助だ、となったとも説明している。後付の理由のように感じられるが、これが『悪魔が来りて笛を吹く』製作を決めた角川春樹の公式の理由である。

B級映画の復活

前年までの角川映画は市川崑、佐藤純彌という知名度のある監督を起用したのに対し、この年から一般的な知名度にこだわらず、テレビ映画で活躍していた監督を起用していく。『悪魔が来りて笛を吹く』には斎藤光正が起用された。毎日放送制作の横溝正史シリーズで『獄門島』を担当したのが斎藤光正だ。このテレビ版『獄門島』を観た角川春樹は斎藤の演出に注目していたので、『悪魔が来りて笛を吹く』での監督を依頼した。

斎藤は一九三二年生まれなので、佐藤純彌や深作欣二らと同世代に属す。日活に入り、今村昌平の助監督をしており、一九六七年には監督第一作『斜陽のおもかげ』を作った。その後も数本作るが、日活がロマンポルノへ転じたこともあり、テレビ映画に転身し、『大江戸捜査線』『子連れ狼』などの時代劇から、『太陽にほえろ!』といった刑事もの、『俺たちの旅』などの青春ものと幅広く撮っている「テレビ映画界の巨匠」だった。劇場用映画は七一年の『女の意地』以来だったが、この『悪魔が来りて笛を吹く』をきっかけに、以後、角川映画の主軸監督となる。

『悪魔が来りて笛を吹く』は七八年五月に製作決定していたが、撮影が始まったのは十月十二日だった。横溝作品特有の複雑な人間関係の一族が主人公のドラマである。ヒロインは当時人気のあった斉藤とも子、金田一耕助には前述のように西田敏行が起用された。

主題歌はないが、劇中で流れる不気味なフルートの曲はシングル盤として発売された。作曲したのは尺八界のエースとされる山本邦山だった。

角川春樹は『悪魔が来りて笛を吹く』はB級映画だと宣言し、「バラエティ」で、こう語っている。

「日本映画がつまらなくなった原因のひとつにいわゆるB級映画が萎えてしまったといううか、傑作がなくなったということがあるわけです」。彼が定義するB級映画とは、中村錦之助や東千代之介の東映時代劇や、石原裕次郎や小林旭の日活アクション映画のことだ。

「評論家にいわせるとクソミソなんだけど、若さだけが感じる映画本来のスピリットは画面に溢れていた。いまは大作主義の時代だ、といわれるけれど、本当の大作というのは年に数本しか生まれない。だから、産業として映画は、B級的な感覚に溢れたフィルムと大作が相互に補強しあって、映画ファン、ことに若い人たちを映画館に引きこまなくてはならない」

角川映画の登場が大作主義時代の到来を招いたのだが、そのおかげでB級映画が萎えてしまったので、角川自身がそのB級映画の面倒までみなければならなくなったのである。

年が明けて七九年一月二十日、『悪魔が来りて笛を吹く』は東映系で公開された。角川はB級と語っていたが、当時の東映としては大作に属すもので一本立てでの公開だ。

テレビコマーシャルには横溝正史自身が出て「私はこの恐ろしい小説だけは映画にしたくなかった」と語り、話題になった。配給収入は七億三千万円と角川春樹プロデュース作品では初めて十億円を切ったが、東映映画としてはヒットしたほうだった。「キネマ旬報」のベストテンでは五十七位。B級映画らしい順位である。

第三の男、高木彬光

『悪魔が来りて笛を吹く』に続く、東映での角川春樹プロデュース作品として、四月七日に高木彬光原作『白昼の死角』が封切られた。これも前年から準備され、年末にクランクインしていた作品だった。

高木彬光（一九二〇〜九五）は角川文庫が横溝・森村に続いて「第三の男」として売り出したが、作家としてのキャリアとしては横溝に次ぐ「第二の男」だ。

高木は京都帝国大学工学部冶金学科卒業後、中島飛行機に勤務していたが、敗戦によって失業し、占い師の奨めで小説家になったという経歴を持つ。一九四八年に江戸川乱歩の許へ持ち込んだ『刺青殺人事件』が認められて、作家としてデビューした。乱歩は作家として活躍したのは実質的には戦前までで、戦後はミステリの評論や出版プロデュース的な仕事での業績が大きい。高木彬光をはじめ大藪春彦や筒井康隆などを見出し、世に出したのも乱歩の功績のひとつだ。

『刺青殺人事件』は高木彬光のデビュー作であり、同時に、明智小五郎、金田一耕助と並ぶ日本三大名探偵のひとり、神津恭介シリーズの第一作でもあった。神津恭介は東大を出た秀才、美男子でピアノもプロ並みという、欠点のないキャラクターゆえに、かえって映像化される機会が少ない。テレビでは典型的な二枚目タイプの近藤正臣や村上弘明や、最近では片岡愛之助が演じているが、金田一ほどの人気は得られなかった。

松本清張の登場によって、神の如き名探偵の登場するミステリは衰退していき、横溝は「忘れられた作家」となったが、高木彬光は神の如き名探偵の物語を書く一方で社会派ミステリも書いて人気作家の座を保ち、七〇年代には巨匠となっていた。角川文庫では一九七三年五月に『人蛾』が最初に出て、『白昼の死角』は二十五冊目として七六年十月に刊行されていた。

高木彬光には前述の神津恭介以外にも検事霧島三郎、弁護士百谷泉一郎、近松検事、前田英策らのシリーズものがあるが、『白昼の死角』はシリーズものではない、単独の作品だ。角川文庫版で七百頁近い大長編で、いわゆるピカレスクロマン（悪漢小説）である。戦後の混乱期に実際にあった光クラブ事件の首謀者をモデルにしていた。広義のミステリには含まれるが、「謎の殺人事件」が起きて、その謎が解かれていくものではない。手形詐欺などの経済犯罪を、犯人側から描いたものだ。大長編なのですべてのエピソードを映像化していたら数時間かかってしまうが、本格ミステリよりは映画化しやすい題材だった。

監督には村川透（一九三七〜）が起用された。村川は日活に入り、助監督として西河克己や舛田利雄につき、黒澤明が降板した後の『トラ・トラ・トラ！』ではチーフ助監督を務めた。七二年にロマンポルノ『白い指の戯れ』で監督デビューし、高い評価を得ていた。しかし日活の方針と合わなくなり七二年に辞めて映画界から去り、郷里の山形に帰った。山形では兄で指揮者の村川千秋と共に山形交響楽団の設立に携わっていた。

しかし村川は、七六年一月から八月まで放映された石原プロモーション制作のテレビ映画『大都会 闘いの日々』の監督陣のひとりとして、映像の世界へ復帰した。きっかけとなったのは、たまたま観たテレビの『太陽にほえろ！』の松田優作が死ぬシーンだった。村川はそれまで松田の名前しか知らなかったが、初めて見て、「わくわくするほどいい俳優だ」と強烈な印象を受けたのだ。こんな俳優がいるのかと思っていたところに、石原プロモーションからテレビ映画『大都会―闘いの日々―』を撮らないかとの誘いがあった。村川は復帰を決断した。

松田は村川の指名で『大都会』の最初のシリーズの「協力者」という回にゲスト出演して認められ、『大都会PARTⅡ』ではレギュラーとなる。そして村川は前述のように、一九七六年に角川映画『オイディプスの刃』を撮ることになり、これが劇場用映画復帰第一作となるはずだったが中止になるも、七八年に東映セントラルフィルムで松田優作主演の『最も危険な遊戯』『殺人遊戯』を撮り、劇場用映画にも復帰していた。

『白昼の死角』で主人公の悪のヒーローを演じたのは夏八木勳だった。脇役として数多くの映画、ドラマに出て強烈な印象を遺した夏八木の、数少ない主演映画となった。

音楽は宇崎竜童が担った。宇崎にとって映画音楽は『曾根崎心中』に次いで二作目となる。宇崎のダウン・タウン・ブギウギ・バンドの歌と演奏による主題歌《欲望の街》は阿木燿子の作詞で、シングル盤としてリリースされた。

テレビコマーシャルをはじめとする宣伝でキャッチコピーとして使われた「狼は生きろ、豚は死ね！」は、原作にも映画にもない台詞である。似たものに、石原慎太郎が一九六〇年に劇団四季のために書いた戯曲『狼生きろ豚は死ね』があるので、おそらく、角川がこのタイトルから借りてきたものだろう。弱肉強食を正当化するのはけしからんと良識派から批判された。

『白昼の死角』の配給収入は六億一千万円。総製作費が七億五千万円と報じられているので、この数字では赤字だ。東映の岡田茂社長は「予想していたよりは客が来なかった、といっても六億円台、そんなに転んだシャシンじゃない」と語っている。「キネマ旬報」のベストテンでは四十九位だった。

映画公開に合わせて、テレビでも高木彬光シリーズが始まった。土曜夜十時は一九七七年四月放映開始の「横溝正史シリーズ」から「角川枠」となっていた。横溝シリーズが同年十月一日に終わると、翌週からは「森村誠一シリーズ」が七九年四月一日まで続き、その翌週からは「横溝正史シリーズII」が十月二十八日まで、そして十一月からは「森村誠一シリーズII」となり、それが終わると七九年四月から「高木彬光シリーズ」となったのだ。このシリーズでは『白昼の死角』が八月から九月にかけて放映される。

映画とテレビと連動して、角川文庫の高木彬光作品は五十点に達し、二千万部を突破した。角川文庫の横溝、森村、高木作品は売れに売れたのである。

第三段階へ

『白昼の死角』が封切られた一週間後の四月十六日、村川透監督、松田優作主演で大藪春彦原作、『蘇える金狼』が八月に公開されると発表された。

帝国ホテルでの記者会見には角川春樹と大藪の他に、徳間書店社長・徳間康快、オフィス・アカデミーの西崎義展も並んだ。徳間は大映を傘下にし、西崎は『宇宙戦艦ヤマト』が大ヒットしている最中で絶頂期にあった。出版・映画の「風雲児」三人が揃った会見だったのだ。

記者会見ではこの年の夏に角川映画として『蘇える金狼』が公開され、翌八〇年に徳間と西崎が『汚れた英雄』を、そして八一年には角川と西崎とが『傭兵たちの挽歌』を製作し、それぞれの映画公開時には角川書店と徳間書店がジョイントして書店での大藪春彦フェアを展開すると発表された。

『蘇える金狼』は東映の子会社である東映セントラルフィルムが製作を担い、東映が配給し、東宝系の洋画上映館チェーンで上演される。東映セントラルフィルムは東映の合理化から生まれた製作子会社で、実態は東映なのだが、会社としては独立していた。

さらに、横溝正史原作『金田一耕助の冒険』の映画化も発表された。この作品では、三船敏郎が作った三船プロダクションと提携することになった。監督は大林宣彦である。

一九六〇年代後半になると、映画会社は斜陽化していき、各社とも監督や俳優との専属契約を打ち切るようになった。なかには映画会社の保守的な体質を嫌い、自ら飛び出した監督や俳優もいた。彼らの多くが自分で作りたい映画を作ろうとの志に燃えて自らのプロダクションを設立した。これらを独立系プロダクションといった。しかし大映や日活ですら経営状態が悪化する状況にあって、小資本の独立系プロダクションの経営がうまくいくはずがない。その多くはテレビ映画の下請けとしてどうにか存続していた。初期には意欲的に映画を製作していた石原裕次郎の石原プロモーションも、『大都会』シリーズや後の『西部警察』で経営を維持していたのである。

三船敏郎の三船プロも同様で、当初は三船自身が出る映画を製作していたが、やがて『大江戸捜査網』などの時代劇を中心にテレビ映画の下請けとなる。三船プロは広大なスタジオを持ち、映画製作プロダクションのなかでは大きなほうだった。テレビ版の「横溝正史シリーズ」「森村誠一シリーズ」のいくつかを手がけて、角川との関係も生まれていた。

角川春樹は「バラエティ」でこう説明する。「大手会社で作るともろもろの間接費が製作費にくいこんできて、ムダと思えることが多い。それを独立プロに製作をまかせることで解消したい」。間接費問題は、そもそも『八つ墓村』で松竹と決裂して以来の問題だ。映画会社は、営業・宣伝の経費までを間接製作費として計上しようとし、角川側はその点が納得いかない。

「映画はデラックスかリラックスのどっちかで中途半端なものは面白くないもの。デラックスは角川映画で展開し、リラックスというB級映画的面白さは独立プロ系で作りあげてみたい」

『蘇える金狼』『金田一耕助の冒険』は角川映画の「第三の製作体制」のもとで作られた映画だ。『犬神家の一族』から『野性の証明』までの三作は、東宝や日活など既存の映画会社の撮影所で撮影し、配給も既存の映画会社に託していた。これが第一の製作体制である。第二が角川春樹個人が東映に雇われる形で、この体制で『悪魔が来りて笛を吹く』と『白昼の死角』の二作が製作された。次の第三の体制は、角川春樹事務所が独立系映画製作プロダクションと提携して製作するものだった。

四月には、さらに十二月に半村良原作『戦国自衛隊』も公開されると発表された。角川映画として初のＳＦである。

一方、『復活の日』は四月に第一回南極ロケを終え、アメリカ、ヨーロッパでも実景のみを撮影していた。俳優を使ってのドラマ部分の撮影はこの年の秋からで、それまでにシナリオがさらに書き換えられていく。

角川春樹と大林宣彦との友情の始まり

七九年は一月に西田敏行の金田一で『悪魔が来りて笛を吹く』が東映で公開され、ゴールデンウィークには石坂浩二の金田一で市川崑による東宝の横溝シリーズとして『病院坂の首縊《くく》りの家』が公開された。そして第三の金田一耕助映画として、大林宣彦監督『金田一耕助の冒険』が七月十四日に公開された。金田一を演じたのはテレビ版で好評だった古谷一行である。

この年は西田、石坂、古谷という三人の金田一耕助がスクリーンに登場したのである。

雑誌「映画宝庫」がきっかけとなり、角川春樹と大林宣彦の出会いが実現した。大林は「知り合ってみると、お互いの感性は、まったくちがうけれど、人間の生き方の美学というか正義感として同質のところ」があったと回想している（『A MOVIE・大林宣彦』）。

大林宣彦は九二年までの角川映画を最も多く撮った監督である。その数は六作品だ。大林こそが、角川春樹の伴走者だった。以下は、角川春樹という毀誉褒貶甚だしい人物への数少ない好意的な評価なので、少し長くなるが引用する。


それから角川さんとの妙な友情が始まるのです。そのころ角川さんに「あなた、どんな映画が好きですか」という話をしたときに、ハリウッドのいわゆるB級映画と称されるアラン・ラッドが出た映画みたいのが大好きだというのです。アラン・ラッドは当時のハリウッドでは暗黒街映画から西部劇から海賊映画から、ありとあらゆる映画に出ていて、ハリウッド・エンターテーメントの縁の下の力持ちみたいな存在で、まさにB級映画の王者でした。角川さんは、そういう映画を大変愛している映画青年でした。

そんな角川さんを、ぼくが非常にバランス感覚のある人だなあと感心したのは、

「ぼくはいま、本屋のおやじ（注・出版社の社長）です。本屋のおやじが、映画が好きだから映画を作っていますと言ったら、全国の本屋に対する裏切り行為でしょう。だから、ぼくが世間に対して言える言葉は、本を売るために映画を作るんですとしか言えない。そのことによってぼくはどんなに誤解されているかもしれないし、ひょっとすると映画嫌いが映画をつくって、本を売って儲けようとしているとか思われているかしれないけれども、まかり間違ってもぼくは映画が好きで映画をつくっているとは言えない立場にある人間です」

という話を聞いたときでした。

「お主できるな」と、つまり僕がいちばん好きな我慢の美学です。自分がみっともなく見えても、自分のその世界の入り方に対しての筋を通す。この人はいいロマンチシズムを持っているという共感がぼくにあって、この人とはつき合ってみようと思ったのです。

（大林宣彦著『ぼくの映画人生』）

出版と映画との関係については、石上三登志との対談でも、「よく本と分離して映画撮りませんかと言われるんだけれど、絶対できない」「角川（書店）がひっくり返ったら映画も作れなくなる」「角川書店にメリットをもたらせなければ作れないんですから。人は儲け主義というけれど、一冊の本が売れてそんなに儲かるもんじゃないですよ」と語っている。

「出版のための映画」という方針は、二人の女優の出現で転換されるのだが、それはまた後の話として、ここでは「日本初のパロディ映画」とされる『金田一耕助の冒険』について記さなければならない。

角川は自分が「大金をかけて映画を作った」と批判されていることを認識していたので、それならば、「お金をかけずに面白い映画を作ろう」と大林に持ちかけ、誕生したのが、『金田一耕助の冒険』だった。この映画は横溝ファンの間でも大林映画ファンの間でも評価は低い。無視されるか、貶されるかのどちらかである。しかし、それこそが、角川と大林との狙いだった。

大林はこう語っている。「角川春樹と大林宣彦に対する非難のすべてをギャグにしてやろうという、たいへん身も蓋もない、多少ネクラな悪ふざけをやってみよう」という映画だったのだ。「バラエティ」では「非常にマジメにフマジメなことをやってるわけで、大愚匠が作る大ヒンシュク映画」にすると宣言した。

それを象徴するのが、本人が演じた角川春樹が横溝正史を訪ねるシーンだ。角川が「今月の印税です」とジュラルミンのトランクに入った札束を見せる。横溝が手にしてパラパラとすると、上の一枚だけが本物の札でそれ以外は白いので「中身が薄いですな」と言って、「私は、こんな映画にだけは出たくなかった」とつぶやく。

角川春樹は「これまでやったことのない喜劇を、ぜひ一本作ってみたかった」と「バラエティ」で語っている。そして「金田一シリーズの別冊付録であり、最後に番外編を一本やって区切りをつけたいと思った」とも語る。

現実には、篠田正浩監督『悪霊島』が八一年に製作されるので、角川映画としても「最後の金田一」にはならないのだが、この時点では最後のつもりだったらしい。

映画『金田一耕助の冒険』にも、原作はある。横溝正史の『金田一耕助の冒険』は、「週刊東京」誌に一九五七年から五八年にかけて断続的に掲載された短編をまとめたものだ。十一作が収録され、一編ごとのタイトルは「鏡の中の女」「洞の中の女」と、すべて「◯の中の女」となっている。角川文庫では一九七六年九月、『犬神家の一族』公開直前に四十冊目として刊行されていたが、映画公開に合わせ、七九年六月に二分冊にしてカバーのイラストも和田誠に変えて、出し直された。この二冊が角川文庫の横溝作品の六十四、六十五冊目となる。

『金田一耕助の冒険』の中の「瞳の中の女」という作品は事件が解決しないで終わる。この事件をちゃんと解決させよう、というのが、映画『金田一耕助の冒険』の基本プロットである。全編がドタバタなのだが、本格ミステリ論、あるいは「名探偵」論、さらには「金田一耕助」論も展開される。さらには重要な役割を果たす胸像の顔が山口百恵にそっくりであるなどの遊び心もある。

また日本映画初めての試みとして、つかこうへいがダイアローグライターとしてクレジットされた。脚本は斎藤耕一と中野顕彰というベテランだが、そのシナリオの台詞の部分につかが手を入れたということらしい。ハリウッド映画ではダイアローグライターが確立されているが、日本映画の場合、シナリオは撮影現場で監督によってどんどん直されるので、そういう職業はなかった。画期的だという触れ込みではあったが、つかがどの程度、手を入れたのかは、よく分からない。結局、この一作だけで終わった。

タイトルバックはイラストレーターの和田誠によるアニメだった。和田は、角川文庫のつかこうへい作品や星新一作品のカバーのイラストを描いており、角川書店とはつきあいがあった。和田は後に角川映画の『麻雀放浪記』で監督デビューする。

そしてこの映画でヒロインを演じたのが新人女優、熊谷美由紀だった。後に松田優作と結婚し、松田美由紀となる。

『金田一耕助の冒険』は「キネマ旬報」のベストテンでは見事に一票も入らず、しかし読者投票では二十五位だったので、それなりにファンはいた。だが、大林は「世間も呆れ果てて、自分でも〝やるべきことはやった〟という感じがあって」、以後一年間、映画は休み、『ぼくのアメリカン・ムービー』という本の執筆をするなどして、過ごす。その大林に再びメガホンを取ってくれと声をかけるのは、他ならぬ角川春樹である。

大藪春彦原作『蘇える金狼』

『金田一耕助の冒険』は東京では七月十四日に封切られた。それに続いて大藪春彦原作『蘇える金狼』が八月二十五日に東京で先行ロードショーとなり、地方都市では『金田一耕助の冒険』と二本立てで公開された。

薬師丸ひろ子はこの年、中学三年生だった。『野性の証明』で注目されていたが、高校受験のため、女優業は休んでいた。それでも角川文庫のキャンペーンガールの仕事はして、ポスターやチラシなどには彼女の写真が載った。この夏の角川文庫のキャッチフレーズは「時間がないんだ青春は」だった。

『蘇える金狼』は四月に発表された、角川・徳間・西崎の三人のプロデューサーによる大藪春彦作品連続映画化の第一弾である。角川春樹は「私は思春期に大藪春彦の作品と出逢い、そして衝撃を受けた。それは男子なら一度はくぐり抜ける青春の門であった」と映画のプログラムに記している。このように角川にとって大藪は思い入れの深い作家であった。角川映画に、一種の狂気じみたものが導入されるのが『蘇える金狼』からであるのは偶然ではなく、必然だった。

大藪春彦は主要作品の大半が徳間書店から出ており、角川文庫に大藪作品が入るのは一九七三年十月の『復讐の弾道』が最初だが、これも元はトクマ・ノベルズから出ていたものだ。そして二冊目・三冊目として『蘇える金狼』の「野望篇」「完結篇」が七四年三月と六月に出ていた。この小説は最初、徳間書店の前身であるアサヒ芸能出版の平和新書から一九六四年に発行された。それが角川文庫に入った後の一九七六年に徳間書店から改めて新書判でも出る。この二社は大藪作品を競い合っていたのである。当時まだ徳間文庫は創刊されていない。大藪作品が角川文庫から出ると、徳間の新書判は価格が高いので不利だった。それでも徳間書店社長の徳間康快はライバルの角川と手を結ぶのだから、懐の大きな人物であった。

『蘇える金狼』公開時点で角川文庫の大藪作品は三十二点で五百万部を突破していた。横溝正史や森村誠一のような「ブーム」という現象にはなっていないが、実は大藪春彦は戦後の大ベストセラー作家のひとりであった。突出した一作ではなく、トータルとして人気があるという作家だった。当時は松本清張、司馬遼太郎、五木寛之らがベストセラー作家として活躍していたが、そうした一般の読書人とは別の層の間で大藪はカルト的人気を誇っていた。

大藪春彦は孤高の作家である。広義のミステリ作家であり、ハードボイルドの代表ともされるが、大藪の前に大藪なく、大藪の後に大藪はいないと言われるほど、独自の作品世界を持つ。その文体は日本には珍しい、完璧なハードボイルドだった。同じハードボイルドでも日本人が好むチャンドラーのようなウエットさはなく、無機質だった。銃、バイク、クルマといったメカの描写と、暴力シーンやセックスシーンが売り物ではあるが、それだけではない。主人公は自らの欲望のために次々と人を殺し、金を奪う。そこには、社会悪の追及というような変な左翼的心情は微塵もない。およそ高校の夏休みの課題図書にはなりそうもない作品ばかりだが、それゆえに、一九六〇年代から七〇年代の青年たちの間で支持されていたのだ。

角川文庫版『蘇える金狼』は「野望篇」「完結篇」の二巻合計で千頁の長編だ。これを二時間前後の映画にするのは至難の業だが、時代設定を原作が書かれた東京オリンピック直前（六〇年代前半）から七〇年代後半にした以外は、ストーリーは同じで、うまくまとめられている。

主演の松田優作は七七年の『人間の証明』についでの角川映画となる。この間に松田は村川透監督の『最も危険な遊戯』『殺人遊戯』（七八年）に主演し、『蘇える金狼』の後に、『処刑遊戯』と続く。松田優作・村川透サイドからみると、『蘇える金狼』はこの「遊戯シリーズ」の番外編とも位置づけられる。

『蘇える金狼』での松田優作は、昼間は平凡なサラリーマンだが、実は犯罪者という設定だ。気の弱いサラリーマンぶりを松田はコミカルに演じ、非情な犯罪者ぶりと対比させた。このコミカルさは大藪の原作にはないもので、むしろ七九年から八〇年にかけて松田が主演したテレビ・シリーズ『探偵物語』に通じるものがある。

原作とまったく違うのはラストである。原作は、主人公の朝倉はすべて成功して羽田から飛び立つ、ハッピーエンドである。しかし映画では、空港に着いた時点ですでに朝倉は死にかけている。そして飛行機の中では、妄想のなかにいる。

この時点では『野獣死すべし』の映画化は計画されていなかったはずだが、このラスト・シーンでの松田の狂気は『野獣死すべし』での壮絶な演技への伏線となっている。『金田一耕助の冒険』と『蘇える金狼』は地方都市では二本立てだったので、興行成績は二作合わせたものが公表されているが、それによれば、十億四千二百万円で低予算映画だったので利益率のいい作品となった。『蘇える金狼』は「キネマ旬報」のベストテンでは三十八位だったが、読者投票では八位に入った。

『復活の日』で世界へ

『金田一耕助の冒険』が封切られた直後の七月二十五日、ホテル・ニューオータニで『復活の日』の製作発表記者会見とレセプションが華やかに開かれた。角川春樹の他、監督の深作欣二、原作者の小松左京、そして、草刈正雄、多岐川裕美、夏八木勲、渡瀬恒彦、千葉真一、緒形拳、永島敏行といった日本の俳優に加え、ロバート・ボーン、チャック・コナーズらアメリカの俳優も来日して出席した。オリビア・ハッセー、グレン・フォード、ジョージ・ケネディらも出演するが、この会見には来日しなかった。

角川春樹は「この『復活の日』を映画化したいということが角川映画をスタートさせた主要な動機だったともいえるだけに、こうして記者会見がひらけて感無量です」と挨拶し、「これだけの大規模なスケールの素材に立ち向かうには日本のマーケットだけでは不足で、どうしても世界市場を考慮に入れて製作活動を展開しなければならなかった」として、準備に時間がかかったことを説明した。

小松左京の『復活の日』は一九六四年に刊行された小松の長編第二作にあたる。秘密裡に開発された細菌兵器が事故によって拡散してしまい人類が絶滅、しかし、その細菌は低温下では活動できないため、南極の観測基地にいた者だけが生き残り、はたして人類は復活できるのか——という話だ。米ソの核兵器競争も伏線となり、まさに地球的規模の物語だった。『日本沈没』はこれに比べると、たかが日本列島が沈没し一億人が流浪の民となるだけの話にすぎない。

『日本沈没』は三百万部突破の大ベストセラーで、七四年の正月映画として公開されると、観客動員八百八十万人の空前の大ヒットとなった。少なくとも、それは抜きたい。『復活の日』は当初は十六億円の予算だったが、二十億はかかるとなり、東京放送（TBS）に協力を仰ぐことになった。十二億を角川映画が負担し、八億をTBSが出資する。テレビ会社はこの頃から映画の放映権が高騰していたこともあり、映画製作に出資するようになっていた。TBSは『復活の日』の前に、一九七九年九月公開の木下恵介監督が撮った『衝動殺人 息子よ』にも出資していた。

TBSは、しかし、資金を出しただけで映画製作には直接は関与せず、公開後のテレビ放映権を優先的に得ただけだった。この時点でTBSが角川と本格的に提携していれば、日本映画の歴史は変わっていたかもしれない。角川に刺激され、本格的に映画製作に乗り出すのは、ライバルのフジテレビだった。

現在の日本映画はテレビ局主導の大作がマーケットの主軸にあるが、そのきっかけを作ったのも、角川映画だったのである。

そして角川の発言にもあったように『復活の日』は全世界での公開を目指し、英語でのタイトルは『Virus』と決まっていた。しかしこの時点では海外での公開の正式な契約は成立していない。

八月四日から日本国内での撮影を始め、九月初旬にアラスカ、その後、カナダ、アメリカと北米大陸を南下し、南米へ下がり、十二月には南極で一カ月にわたるロケをして、再びカナダへ戻り、三月に日本へ帰国というスケジュールも発表された。公開は翌八〇年夏である。

この『復活の日』の記者会見の直前、黒澤明の『影武者』で主役の勝新太郎が黒澤と対立し降板するというトラブルが起きていた。武田信玄の影武者を描く、黒澤明の五年ぶりとなる新作『影武者』は翌年春に公開される。

初の正月映画、『戦国自衛隊』

過去三年、秋は角川映画の季節だったが、七九年の秋に角川映画はない。『蘇える金狼』と『金田一耕助の冒険』が地方都市で公開されていたくらいだった。

アメリカ大陸での『復活の日』のロケが続いていたが、それと並行して、日本国内では『戦国自衛隊』の撮影が始まっていた。

『戦国自衛隊』は、角川映画としては初の正月映画である。原作は、半村良のタイムスリップものSFだ。半村は国枝史郎などが開拓した伝奇小説とSFとを合体させた、伝奇SFというジャンルの創始者である。星新一や小松左京、筒井康隆ら日本SFの第一世代のひとりだが、六〇年代は作品をほとんど書かず、七〇年代に入ってから膨大な量の作品を書き始めた遅咲きの作家だ。SF以外にも人情ものの小説も得意とし、このジャンルの『雨やどり』で七五年にSF作家としては初めて直木賞を受賞した。

角川春樹が初めて半村良を知ったのは『石の血脈』が出た時で、「面白い人が出てきた」と思ったという。その言葉通りなら、同作が七一年に早川書房から出た時に読んでいたことになる。そして七三年に祥伝社から『黄金伝説』が大々的に出されて注目されたのを見て、「野性時代」創刊にあたって、半村良にも依頼した。こうして「嘘部」シリーズの第一作『闇の中の系図』の連載が始まり、角川書店から七四年に刊行される。

角川文庫から出た最初の半村作品は一九七四年六月の『軍靴の響き』で、『戦国自衛隊』は七八年五月に九冊目として出されていた。映画公開時、角川文庫での半村良作品は二十点で五百万部を突破していた。

角川書店と半村良との蜜月は続く。半村はムー大陸の歴史そのものを描く全八十巻という壮大な構想の『太陽の世界』の連載を「野性時代」で始めた。連載といっても、一回あたり原稿用紙四百枚を一挙に書いて掲載し、数ヵ月後には角川書店から単行本として出され、さらに数ヵ月後には角川文庫になる。だがこの壮大な構想も八九年に第十八巻が書かれたところで中断し、二〇〇二年の半村の死によって未完となる。

全八十巻などという大長編の企画が成り立つところに、当時の角川書店の大胆さとスケールの大きさがあった。角川書店の新企画として横溝正史賞も制定された。江戸川乱歩賞に対抗しての、長編ミステリの公募である。

大長編『太陽の世界』とは異なり、『戦国自衛隊』は角川文庫版で百八十頁に満たない中編で、一九七一年に「SFマガジン」に二回にわたり掲載された後、ハヤカワ文庫を経て、一九七八年五月に角川文庫から発行された。現在では半村良作品で最も知名度の高い作品となったが、映画になる前は目立たない作品だった。

七八年五月、すでに角川映画が大旋風を巻き起こしているなかで出された角川文庫版『戦国自衛隊』には、石上三登志が解説を書いている。そのなかに、こうある。

一見映画化に適しているようにみえる『戦国自衛隊』も、実は彼の他の作品同様、映画化しにくいともいえるだろう。面白おかしい、大スペクタクルの自衛隊時代劇……そんな映画的外見が、〝あたたかな眼差し〟によるところの〝さわやかな人間讃歌〟になる……などと僕は勝手に想像して楽しんでいるのである。

角川はこれを読み「映画化待望論」だなと感じていた。角川自身、半村作品の映画化を考えていたが、『石の血脈』は話のスケールが大きく、まず不可能だった。となると『産霊山秘録』か『戦国自衛隊』となる。しかし『産霊山秘録』も長大で難しい。映画は基本的にワンアイデアさえあればいい。そこで、「自衛隊が戦国時代へタイムスリップする」というワンアイデアの『戦国自衛隊』に白羽の矢を立てた。田辺節雄によってコミック化されていたのも後押しした。青少年の間での知名度があったのだ。それは横溝ブームが『八つ墓村』の劇画化から始まったのと似ていた。

半村によると、『戦国自衛隊』はもっと長い小説にしようと考えていたが、戦国時代に自衛隊がタイムスリップするというアイデアを他の作家に先を越されたくないので、とりあえず書いて発表したものだという。加筆して大長編にするつもりだったが、機会を逸していた。そんなところでの映画化の話だったので、半村は喜び、「私が書ききれなかった部分を映画は映画なりに補足してくれると思った」。

角川春樹は『戦国自衛隊』製作にあたり、正月映画であることを強く意識し、「正月に時代劇を創ることはプロデューサーとしての夢だったといってもいい」と書いている。だが、自分は『アメリカン・グラフィティ』に感動する世代なので、単なる時代劇ではもはや満足できない、『スター・ウォーズ』がSFの中に時代劇を盛り込んだファンタジーであるように、『戦国自衛隊』では、「時代劇の中にSFを盛り込んだ青春映画を創りたい」と製作意図を明確にしている。

この意図のもと、脚本は青春ドラマの秀作を次々と書いていた鎌田敏夫に委ねられた。鎌田敏夫は七〇年代後半には『俺たちの旅』、八〇年代には『金曜日の妻たちへ』『男女7人夏物語』でひとつの時代を築いた脚本家だ。鎌田を角川に紹介したのは、監督を引き受けた斎藤光正だった。斎藤は鎌田が書いたテレビ映画『俺たちの旅』を監督していたのでよく知っていた。

ジョージ・ルーカスの出世作である『アメリカン・グラフィティ』では音楽が重要な役割を果たしている。そこで『戦国自衛隊』において角川春樹は自ら「音楽監督」を担った。といっても、彼が作曲したわけではなく、何人ものミュージシャンに七曲の主題歌を競作させた。音楽の比重が高い点では『アメリカン・グラフィティ』と同じだが、全曲、オリジナルの新曲にした点が違う。しかし、七曲も流れるため、どの曲も強烈な印象が残らずヒット曲は生まれなかった。

主役の千葉真一にはアクション監督も担わせた。それまでの日本映画には時代劇での殺陣師はいても、アクション監督はいなかった。その日本初の役割を日本初のアクションスターである千葉に任せたのだ。千葉は現代から戦国時代へタイムスリップしてしまう自衛隊のリーダーの役で、戦国時代の武将、長尾景虎には夏八木勲が扮した。この映画は二人が主役だった。

そしてもうひとつの主役が戦車だ。自衛隊の協力が得られないので、映画のために八千万円をかけて61式戦車を作ったと宣伝された。実弾こそ撃てないが、本物と同じ外見をし、同じように動いた。

受験生・薬師丸ひろ子は一日だけ撮影に参加し、「子供のような武士」という名のない役でカメオ出演した。

『戦国自衛隊』はこの後も何度も映画化されるように、設定が奇抜で、映画人の創作意欲をそそるようだ。最新装備と共に自衛隊の先鋭部隊が戦国時代にタイムスリップしたら、どうなるのだろう。武力において圧倒的に有利なはずだが、はたして彼らは天下を取れるのか。考えただけでも面白い。だが、この映画はそんなわくわくした思いを見事に裏切り、シリアスなドラマとなった。ラストも原作とは大きく変えられた。

かくして、明るく華やかな映画ではないが、十二月十五日、角川文庫創刊三十周年記念作品、角川映画初の正月映画として『戦国自衛隊』は公開された。

「正月映画」というのは、「一月に上映される映画」という以上の意味、その映画会社にとっての「顔」を意味する。一九七〇年代後半の正月映画は、東宝が百恵・友和、松竹が『男はつらいよ』、東映が『トラック野郎』とシリーズものばかりだった。よく言えば安定し、悪く言えばマンネリ化していた。このうち『トラック野郎』は『戦国自衛隊』と同じ七九年暮れに公開された第十作が最後となり、百恵・友和映画も百恵の引退により翌年の『古都』でフィナーレとなる。『男はつらいよ』だけがダラダラと続くが、東宝と東映は正月映画の転換期、新しい顔を探さなければならない時期にあった。

『戦国自衛隊』は邦画系ではなく洋画系で公開されたが、やがて八二年から東映の正月映画は角川に託される。『戦国自衛隊』は、映画史において角川映画が初の正月映画となった作品である。

「キネマ旬報」のベストテンで『戦国自衛隊』は二十四位、読者投票では十九位となった。興行成績は十三億五千二百万円。合格点ではあるが、正月映画なのに『人間の証明』はもとより『犬神家の一族』よりも下回っており、角川映画に翳りが見えるのは気のせいか。はたして『復活の日』で起死回生はなるのか。

『戦国自衛隊』のヒットを確認した角川春樹は、封切り日の翌日の十六日夕方に日本を発ち、『復活の日』のロケに立ち会うために南極へ向かった。二十二日に南極での撮影隊が生活拠点としている探検船に乗り込んだ。すると、角川の到着を待っていたかのように、十二月二十四日、探検船が座礁する事故が起きた。沈没はせず、撮影隊は無事だった。事故のおかげで日本人が南極で映画を撮影していることが世界中で報道された。いい宣伝にはなった。

薬師丸ひろ子は女優は休業していたが、写真モデルとしての活躍は続いていた。十二月には、最初の写真集『薬師丸ひろ子フォトメモワール』が角川書店の関連会社である富士見書房から刊行された。

『復活の日』完成

一九八〇年が明けた。『復活の日』のロケ隊は南極での撮影を終えると、カナダへ向かった。前年八月に日本国内でのシーンの撮影が始まり、アラスカ、カナダ、合衆国、そして南米のペルー、チリ、南極と南下した後、カナダで南極の基地の室内シーンを撮った。

撮影中に、主演女優のオリビア・ハッセーが布施明と結婚するというロマンスもあった。ハッセーがカネボウのコマーシャルに出て、そのイメージソングを布施が歌ったことでの出会いで、『復活の日』は直接の関係はなかったが、カナダ・ロケの現場に日本の芸能リポーターが押しかけてきた。このロマンスも映画の宣伝に一役買った。

薬師丸ひろ子は都立高校に合格、入学した。

女優としての復帰第一作は竹宮恵子原作のSFアニメ『地球《テラ》へ…』に声優として出ることだったが、続いて、『翔んだカップル』への主演も決まった。春休みの三月に撮影して、夏に公開される。柳沢きみおのコミックが原作で、共演はテレビドラマ『三年B組金八先生』で有名になった鶴見辰吾、監督はこれがデビュー作となる相米慎二である。角川映画ではなく、製作はキティ・フィルムである。

三月七日に山口百恵は三浦友和との結婚とこの年の秋での芸能界からの引退を発表していた。歌謡曲では松田聖子が百恵のいたトップアイドルの座を奪取していくが、百恵が占めていたもうひとつのポストである、東宝の正月と夏休み映画の主演女優の座は誰が射止めるのか。芸能界ではポスト百恵レースに向けて若い女性たちの壮絶な争いが始まった。

東宝は、山口百恵作品を当初は夏休みに一本、さらに引退映画をもう一本撮りたいと考えていたが、引退コンサートのツアーが入るため、映画撮影の日程が確保できず、夏休み映画は見送り、八〇年暮れに引退映画を公開すると決めた。そうなると、夏休み映画がなくなってしまう。そこで『翔んだカップル』が浮上し、薬師丸ひろ子は一気に映画女優としてのポスト百恵の最有力候補へと浮上した。

四月十日、『復活の日』はクランクアップした。

世界初の南極での劇映画の本格的な撮影、カナダとチリの海軍の潜水艦を借りての撮影、外国人俳優のほうが日本人よりも多いという配役——日本映画の常識を覆すスケールの映画となった。撮影された四十五時間分のフィルムを編集する作業、音楽などの音入れのポストプロダクションが待っている。

世界マーケットを意識し、音楽監督はCBSレコードのテオ・マセロを起用、主題歌は英語の歌詞でジャニス・イアンが歌うことになった。音楽にはロンドン・フィルハーモニックの他に、ロン・カーター、スティーヴ・ガッド、デヴィッド・サンボーン、渡辺香津美ら一流のミュージシャンが参加した。

『復活の日』の日本公開は六月二十八日と決まり、その前に五月のカンヌ映画祭でも上映される。世界マーケットを意識して製作されたが、果たして買い手はつくのか。

四月二十三日、黒澤明の五年ぶりの新作『影武者』のワールド・プレミアが東京の有楽座で開かれた。映画関係者のほとんどが招待され、そのなかに角川春樹の姿もあった。すでに日本有数のプロデューサーとなっていたのだから、招待されて不思議はない。

角川春樹は生涯に観た映画のベスト作品として黒澤の『七人の侍』、コッポラの『ゴッド・ファーザー』などを挙げていた。角川にとって黒澤明は特別の存在だった。いつかは角川映画を黒澤に撮ってもらいたい——そんな野心とも希望とも夢ともつかぬ思いを抱いていた。角川は『影武者』のプレミアに招待されたことを誇りに思っていた。自分は黒澤明に認められたのだ。そう思って、出かけた。

大林宣彦はこう回想している。

完成披露試写会が催された日比谷の映画館は、一種異様な緊張と興奮に包まれていた（実際、あの時代の日本映画の熱っぽい気分をちょっと思い出していただかねば、ぼくのこの小文の意は充分伝わらないだろう）。その上映館のロビーで、ひとつの小さな事件が起きた。招待客のひとりとして登場した角川春樹氏が、入口に立って客を迎えていた黒澤監督にお祝いの手を差し伸べたところ、黒澤さんはプイと横を向いてしまったというのである。

この話は、ぼくは後になって、当の角川氏本人から聞いた。いつもならこんなふうに自分を無視した相手には全身で怒りを表し、それを闘志にも変えていくこの独立独歩の青年映画製作者は、しかしその時ばかりは心から悲しそうな、率直な表情を見せた。「だってそうでしょう。ぼくは子供の頃から黒澤さんに憧れていた。黒澤映画を見て育った。自分もいつかきっとそういう映画を作りたい。その大好きな、憧れのひとが握手を拒んだ。これはぼくにとって大変なショック、悲しいできごとです」

（「映画芸術」一九九四年冬）

当時の映画界での角川アレルギーの強さを物語る逸話である。

もっとも角川春樹にも問題がなくもない。角川は『復活の日』のため南極の後もカナダやニューヨークとまわり、帰国した当日、空港からその足で日比谷に向かったのだが、南極ロケの時に着ていた防寒着姿だったのだ。南極ロケをしてきたというデモンストレーションと受け取られても仕方がなかった。黒澤はそれを嫌ったのかもしれない。

大林は、角川春樹が最もプロデュースしたかった「夢の映画」は黒澤明監督作品であっただろうと推測する。そして、「それは不可能な夢」ではなかったとも考える。だが、黒澤は角川がどれほど映画を愛しているかは知らなかった。

『影武者』が黒澤にとって五年ぶりの新作となったのは、資金調達に難航したからだった。黒澤の見積もりでは十二億円、しかし東宝は九億円までしか出せないという。三億円の差があった。この窮地を救ったのが、黒澤映画を敬愛するフランシス・コッポラとジョージ・ルーカスで、この二人の協力でアメリカの二十世紀フォックスが日本以外の全世界の配給権を得ることで、出資し、十二億四千八百万円の予算でスタートした。自分がこんなに苦労しているのに、角川は二十億円の映画を作る。黒澤にはそれが許せなかったのかもしれない。

ともあれ、角川春樹製作による黒澤明監督作品という夢は砕かれた。

角川春樹の中で、何かが終わった。

カンヌ映画祭で『影武者』はグランプリを取った。撮影前から世界配給権は二十世紀フォックスのものとなっている。つまり、世界での公開も決まっていた。『復活の日』は正式な出品ではなかったが上映された。海外での配給権のセールスが目的だった。アメリカには売れなかったが、結果として『復活の日』は日本公開のものとは別編集のものがヨーロッパ、南米、アジア三十カ国以上で公開される。

カンヌ映画祭を取材していた「スポーツニッポン」紙の脇田巧彦は「角川氏の黒澤監督に対するライバル意識は相当なものだった」と振り返っている（『角川映画大全集』）。

一九八〇年六月二十八日、『復活の日』は公開された。

夏休み映画のライバルは、『スター・ウォーズ　帝国の逆襲』、『スター・トレック』、『ファイナル・カウントダウン』だった。そう、この夏は日米のSF超大作が四本も公開されるという、SFファンにとっては至福の夏だったのだ。

SFが並んだことが相乗効果となったのか、客の奪い合いになったのかの判断は難しい。結果として『復活の日』は二十三億七千万円の配給収入に留まり、この年の日本映画の二位で終わった。一位は黒澤の『影武者』の二十六億八千万円。『復活の日』は製作費が二十二億円なので、儲かったとは言えない。深作は「銀行利子のほうがいい」と自嘲している。

角川文庫の小松左京作品は『復活の日』公開時点で二十九点、五百万部だった。横溝、森村の時ほどの数字が出ていない。SFはミステリよりも読者層が薄い。文庫のビジネスとしても厳しい。

それでも評判が良ければ救われたが、これまでの角川映画同様、評論家からは酷評された。「朝日新聞」六月十四日夕刊には、「カネはたっぷり　出来ばえ〝混迷〟」との見出しで、『スター・ウォーズ　帝国の逆襲』他と共に『復活の日』は酷評された。小松左京の原作を「男女の愛を中心に女性向きに仕上げているのがミソだ」と見当違いな紹介をし、「問題は、細菌が世界に広がって行く前半のパニックの描き方に原作ほどの工夫がないこと。二十五億円といわれる製作費」と、相変わらず製作費をかけたことそのものが気に入らない。そして「後半のペルーやアラスカでのロケシーンは日本映画離れしたスケール」としながらも、「『角川映画十作目にして出来た傑作』との声も映画界の一部にある」と自分で判断せずに逃げて、最後は「賛否両論ということになりそう」と無責任な紹介をしている。

深作は『仁義なき戦い』の頃は反体制を標榜する評論家たちから絶賛されていたが、大作『柳生一族の陰謀』あたりから、資本側に寝返ったと批判されていた。深作への批判は、二十二億円もの製作費を投入した『復活の日』を撮ったことでさらに高まる。ついこの前まで広島のヤクザ戦争を描いていた監督が、アメリカ大統領がホワイトハウスで語り合う話を撮ったのだから、反体制側としては面白くない。

「キネマ旬報」のベストテンで『復活の日』は十九位、『影武者』は二位で、この年の一位は鈴木清順の『ツィゴイネルワイゼン』だった。評論家たちは大作を嫌い、あえて低予算映画に票を投じたのだ。読者投票では、一位は東映の大作『二百三高地』で、『影武者』は二位、『復活の日』は四位だった。

一九八〇年夏、洋画系映画館ではSF大作が上映されていたが、東宝系の邦画上映館では柳沢きみお原作の『翔んだカップル』が上映されていた。ベストテンでは十一位、読者投票で九位だったが、相米慎二は注目すべき新人監督となった。

『復活の日』でひとつの目的を達成してしまった角川映画の、次の時代へのレールは、そこに敷かれていた。

第二部——怒濤編

第五章　模索——一九八〇年から八一年

第一部は時間の流れに沿って記してきたが、以後は常に複数の映画が企画・撮影・公開されていくので、映画作品ごとに記していく。したがって時間の流れとしては、行きつ戻りつする。

さて——角川春樹が映画製作へ乗り出した目的は小松左京の『復活の日』の映画化だった。それを達成した角川は燃え尽き症候群に陥った。

映画『復活の日』の公開が終了してしばらく経つと、映画製作に対する情熱が急速に萎えてしまった。それほど『復活の日』一本に私は賭けていたということだ。だから、その後に創った三本の映画『野獣死すべし』『刑事珍道中』『スローなブギにしてくれ』も、もうひとつ私自身燃えることが出来なかった。

(角川春樹『試写室の椅子』)

その結果、一九八〇年十月四日封切りの『野獣死すべし』と『刑事珍道中』の二本立ては七億三千万円の配給収入で、角川春樹自身が書くには「利益が一億円に満たなかった」。さらに翌八一年三月七日封切りの『スローなブギにしてくれ』は三億八千五百万円の配給収入で「原価回収がやっと」という興行成績に終わった。『復活の日』公開の八〇年夏から八一年十二月の『セーラー服と機関銃』までの一年半は角川映画の模索期にあたる。

『野獣死すべし』——松田優作　対　角川春樹

一九七九年四月に大藪春彦作品連続映画化が発表された時は、角川の『蘇える金狼』の次に、オフィス・アカデミーの西崎義展が徳間と組んで『汚れた英雄』を八〇年秋に映画にすることになっていたが、西崎は「宇宙戦艦ヤマト」シリーズで手が一杯で着手できなかった。ヤマトの劇場用映画第三弾『ヤマトよ永遠に』は八月二日封切りで配給収入十三億六千万円とヒットしていた。

角川としては秋に前年に続いて大藪春彦フェアをする計画なので、大藪のデビュー作『野獣死すべし』の映画化を決めた。『蘇える金狼』に続いての大藪春彦原作、松田優作主演、村川透監督という組み合わせだ。前作は「製作・角川春樹事務所、配給・東映」だったが、『野獣死すべし』では、角川春樹事務所と東映の二社が「製作」となり、七月にクランクインしていた。

原作・製作・監督・主演の四人が同じ顔ぶれなのに、『野獣死すべし』が前作とまるで異なる印象の映画となったのは、脚本家の違いが大きい。『野獣死すべし』に起用されたのは、劇場用映画としては前年（七九）の『処刑遊戯』、薬師丸ひろ子が出た相米慎二の『翔んだカップル』に続いて三作目となる新人、丸山昇一（一九四八〜）だ。

丸山は松田優作主演のテレビ映画『探偵物語』にスタッフとして参加していたところ、松田と親しくなり才能があると見込まれ、同作で何本か脚本を書いてデビューし、続いて松田主演の『処刑遊戯』を書いて劇場用映画にもデビューしたばかりだった。

丸山昇一は三月から『野獣死すべし』の脚本にとりかかった。第一稿ができた後、二カ月かけて数回にわたり書き換えられたが、そのすべての作業に松田優作がタッチした。出来上がった脚本は主人公の名前が「伊達邦彦」である以外、大藪春彦の小説とはまったく異なるものになっていた。時代設定が原作の昭和三十年代から現在（一九八〇年前後）へと移されただけでなく、主人公のキャラクターも大きく変わっていた。「野獣」から想起されるギラギラするようなイメージはなく、いまでいう「草食系」に近い。松田は役作りのために八キロ減量した。

劇場プログラムに寄せた文章で、丸山はこう書く。

ある程度のストーリーを組んだ段階で、製作総指揮の角川春樹氏と、黒澤満プロデューサーをまじえて打合わせに入った。八十年代のスクリーンに登場する『野獣死すべし』は、小説とかなり形がかわらざるをえないのだが、角川氏には快く了承してもらった。かけだし脚本家の未熟さを暴露したストーリーだったが、こちらの若さに賭けてくれたのである。嬉しかった。

しかし、松田優作の死後のインタビューで角川春樹はこう語っている。

『野獣死すべし』で、彼（松田優作）に対して私が怒ったことがある。この作品は優作が助監督の小池要之助と一緒になって気持ちのいい撮り方でやってしまった。「ものすごい役作りをした」と言って、本人は気持ちよかったかもしれないけれど、私は『処刑遊戯』のような作品を考えていたから欲求不満だったわけです。

もちろん脚本を読んでいるから、出来上がりは想像できた。だけどオール・ラッシュを見て、全然違うものが出来てきたので、仰天した。

優作は最初から自分がやりたいように作ろうとして、私にそれまでラッシュを見せなかった。私は完全に蚊帳の外で、オール・ラッシュから注文しても間に合わない。結局優作の思い通りに出来上がった。

映画では主人公・伊達邦彦は元戦場カメラマンという設定で、極限状態にいたために狂気を秘めている。ラストシーンはどうとでも解釈できる曖昧な終わり方──つまりは意味不明で、そこがいいと褒める者もいれば、批判する者もいる。

角川は、松田優作は狂気を出そうとしたのだろうけれど、うまくいっていないと断じる。そして「つまらない映画をつくりやがった」と腹ワタが煮えくり返り、松田を殴ってやろうと決めた。そして封切り時、最後の舞台挨拶がある渋谷の東映に社員を派遣し、優作を呼び出せと命じた。渋谷のガード下で殴るつもりだった。待ち構えていたが、社員は優作を連れずに来た。映画館が人がいっぱいで入れなかったと告げられた角川は、怒りが急に冷めた。その夜、角川が銀座のクラブにいると、松田優作が中村雅俊とやって来た。角川は『野獣死すべし』の客の入りもよかったので、喧嘩をする気もなくなっていた。

『人間の証明』のニューヨーク・ロケに続いて、角川は松田を殴り損なったわけだが、それで友情は続いたのだ。

『野獣死すべし』から角川映画は原作小説との乖離が始まる。量産体制に入った角川映画は、角川春樹が全てをコントロールすることが不可能となり、脚本家や監督の自由度が増していくのである。それがうまくいく場合もあるが、いかないこともある。

『刑事珍道中』——原作のない角川映画

『ニッポン警視庁の恥といわれた二人組　刑事珍道中』は『野獣死すべし』と二本立てで、八〇年十月四日に公開された。中村雅俊、勝野洋主演、斎藤光正監督、鎌田敏夫脚本で、角川春樹事務所と東映との二社による製作だ。角川映画としては初の、そして唯一のオリジナル脚本、つまり「原作のない映画」だった。サブタイトルに「ニッポン警視庁の恥といわれた二人組」とあることからも分かるようにドタバタのコメディである。あくまで『野獣死すべし』の伴映としての企画で、この映画単独ではとても客は来なかったであろう。

『刑事珍道中』に原作はなかったが、脚本を書いた鎌田敏夫自身によってノベライズされ公開に合わせて角川文庫から刊行された。「緊急書下ろし」と広告にはある。鎌田にとってはこれが初めての小説だった。ある程度は売れたのか、『刑事珍道中』の続編として『さらば愛しき人よ』も書き下ろされたが、これは映画にはならなかった。

鎌田は以後、自作のドラマ『俺たちの旅』『金曜日の妻たちへ』などもノベライズして角川文庫から出し、さらにはオリジナルの小説も書くようになる。

小説と作家の販売促進として始まった角川映画は、ここにきて、映画から小説家を誕生させたのである。角川映画の変容の始まりでもあった。かつて角川は、大林宣彦や石上三登志に対し、角川書店の本と関係のない映画は作れないと語っていたが、この頃から、映画のための本作りへと変わっていく。

それでも、映画と本とは連動していた。どちらが先にあるかという違いだけだ。『刑事珍道中』は、原作小説のないオリジナル脚本だったが、それゆえに「他社の本を原作とした映画」でもない。だから角川が製作できた。そしてノベライズすることで、映画から本を生んでしまった。

しかし、他社が出している本を角川映画として製作することはできない。その原則だけは崩せなかった。相米慎二は『翔んだカップル』を撮っている時点で、薬師丸ひろ子に赤川次郎の『セーラー服と機関銃』を映画にしたい、その時は出てくれと告げている。しかし、実現するかどうかは分からないとも言った。『セーラー服と機関銃』は七八年に主婦と生活社から出版されたばかりで、角川書店の本ではなかった。

原作がなくてもいいが、原作が他社の本では角川映画にできないのだ。

角川春樹はこれまで自分が製作した映画の劇場プログラムには必ず一文を寄せていたが、『野獣死すべし』と『刑事珍道中』のプログラムには何も書いていない。『復活の日』が公開された後、角川春樹が一種の燃え尽き症候群にあったことが、そこからも窺える。

二作の配給収入は七億三千万円に終わった。前年の『蘇える金狼』と『金田一耕助の冒険』の二本立てが十億四千二百万円なので、三割減である。しかし、『野獣死すべし』は「キネマ旬報」の読者投票では六位、評論家の投票でも二十四位だった。難解さが受けたのかもしれない。『刑事珍道中』は読者投票では圏外だったが、評論家の投票では四十三位だった。

『スローなブギにしてくれ』――初の青春映画

一九八〇年十月の『野獣死すべし』から半年後の八一年三月七日、東映との提携による『スローなブギにしてくれ』が公開された。

『スローなブギにしてくれ』はミステリとSFばかりだった角川映画にとって初の青春映画だ。監督の藤田敏八（一九三二～九七）は日活でロマンポルノを撮っていたが、沢田研二主演『炎の肖像』や、当時新人だった秋吉久美子を起用した『赤ちょうちん』『妹』『バージンブルース』、山口百恵・三浦友和主演の『天使を誘惑』などの青春映画も撮っていた。

主演の浅野温子はこの年、二十歳。一九七六年の山口百恵主演『エデンの海』では端役として、百恵をいじめる同級生の役で出ていた。この時、オーディションで浅野を選び「あの子は将来ゼニになる」と喝破したのが、監督の西河克己だった。その眼力は確かだったのである。浅野はその後『高校大パニック』（石井聰亙監督）、『さらば映画の友よ　インディアンサマー』（原田眞人監督）に出て注目され、この時期は角川文庫のキャンペーンガールでもあった。「バラエティ」のグラビアに毎号のように登場し、角川書店の子会社である富士見書房から映画公開に合わせて写真集も出た。浅野温子は角川春樹事務所所属ではなかったので、「角川三人娘」のような扱いにはされないが、角川映画が育てた女優のひとりと言っていい。

そして、原作者・片岡義男こそ、角川が生み出した作家だった。

これまで角川文庫が映画と同時にフェアを展開してきた横溝正史、森村誠一、高木彬光、大藪春彦、半村良、小松左京らは、角川文庫から本を出す以前から名の知れた作家だったが、片岡義男は作家デビューが角川書店の雑誌「野性時代」だった。

片岡義男（一九四〇〜）は早稲田大学在学中から雑誌でライターをしており、エッセイを書いたり、翻訳したり、テディ片岡名義での本も何冊かあった。角川書店での最初の仕事はエルビス・プレスリーの伝記、ジェリー・ホプキンズ著『エルビス』の翻訳で、七一年に刊行された。片岡はその前にヘンリー・プレザンツ著『音楽の革命――バロック・ジャズ・ビートルズ』や『ロックの時代』という音楽書の翻訳もしていたので、『エルビス』の版権を取った角川春樹は片岡に依頼したのだ。角川は振り返る。

『エルビス』はそれほど売れなかった。しかし、彼（片岡）のすぐれた語感とあとがきから、彼の小説家としての資質に気が付き、七年前、角川書店としての初の総合文芸誌「野性時代」の創刊以来、毎号、彼は書き続けてきた。

（『スローなブギにしてくれ』プログラム）

「野性時代」に載った片岡の短編は次々と角川書店から出されていき、この時点で角川文庫の片岡作品は二十点に達していた。フェアが開催できる数になっていたのだ。

片岡義男の描く世界は、日本が舞台ではあるが、土着性はまったくない。都会が舞台で、登場人物はアメリカ映画の登場人物のような――つまり、字幕か吹き替えの日本語のような話し方をする。文章の構造も英文を翻訳したような人工的な、それでいて読みやすい、独特なものだった。タイトルも、「スローなブギにしてくれ」「味噌汁は朝のブルース」「吹いていく風のバラッド」「ときには星の下で眠る」など、これまでの日本の小説にはない語感のものばかりだ。会話が多く、またバイクやクルマ、音楽、ファッション、天気などの描写が丁寧で具体的で、それでいて人物の内面は描写されず、一人称ではないが、正統的なハードボイルドの文体だ。映像的なので映画化しやすいように見えて、実は最も映画化が困難な作品群だった。片岡自身、後に卓越した原節子論を書くように映画に詳しいことから、小説と映画は別のものと割り切れるようで、原作とはまったく違う映画となることを容認している。後に片岡は「僕の小説をきっかけにして四本の映画ができた」と書き、「原作」であるとすら捉えていないようだ。

脚本は藤田敏八と長年組んでいた内田栄一に任された。原作となった片岡の『スローなブギにしてくれ』は短編で、映画で古尾谷雅人と浅野温子が演じた若い男女の話だが、片岡のそれ以外の短編の人物やエピソード、台詞をまぜて、小説とはまったく別の物語とした。そのため、山﨑努演じる中年男の物語となってしまった。藤田は、若い浅野の扱いに戸惑い、自分と同年代の山﨑に傾注してしまったのだろうか。

音楽には南佳孝を起用し、主題歌《スローなブギにしてくれ》は二十八万四千枚とヒットした。片岡義男も一躍、広く知られるようになった。浅野もスター女優になっていく。

だが、映画『スローなブギにしてくれ』は配給収入三億八千五百万円と低調だった。低予算だったので、赤字にはならなかったが、原価回収がやっとだ。角川春樹は初日について、「今まで製作を手がけてきた映画は、少なくとも初日だけは立ち見の満席だったが、この日は空席が目に入った」と認めている。

角川春樹はこの映画では劇場プログラムに一文を寄せているので、『野獣死すべし』の頃よりは映画への情熱が戻ったのかもしれない。しかし、雑誌連載のエッセイ「試写室の椅子」では、ラストの山﨑努の心中未遂シーンについて、観た人の何人もから「いらない」と言われたと明かしている。古尾谷と浅野の再会シーンで終わったほうがいいとの指摘を受けたのだ。角川は「実は私自身もそう思い、監督にあとは蛇足ではないかと言った所、藤田敏八監督から、それでは十年前の作品になってしまうと一蹴されてしまった」と書く。そして、映画館で改めて観客として観たら、あのラストは欠かせないものだと実感でき、「映画は常に監督のもの」と、どこか諦めている。

『野獣死すべし』での松田優作の暴走を止められなかったように、角川は藤田敏八もコントロールできなかったのである。これは、情熱の欠如からなのか、それともプロデューサーとして「大人になった」からなのか。

ヒットとは言えない『スローなブギにしてくれ』だったが、「キネマ旬報」では評論家投票で十一位、読者投票で六位と健闘した。「監督の映画」になると、評価が高くなる。しかし、それで客が入るかというと、また別だ。

八一年春の時点で角川春樹はこう書く。「昨年の十二月以来、大ヒットした作品といえば、たのきんトリオの『スニーカーぶる〜す』だけである」、「春の映画興行で成功が予想されるのは、アニメの『ガンダム』と『怪物くん』である。映画人口そのものが、低年齢化していることも一因だが、いまの映画界で成功することは、かなり至難の業だ」。「たのきんトリオ」とは、ジャニーズ事務所所属のアイドル、田原俊彦、野村義男、近藤真彦のことでそれぞれ苗字の一字をとってそう呼ばれていた。田原と近藤は当時人気絶頂にあった。『怪物くん』は藤子アニメで、『ドラえもん』と二本立てで公開された。ようするに角川は、アイドルとアニメしかヒットしないと分析している。

『魔界転生』——再生

映画作りへの情熱を失っていた角川春樹が「映画を創る喜びをもう一度原点に戻してくれた」と書くのが、山田風太郎原作、深作欣二監督の『魔界転生』だった。この映画は『白昼の死角』等と同様に、角川春樹事務所製作ではなく、東映作品を角川がプロデュースしたもので、六月六日に封切られた。

東映京都は七八年に深作の『柳生一族の陰謀』が大ヒットし時代劇復興となり、続く『赤穂城断絶』まではよかったが、深作が外れた『真田幸村の謀略』『徳川一族の崩壊』『影の軍団　服部半蔵』などは興行的に失敗していた。そこでかねてから時代劇を作りたがっていた角川春樹と合意し、山田風太郎作品の映画化に乗り出したのだ。角川は『柳生忍法帖』と『忍法魔界転生』の二作を候補に選び、『魔界転生』に決まった。『魔界転生』の監督は当初は五社英雄（一九二九～九二）に決まっていた。五社はフジテレビのディレクターだったが劇場用映画の監督もするテレビ出身の映画監督の嚆矢《こうし》だ。しかし八〇年秋に五社は銃刀法違反容疑で逮捕されてしまい、フジテレビを依願退職、『魔界転生』も降板することになった。

　山田風太郎（一九二二～二〇〇一）は異端の巨匠である。東京医科大学を卒業したが医者にはならず作家となり、最初はミステリを書いていたが、やがて時代小説へ転身し、一九五八年に発表した『甲賀忍法帖』がヒットして、以後、「忍法帖」シリーズを次々と書いていった。『魔界転生』もこのシリーズの一作だ。シリーズといっても、物語として続いているわけではなく、忍者と剣豪が活躍する伝奇シリーズである。「風太郎忍法帖」は六〇年代にブームとなり、講談社のシリーズは三百万部を突破したという。劇画にも影響を与え、白土三平の『忍者武芸帳』が生まれている。角川文庫からは七三年十一月に『くノ一忍法帖』が最初に出て、『魔界転生』（上・下巻）は十二・十三冊目として七八年に四月に刊行された。

『魔界転生』は一九六四年から六五年にかけて新聞に連載された時と、講談社から刊行された時は『おぼろ忍法帖』という題だったが、七八年四月に角川文庫から出る際に山田が『忍法魔界転生』と改題した。もともと、「おぼろ忍法帖」というタイトルは、連載開始前にストーリーが決まっていない段階で、適当に付けたものだった。そのために、どうとでもとれる曖昧なタイトルだった。そこで山田風太郎としては内容と合わないので機会があれば変えたいと思っており、角川文庫に入れる際に改題したのだ。その結果、ひとつの小説に二つのタイトルとなり、混乱が生じた。

角川は山田との対談で、深作と語り合った時のことをこう語る。

人間の生理というものがあって、大真面目な『復活の日』のあとには、一番ハチャメチャな事をやってみたい。それで結局、山田風太郎さんの原作をやろうとしたら、題名は違っていて、ストーリーは同じ。どちらかの勘違いかと思ったら、期せずして、両方共正しかった。

深作は『おぼろ忍法帖』が面白いと言い、角川は『魔界転生』がいいと言っていたのだ。その一方、東映では五社英雄で撮る話も進んでいた。その五社が監督できなくなると、角川は深作に持ちかけた。

しかし深作にはその前に別の仕事があった。東映が暮れに公開予定の五木寛之原作『青春の門』を手伝うことになっていた。『青春の門』は七五年に東宝で浦山桐郎監督が撮っていたが、そのリメイクで、蔵原惟繕が監督することになっていた。しかし脚本が難航しスタートが遅れ、今のペースだと正月映画として間に合わない。そこで深作が加わり、蔵原との二班体制で製作されることになった。もともと正月映画として深作が松田優作主演で佐木隆三原作『海燕ジョーの奇跡』を撮る予定だったが、松田がシナリオに納得せず流れていた。その穴埋めで『青春の門』が製作されることになったのだ。

東宝の浦山版『青春の門』では主人公伊吹信介の母タエを吉永小百合が演じたが、この蔵原・深作版では松竹から松坂慶子を借りてきて抜擢した。これが深作と松坂慶子との出会いとなり、『蒲田行進曲』へとつながる。

深作は『魔界転生』でも細川ガラシャの役に松坂を希望した。しかし松竹が断ったので高瀬春奈に決まる。ところが、撮影に入る直前に高瀬が降板し佳那晃子となった。

主役は千葉真一で柳生十兵衛を演じ、敵役は沢田研二の天草四郎、宮本武蔵に緒形拳、柳生但馬守に若山富三郎、他に丹波哲郎、室田日出男、原作にはない霧丸に真田広之といった豪華キャストが組まれた。この役名でもわかるように活躍した時代がバラバラの歴史上の人物たちが、死者が転生して蘇るという奇想天外な物語だった。蘇る死者も、蘇らせ方も、原作と映画はかなり異なり、小説と映画の乖離は激しい。小説は上下合わせて千頁近い長編だ。

豪華キャスト、江戸城炎上など派手なシーンもあったが、製作費は五億円程度に抑えられ、十億三百万円の配給収入は大成功と言えた。

同時期に角川文庫は山田風太郎フェアを実施した。角川文庫の山田風太郎作品はこの時点で二十五点に達していた。だが、若い層には忍法ものは受けなかったのか、それほど大きな数字にはならなかった。山田風太郎自身、この頃は忍法ものは書かなくなり、明治を舞台にした小説がメインとなっていた。

『魔界転生』を観たなかに長崎に住む十三歳の少女がいた。友だちに誘われて観に行ったこの映画で、彼女は真田広之のファンになった。少女の名は、原田知世という。

『ねらわれた学園』——アイドル映画時代の開幕

この年の春に書いたエッセイで角川春樹はアイドルとアニメしかヒットしない日本映画の現状を嘆いていたが、八月に発売される「バラエティ」十月号のインタビューでも同じで、「日本映画全体はこれからもっと落ち込むと思う。今は、アイドル映画とアニメなんかが当たっているけど、これは流行りものだよね。落ち込んでダメにならないと回復できないだろう」と語っている。そう言いながらも、角川映画はアイドル映画で黄金期を迎える。

アイドルとアニメしかヒットしないのであれば、そのアイドル映画を撮ろうではないか。角川映画には、薬師丸ひろ子がいる——というわけで、薬師丸ひろ子主演『ねらわれた学園』が、前年のうちに決まっていた。『魔界転生』も、沢田研二や真田広之が出ているので広義のアイドル映画でもあった。

角川映画は、薬師丸ひろ子が主演するのにふさわしい小説を角川文庫の中から探さなければならなくなった。山口百恵のように文豪の名作路線もありえたが、名作は角川文庫以外からも出ており、文庫のフェアとの連動が難しい。現代の小説で高校生を主人公としたものは、そんなにはない。集英社のコバルト文庫のようなものを角川は持っていなかった。だが角川文庫には少年少女向きのSFならばあった。

当時は旺文社と学研から「中一時代」「中一コース」など中学一年から高校三年までの学年別の雑誌があり、そこには小説も連載されていた。眉村卓や筒井康隆などのSF作家にとって作品発表の場のひとつだった。こうした少年向きSFはジュブナイルものと呼ばれ、のちにヤングアダルト、さらにライトノベルへと発展する。眉村卓の『ねらわれた学園』も中学生向きの雑誌に連載されたものだった。これらジュブナイルSFはNHKが七二年から八三年にかけて放映していた「少年ドラマシリーズ」の原作となる。その第一作が『タイムトラベラー』で、原作は筒井康隆の『時をかける少女』だ。眉村の『ねらわれた学園』も七七年に『未来からの挑戦』という題で放映されていた。

眉村卓（一九三四〜）は小松左京、星新一らと同じ日本SF界の第一世代にあたる。角川文庫からは一九七三年十月に『C席の客』が最初の本として刊行され、『ねらわれた学園』は七冊目として七六年七月に刊行されていた。眉村SFは企業や国家の経営、管理を題材にするのがひとつの特徴だ。未来社会を舞台にした司政官シリーズが代表作で、大長編から短編まである。そうした本格SFとは別に少年もののSFも数多く書いていた。

原作が『ねらわれた学園』と決まると、脚本が書かれた。眉村の小説では大阪の中学校が舞台だが、映画では東京・新宿にあるらしい高校が舞台となり、ヒロインの名前も原作とは異なり、また学園を狙う者の正体も変えられており、かなり原作とは異なる。

脚本家のクレジットは葉村彰子となっているが、これは複数のシナリオライターの共同ペンネームで、テレビの『水戸黄門』『大岡越前』『江戸を斬る』のプロデューサーである逸見稔の許での仕事の際に使われていた。逸見は『ねらわれた学園』のプロデューサーのひとりで、彼のオフィス・ヘンミはこの映画の「製作・協力」にもなっている。角川春樹は「プロデューサー」と名乗るが、映画のクレジットでは一貫して「製作」という肩書で、それとは別に実質的に映画製作を担う者をプロデューサーとして置いていた。『ねらわれた学園』では逸見に実務を委ねたのだ。

シナリオができてから、大林宣彦に監督が依頼された。大林は『HOUSE　ハウス』では池上季実子、『瞳の中の訪問者』では片平なぎさ、『ふりむけば愛』では山口百恵、そして『金田一耕助の冒険』では熊谷（松田）美由紀ら、女性アイドルを撮ってきたこと、さらに「映像の魔術師」の異名を持つことからも、SFという特撮を必要とする映画にふさわしいと思われた。

七九年の『金田一耕助の冒険』の後、大林は大著となる映画論・映画エッセイ『ぼくのアメリカン・ムービー』を書いたり（八〇年十月に奇想天外社から刊行）、百恵・友和映画で藤田敏八監督の『天使を誘惑』のプロデューサーをしたり、テレビの仕事はあったが、劇場用映画は撮っていなかった。角川映画とも『金田一耕助の冒険』一本のつもりだったので、大林のほうから企画を持ち込むこともなかった。そこへ、角川から依頼が来た。

大林の回想によると、ある日、角川春樹に呼ばれて出向いたところ、「うちに薬師丸ひろ子という子がいます。女優としてスタートしたのだけど、まだアイドルになっていない。大林さん、彼女をアイドルにしてやってくれませんか」と言われた。普通はアイドルとしてデビューさせて人気が出たら女優に育てていくものだが、角川の認識では、薬師丸は最初から女優で、しかしアイドルと呼べるほどの人気を得ていない、ということになる。

大林は「分かりました。ひろ子のワッペン映画を作りましょう」と言った。つまり、薬師丸ひろ子のワッペンが可愛くて、みんながそれを買うような、そういう映画を作ろうと即答したのだ。大林はアイドルを主役とした映画をこの前もこの後も数多く撮っているので「アイドル映画の名手」とも呼ばれるが、当人の意識ではアイドル映画として撮ったのは『ねらわれた学園』のみで、他の映画は、たしかに主演したのはアイドルだったかもしれないが、女優として撮った。大林宣彦が唯一、戦略的にアイドル映画として撮ったのが『ねらわれた学園』だという。

アイドル映画とは、ようするに「そのアイドルがスクリーンに映ることに唯一最大の目的がある」映画である。テーマもストーリーも台詞も音楽も二義的なものとなる。いかにアイドルファンを一時間数十分の間、至福の時に浸らせるかに全てがかかり、逆にいえば、そのアイドルのファンではない者には耐えられない作品になるのも覚悟しなければならない。その割り切りが必要だった。大林は一本ごとに戦略を抱いて映画作りをする映画作家だったので、割り切ることに躊躇《ためら》いはない。

角川映画の長期戦略として薬師丸主演のアイドル映画を作っていくのであれば、その相手役も必要だ。山口百恵は映画において三浦友和という理想的な共演相手を得たので、映画はヒットし続けた。かくして『ねらわれた学園』では薬師丸ひろ子の相手役が公募された。前年十一月下旬に公募すると決まり、一月十日の締め切りまでに約一万八千人が応募し、慶應義塾高校三年の高柳良一が選ばれた。七八年の『野性の証明』のヒロイン役公募では約千二百名の応募者だったので、その後の角川映画の躍進と薬師丸人気とで十五倍以上の数の青少年が応募してきたことになる。

主題歌は松任谷由実が作詞作曲し、歌った。角川映画の主題歌としては珍しく、曲名に映画名が入らない《守ってあげたい》である。「ユーミンの曲」としてもヒットし、オリコンの週間チャートで最高二位（その週の一位は松田聖子《白いパラソル》）、年間でも十位、六十九万枚の大ヒットとなった。松任谷由実のこの時点までのシングルの最大のヒットは七五年の荒井由実時代の《あの日にかえりたい》の六十一万五千枚で、実はそれ以外の彼女のシングルは数万枚しか売れていない。この時期のユーミンは低迷期にあった。しかし、《守ってあげたい》を収録したオリジナルアルバム《昨晩お会いしましょう》が、ユーミンの十二枚目のアルバムとして十一月に発売されると、アルバムのチャートで一位を獲得した。以後、九七年の《Cowgirl Dreamin'》まで、アルバムが十七枚連続一位という記録となる、その始まりだった。つまり角川映画は「ユーミンの時代」の本格的なスタートに貢献しているのである。

撮影は薬師丸やその同級生役がみな高校生なので、春休みの三月中旬から四月中旬にかけて行なわれた。薬師丸ひろ子は高校二年になった。撮影後、合成などのポストプロダクションが二ヵ月にわたり、七月十一日から近藤真彦主演『ブルージーンズメモリー』との二本立てで東宝の夏休み映画として公開された。昨年の『翔んだカップル』も東宝系だったので、その流れだ。

ここでトラブルが生じた。『ブルージーンズメモリー』は製作が東宝映画、『ねらわれた学園』は角川映画の製作だ。配給する東宝としては『ねらわれた学園』は何もしなくても角川書店が文庫と一緒に宣伝してくれるので、『ブルージーンズメモリー』の宣伝に力を入れようとし、東宝としての宣伝費は「ブルー」に八割、「ねらわれた」に二割と設定した。さらに、一部の映画館では『ブルージーンズメモリー』のみを上演した。それではまるで角川映画は東宝のために宣伝しているようなものだ。

一般に二本立て興行で製作会社が異なる場合は、取り分を折半する。正確な配分の比率は明らかではないが、角川は不公平だと怒り、東宝と対立した。

かくして、薬師丸の次の主演作品から、角川映画はまたも東映と組むのである。

その東映の夏休み映画は、松田聖子の主演第一作『野菊の墓』で、長く助監督だった澤井信一郎の監督デビュー作でもあった。そして、薬師丸の角川映画が東映に移ると、翌年夏の東宝の夏休み映画には松田聖子が主演する。

『ねらわれた学園』が公開されていた夏休み、薬師丸ひろ子はすでに次の映画『セーラー服と機関銃』の撮影に入っていた。彼女の主演映画は夏休みや春休みを利用して撮らなければならないのだ。そして大林宣彦も封切りまでのキャンペーンにつきあった後は、自分の次回作の撮影のため、尾道へ向かった。『転校生』である。

大林宣彦の名を一躍高め、いまや神話的な名作となっている『転校生』は、角川映画として製作される可能性もあった。原作は山中恒の『おれがあいつであいつがおれで』で、旺文社が刊行していた「小六時代」に七九年四月から八〇年三月まで連載され、同社から単行本が出ていた。原作では掲載誌にあわせて小学六年生が主人公だったが、映画では高校生になる。当初はサンリオが出資すると決まり、大林の故郷である尾道で撮影することになっていたが、クランクイン直前になって、「男の子が女の子になって、裸になったり、スカートめくりをしたり、こんな映画はわが社の信用にかかわる」という理由でサンリオはスポンサーを降りた。大林は新たな出資者を求め、角川にも相談した。角川はこの企画が気に入ったが、「ウチの本ではないからなあ」と天を仰いで断念した。

大林を助けたのはＡＴＧのプロデューサー佐々木史朗で、脚本を読んで「こういう映画を観たいから、ぼくが何とかする」と佐々木は言い、その言葉を信じて大林は尾道に向かった。

『転校生』は日本テレビとATGとの提携作品として製作され、八二年四月に公開される。角川春樹はその年に自分が観た映画の三位に挙げ（一位は『炎のランナー』、二位は『蒲田行進曲』）、「私が感動した数少ない青春映画」と評す。そしてこの感動が『時をかける少女』へとつながるのだった。

『悪霊島』──角川最後の金田一映画

八月発売の「バラエティ」十月号の特集「好きです、日本映画」へのインタビューで角川春樹は、「好きですか、日本映画。嫌いですか、日本映画界」と言い切った。この時に、「夢・願望」という質問には、「絶対にありえないだろうけれど、黒澤明監督による薬師丸ひろ子主演映画」を作りたいと語っている。また、好きな日本映画としては『七人の侍』と『仁義なき戦い』を挙げ、黒澤へのオマージュを隠していない。

このインタビューでは相変わらず角川春樹は意気軒昂である。「自信持って言えるね、これからの日本映画を一方できちんと支えていくのは角川映画だ、と。方向性を持っていて、底力のある映画をうめるんだから、角川映画ってのはマイナーのメジャーでありメジャーのマイナーなんだ」

その角川映画は、秋の映画街に久々に大作を投じた。横溝正史原作『悪霊島』である。横溝作品は一九七五年の『本陣殺人事件』から毎年必ず映画化されてきたが、七九年の『金田一耕助の冒険』を「最後の金田一映画」と宣言すると、他社の作品も含めて八〇年は製作されなかった。しかし八一年になって、角川自身が、もう作らないはずだった横溝作品をまたも作ることになったのだ。

横溝正史の最新作『悪霊島』は「野性時代」に七九年から八〇年まで連載され、角川書店から同年七月に単行本として出されていた。横溝の七十五歳から七十七歳にかけての作品となる。映画化するには、原作が「話題の新作」である間のほうがいい。角川は映画化を決め、単行本発売から一年も経たないのに『悪霊島』は五月に角川文庫から上下二分冊で出された。

『悪霊島』の監督はベテランの篠田正浩に決まり、主演は篠田の妻でもある大女優岩下志麻、金田一耕助には『野獣死すべし』で注目された鹿賀丈史が抜擢された。そしてもうひとりの探偵役に古尾谷雅人、他に岸本加世子、中尾彬、佐分利信、石橋蓮司、根岸季衣らも出ている大作だった。悪霊島は瀬戸内海の刑部《おさかべ》島の別名である。「鵺《ぬえ》の鳴く夜は恐ろしい…」という台詞がテレビコマーシャルなどでキャッチコピーとして使われた。

原作の時代設定は一九六〇年代、主人公の一人はヒッピーである。映画はそれを踏襲するが、前年（八〇）十二月八日のジョン・レノン射殺のニュースから始まり、それを知った古尾谷雅人演じる元ヒッピーが、ビートルズの流れていた自分の青春時代、つまり六〇年代を回想するというかたちで過去へ遡り、刑部島での恐ろしい事件が描かれる。

ヒッピーのモチーフとしてビートルズを使おうというのは、脚本を書いた清水邦夫

（一九三六〜）のアイデアだった。清水は劇作家で蜷川幸雄と組んでいくつもの舞台を作り、俳優座、民藝のためにも脚本を書き、テレビドラマや映画も書いていた。この清水の提案を篠田は角川に伝えた。角川はそれはいいアイデアだと、ビートルズの楽曲を映画に使用する交渉を始めた。これまでビートルズ映画以外の映画で、ビートルズの曲が使用された例は世界的にもなかった。

『悪霊島』では《レット・イット・ビー》と《ゲット・バック》が、ビートルズが演奏するオリジナルの音源で流れ、この二曲をA面・B面とするシングル盤が「悪霊島 主題歌」として発売された。この二曲だけのシングル盤は世界でもこの時のみしか発売されなかったので、現在では中古市場でかなり高値となっている。

そこまではよかった。ところが、この時点ではDVDなるものはまだ存在しなかったので、映画の二次使用時の音楽の権利までは取っていなかった。公開直後に発売されたVHSと、最初のテレビ放映の際にはビートルズの演奏がそのまま流れているが、二〇〇四年に出たDVDでは曲は同じだが、演奏は他のミュージシャンのものに差し替えられた。それも廃盤となり、二〇一六年一月現在、ブルーレイも出ていない。

『悪霊島』は九月八日に完成披露試写会が開かれたが、原作者横溝正史の姿はなかった。新宿の国立第一病院に入院していたのだ。角川春樹は試写会の直前に横溝を見舞った。前夜のうちに横溝の許へ『悪霊島』をビデオにして届けていたので、横溝はそれを見ていた。試写会の前に横溝に見せたのは原作者への敬意だった。その際の二人の対談が劇場プログラムに掲載されている。横溝は出来栄えに満足している様子で、とくに岩下志麻を絶賛している。鹿賀丈史についても「これまでの中では、最も金田一耕助に似ているんじゃないか」と言っている。もっとも、横溝は誰が金田一を演じても褒める。

『蔵の中』――低予算映画で賞を狙うが

十月三日に『悪霊島』は封切られた。同日、やはり横溝正史原作の高林陽一監督作品『蔵の中』も封切られた。東京では別々の映画館での公開だったが、地方では二本立てとなる。

高林陽一は横溝ブームの先駆けとなる七五年の『本陣殺人事件』の監督で、かねてから『蔵の中』の映画化も希望していた。それは『本陣殺人事件』で金田一を演じた中尾彬も同じで、二人はいつかやろうと話していた。

高林は京都在住である。そこで、角川春樹が東映京都に『魔界転生』の撮影のために来ていた時に面会し、『蔵の中』を映画化したいと申し出ると、角川は即座に決めた。

高林は自主製作映画を何本も撮っているのでプロデュースも自分でできるが、この作品では別にプロデューサーを立てることになり、親友である大林宣彦の『HOUSE ハウス』のプロデューサーだった山田順彦に依頼した。その関係で、シナリオは『HOUSE ハウス』を書いた桂千穂に依頼された。

桂千穂（一九二九〜）は日活でロマンポルノのシナリオを書いていたが、大林宣彦の

『HOUSE ハウス』でポルノ以外も書くようになり、七八年には東宝の市川崑の金田一シリーズ『女王蜂』を脚色した。その後もロマンポルノを書き続けていたが、この時期は大林宣彦と尾道で手塚治虫の『ドン・ドラキュラ』を映画にしようとシナリオを書いていたという。この企画は実現しなかった。そこに『蔵の中』が依頼された。

『蔵の中』で角川春樹はひとつの試みをした。横溝作品を二作同時に製作するわけだが、『悪霊島』は金田一耕助が登場する本格ミステリ、『蔵の中』は谷崎潤一郎の影響をそのまま受けた耽美的・猟奇的な作品で、事件は起きるが本格ミステリではない。最新作として戦前の作品、大長編と短編という点でも両者は対照的だ。そこで『悪霊島』は大作として製作するが、『蔵の中』は角川映画としては破格に安い四千万円という低予算とし、「世界各地の映画祭にも充分に受賞対象として認めうる可能性を秘める作品」としたいと宣言した。

桂の脚本は、高林が書くには「誰が読んでも手直しの必要のない、完璧な脚本」で、角川春樹も取材に来た新聞記者に「ものすごくいいホンです、原作よりずっといい」と演説をぶった。

この映画で最も難航したのが、主人公・笛二の幻想に出てくる美少女・小雪の役だった。桂は岡田奈々を希望したが、ヌードシーンがあるとの理由で断られた。

この笛二役の選考を渋谷の東武ホテルでやっている時、一人の美女（？）が現れた。角川春樹氏の推薦で、小雪にどうかということである。いや、何としても、この娘（?）でやってほしいという角川氏の希望であるという。名前は松原留美子（本名は知らない）といって、本当に美しい人であった。

（『魂のシネアスト　高林陽一の宇宙』）

この松原留美子は本当は男性で、当時、ニューハーフと呼ばれていた。岡田奈々に断られたこともあり、結局、高林も受け容れて、松原の出演が決まった。主人公の青年には山中康仁、脇役として中尾彬、吉行和子らも出て、セットも重厚な作品となった。『蔵の中』は、松原留美子というニューハーフが出たことが話題になり、その意味では角川の狙いはあたった。だが、評判はよくなかった。

『悪霊島』と『蔵の中』の興行成績は二本合わせて九億三千万円と十億に届かず、角川の大作としては期待したほどではなかった。作品的にも、「キネマ旬報」のベストテンでは『悪霊島』が評論家投票で四十位、読者投票でも二十三位、『蔵の中』が評論家投票で四十三位、読者投票では圏外とふるわない。『悪霊島』はいわゆる角川映画なので評価が低いのもやむをえないが、『蔵の中』については、低予算で角川映画らしくないし、「質的な追求を狙う」と角川が公言していたので、この評価は厳しい。

高林は「題材が暗すぎた」ことと、松原留美子への拒絶反応が低評価の原因だろうと分析している。当時の日本に、「女よりも美しい女装する男」は早過ぎたのだ。

十一月、角川書店は新書サイズの小説シリーズ、「カドカワノベルズ」を創刊した。光文社のカッパ・ノベルスに対抗してのシリーズだった。松本清張、森村誠一をはじめ、ほとんどがミステリ作家による、書き下ろしを含めたオリジナル作品のシリーズだった。これまでは「野性時代」に掲載された作品をハードカバーの単行本として出し、数年後に文庫にしていたが、読者は少し待てば文庫になって半額以下になることを知り、買い控えるようになっていた。そこで新作は文庫より数百円高いだけの新書判シリーズで出すという考えである。当初はノベルズで出したものは「三年間は文庫にしない」と謳われていたが、この原則はやがて破られる。

翌八二年に「講談社ノベルス」が創刊され、文庫戦争に続いて、新書ノベルス戦争も勃発する。サブカルであり異端であったミステリが文芸出版の主軸となりつつあった。

十二月二十八日、横溝正史が七十九歳でその生涯を終えた。角川文庫の横溝作品は八十点を超えており、累計五千万部を突破していた。晩年に大輪を咲かせた生涯となった。

この時、角川映画は新たな時代に突入していた。製作費一億五千万円の映画が爆発的にヒットしていたのだ。その映画は、『セーラー服と機関銃』という。

第六章　栄冠——一九八二年

前年（一九八一）十二月十九日に封切られた『セーラー服と機関銃』は八二年一月にかけて大ヒットする。十月の『蒲田行進曲』はその年度の映画賞を総なめし、さらに十二月の『汚れた英雄』で角川春樹は初めて監督をする。

角川映画黄金時代の始まりだった。

『セーラー服と機関銃』——空前の人気

夏の『ねらわれた学園』で薬師丸ひろ子の人気は確実なものとなっていたが、『セーラー服と機関銃』で、それは爆発した。封切り前の十一月二十一日には薬師丸が歌う主題歌も発売され、週間ヒットチャート一位を獲得し、八十六万五千枚という大ヒット曲となる。

映画封切前に、薬師丸ひろ子はレコードのキャンペーンのため、十一月二十一日に福岡、二十二日に札幌、二十三日に大阪、二十八日に名古屋と回り、各地のレコード店では即日完売した。

十一月二十九日には、東京・新宿のスタジオアルタでイベントが開催され、二万人が集まり、新宿駅東口はファンで埋まった。さらにこれまではテレビへの出演を避けていたが、「夜のヒットスタジオ」「ザ・ベストテン」にそれぞれ一回のみ出演して歌った。十二月十九日の『セーラー服と機関銃』封切り日には、薬師丸の舞台挨拶が、丸の内東映、新宿東映、渋谷東映で行なわれ、映画館には若い観客が殺到した。

さらに翌日は大阪と京都で舞台挨拶が行なわれる予定で、梅田と道頓堀の東映に前夜からファンが並び始めた。徹夜組に対応するため映画館は早朝からの上映を決めたが、御堂筋は八千人のファンで占拠された。入場できなかった人々が多く、周囲は騒然となり、大阪府警は機動隊を出動させて整理し、警察の要請で映画上映そのものまでが中止となった。舞台挨拶が中止と聞いたファンは、薬師丸を一目見ようと大阪空港へ殺到し、空港もパニックとなる。

薬師丸は自動車で空港を脱出し、新大阪駅へ向かうが、そこもファンがいて、結局、名古屋まで自動車で移動し、ようやく新幹線で帰京した。大阪府警からは、当分、大阪へは許可なしに来ないでほしいと言われた。のちに薬師丸は大阪への「入国禁止令」と称す。

当初、東映の予想では五週間の上映で配給収入十二億円いけば大成功とされていたが、十六億円を突破し、最終的には二十二億八千八百万円となり、東映の歴代記録を樹立した。

こんなにも大ヒットした映画だったのに、長崎で暮らす中学生・原田知世は観ることができなかった。高校生がヤクザの組長になり機関銃をぶっ放すような映画は教育上よくないと、長崎の教育委員会は中学生が観るのを禁止したからだった。

『セーラー服と機関銃』の原作者である赤川次郎（一九四八〜）は、一九七六年に文藝春秋の「オール讀物推理小説新人賞」を受賞してデビューした。偶然にも角川映画がスタートした年である。そして横溝正史が亡くなった時、入れ替わるようにして角川映画の原作作家として登場したのだ。

一九九三年までの角川映画のなかで赤川次郎原作のものは、『セーラー服と機関銃』『探偵物語』『晴れ、ときどき殺人』『愛情物語』『いつか誰かが殺される』『結婚案内ミステリー』『早春物語』の七作で、原作提供作家としては赤川が最多だ。世に言う「角川三人娘」出演作品ばかりで、そのうちの何作かは映画化を前提にして書かれた。にもかかわらず、どれも小説と映画とは別のストーリーとなる。

赤川次郎の最初の本は七七年六月、朝日ソノラマのソノラマ文庫『死者の学園祭』だった。これは少年向きのジュブナイル専門の文庫だ。同じ年齢層の女子を対象としていたのが集英社のコバルト文庫で、赤川はここからも何冊か出し、当初はジュブナイルもの作家だと思われていた。この他、主婦と生活社の21世紀ノベルスなどが、最初期の赤川作品の版元だった。

七八年にカッパ・ノベルスから出た『三毛猫ホームズの推理』が、一般ミステリとして最初に認知された赤川作品と言っていい。それでも軽いタッチのユーモア・ミステリに分類された。当時のミステリ界は松本清張らの社会派ミステリ全盛期が終わり、西村京太郎に代表されるトラベル・ミステリが流行していた。そしてこの頃から島田荘司や笠井潔に主導される新本格ミステリの時代が始まる。いわば、ミステリ界の変動期にあった。その一方で、角川映画と連動しての横溝ブーム、森村ブームがあったのだ。

角川書店は早くから赤川次郎に注目していたようで、「野性時代」七八年十一月号から断続的に「懐かしの名画ミステリー」という、映画の名作を題材にした短篇シリーズが掲載されている。このシリーズは『血とバラ』『悪魔のような女』として角川書店から刊行された。

『セーラー服と機関銃』は、「三毛猫ホームズ」の第一作と同じ一九七八年の十二月に主婦と生活社の21世紀ノベルスから出されたもので、赤川がサラリーマンを辞めて作家専業になって最初の作品でもあった。薬師丸ひろ子が初出演した『野性の証明』がヒットした直後の発売だ。映画『野性の証明』は大宣伝が展開され、新人の薬師丸もかなり話題になっていたので、赤川次郎が知らなかったはずはないが、この時点での薬師丸は中学生なので、高校生を主人公とした『セーラー服と機関銃』が彼女をモデルにして書かれたとは思えないし、赤川もその意識はなかったという。

だが、原作のなかで主人公の星泉はこう描写されている。

小柄だけれどもバランスのよい体つきをしている。顔立ちは愛くるしいが、固く一文字に結んだ唇と、大きな目に秘めた強い意思の光が、可愛いと言われるのを拒んでいるようだ。

赤川自身が「これでは最初から薬師丸君を頭に置いて書いた、と思われて不思議ではない」と認めるほど、ぴったりだった。赤川によれば、この作品は最初にタイトルを思いつき、それから女子高校生が突然、ヤクザの組長になるという物語が作られたという。赤川は映画『セーラー服と機関銃』の劇場プログラムにこう寄せている。

小説が理想的な主演を得て映画化されるなどというのは、めったにないことで、しかも原作が出て三年たち、まさに主人公と同じ年齢になったとき、それが実現したのだから、原作者として幸運なことだ。

「キネマ旬報」での鼎談で赤川は「三年くらい前に書いた本なんですが、書いた時すぐに薬師丸でやらないかと話があったんですね。まだ彼女は中学三年くらいだったから、主人公とは大分違うし、話は進まないで、そのまま立ち消えになってしまったんです」と振り返っている。そして薬師丸の年齢が原作に近づいて、映画化の話がまた持ち上がるが、赤川としては「いいなとは思いましたが、無理じゃないかなという気持ちと半々ぐらいでした。出版との関係もありまして、角川さんが薬師丸を出すかどうかもあったんで、一時は取りやめになりかけたみたいですが、あちこちの努力で実現した」と事情を打ち明けている。

「出版との関係」とは、ようするに『セーラー服と機関銃』は主婦と生活社から出ており、同社が版権を持っていた。それを角川文庫に移籍させることを主婦と生活社が認めてくれるかどうか、あるいは、他社の本を原作とする映画に角川が薬師丸の出演を認めるか、という問題である。

さまざまな交渉の末、『セーラー服と機関銃』は映画公開直前の八一年十月に角川文庫から刊行された。これまでの角川映画では、「原作」として作家名がクレジットされる際、横溝や大藪、山田風太郎などは映画化作品が他社からも出ていても、「角川文庫」としか記されなかったが、『セーラー服と機関銃』では、「角川文庫」と「主婦と生活社」が併記されている。ひとつの条件であったのだろう。

続いて角川書店から単行本が出ていた『血とバラ』も角川文庫となった。だが、映画公開時、角川文庫の赤川作品はこの二点しかない。他に角川書店の赤川次郎の本は、単行本として『さびしがり屋の死体』と『悪妻に捧げるレクイエム』があるだけで、過去の横溝や森村のように書店での大規模なフェアはできなかった。

ここにきて、角川映画は「文庫の拡販のための映画作り」という建前が完全に崩壊し、

「専属女優とそのファンのための映画作り」というビジネスモデルへと移行したのである。角川映画登場時、日本映画界において崩壊しつつあったスター映画が、アイドル映画と名を変えて復活したのだ。

角川春樹は劇場用プログラムにこう書いている。

『セーラー服と機関銃』これほどまでに女優「薬師丸ひろ子」のためにあてて書かれた作品が他にあるだろうか。

この企画が進むにつれ、私の作品イメージは、いまのひろ子を置いて他に候補者が思い浮かばなかった。

『セーラー服と機関銃』は角川映画とキティ・フィルムとの共同製作だった。キティはレコード会社ポリドール（後、ユニバーサル・ミュージック）のディレクター・プロデューサーだった多賀英典が一九七二年に創立したキティ・ミュージック・コーポレーションが母体になっている映画製作会社だった。

多賀はレコード製作だけでは満足できず、映像と音楽の融合を目指して、映画やテレビドラマに積極的に関わり、ついには映画製作会社を作ってしまったのだ。角川春樹とは別の方向からメディアミックスを志向していた人物である。しかし最初に製作した、作家の村上龍が自ら脚本も書いて監督した『限りなく透明に近いブルー』、フランスでロケした実写版『ベルサイユのばら』、長谷川和彦監督、沢田研二・菅原文太主演の『太陽を盗んだ男』などすべて興行的に失敗していた。その次に製作したのが、八〇年の相米慎二監督の『翔んだカップル』で、どうにか成功した。

キティ・フィルムでこれらの作品のプロデューサーの実務を担っていたのは、日活出身の伊地智啓である。伊地智は当初、角川と組むことは避けたいと思っていた。映画作りの主導権を奪われるのが不安だったのだ。しかし薬師丸を出演させるには角川と組むしかなかった。そして組んでみると、角川は相手に任せると決めれば以後は何も口出ししないことを知った。

薬師丸に主題歌を歌わせることを決めたのは、角川春樹ではなく、キティの多賀だった。多賀は主題歌をキティ・ミュージック所属の来生《きすぎ》たかおに歌わせることにし、姉の来生えつこが作詞し、来生たかおが作曲した《夢の途中》ができた。当初は当然ながら、来生たかお自身が歌うことになっていたが、相米が薬師丸に歌わせたほうがいいと言い出した。多賀も同意し、来生を説得した。来生えつこは話が違うと激怒したそうだが、多賀が来生の歌う盤も発売し、両方ともヒットさせると言って話をまとめた。

角川春樹は薬師丸がコーラス部に入っていたことを知っていたので、『ねらわれた学園』の時に主題歌を歌わせようとしたのだが、断られていた。自分が知らないうちに、薬師丸が歌うことになったと知っても、聴いてから判断しようと考えていた。

角川が薬師丸の歌のデモテープを聴いた時、たまたま作詞家の阿久悠と一緒にいた。

角川は「背中がざわざわっとした」とその時を振り返っている。そして阿久悠は「血が下がった」と言った。二人は、これは大ヒットすると確信した。

角川春樹が求めたのは、薬師丸盤のタイトルを、《夢の途中》ではなく、映画と同じ、《セーラー服と機関銃》にすることだけだった。歌詞には「セーラー服」も「機関銃」も出てこないので、映画の主題歌と知らなければ意味不明のタイトルだが、この歌が先に発売されてヒットしたことで映画の知名度もアップしたので、角川の戦略は正しかった。

来生盤は元のタイトル《夢の途中》として十一月十日に、薬師丸の《セーラー服と機関銃》は同月二十一日にリリースされた。来生盤も四十万枚とヒットした。

原田知世登場

爆発的な人気を得たにもかかわらず、高校三年生になると、薬師丸ひろ子は大学進学を決断し、入試が終わるまで女優活動を休止すると発表した。角川映画は専属女優なしで一年間を乗り切らなければならない。一年後に復帰したとしても、以前と同じ人気が持続している保証もない。

角川春樹は『試写室の椅子』にこう書く。

薬師丸ひろ子が大学進学のために一年間休業すると記者会見で発表して以来、プロデューサー角川春樹としてなすべきことの一つは、薬師丸に代り得る新しいスターを発掘し、誕生させることであった。

かくして、「角川映画大型新人女優コンテスト」が実施される。優勝者は八二年十二月公開予定の山田風太郎原作『伊賀忍法帖』のヒロインとなる。主演は真田広之と決めてあったので、その相手役だ。応募資格は十五歳から二十歳、性別は女性、締め切りは三月二十日。三月三十一日までに書類審査をし、四月三日から十一日まで全国五大都市で第二次予備審査をすると発表された。

薬師丸ひろ子が選ばれた『野性の証明』の時の公募では応募者は約千二百名、『ねらわれた学園』の薬師丸の相手役の公募では約一万八千人だったが、「第二の角川女優」には実に五万七千四百八十人が応募した。

このオーディションの九州地区予選では渡辺典子が優勝した。彼女はその前年のホリプロのタレントスカウトキャラバンでも九州地区代表となっていた。この時は堀ちえみが優勝し、渡辺は芸能界デビューを果たせなかったが、それくらい彼女の美貌と演技力はすでに完成されていた。渡辺典子は篠山紀信が撮っていた「週刊朝日」の表紙モデルにも応募し、このオーディションと同時期にあたる三月二十六日号の表紙を飾っていた。

この九州地区予選で、角川春樹が強く推したのが、応募条件の十五歳以上を満たさない、当時十四歳の長崎の少女だった。角川によると、五万七千の応募書類から五百人が写真による判断で選ばれたなかに、原田知世もいた。角川は、原田知世が二歳からバレエを習っているということに魅かれた。原田が送った写真は二枚あり、一枚が正面を向いた写真、もう一枚には知世以外の女性も写っていて、それがとても美人だったのも気になった。

そこで九州地予選での面接で原田知世の番になると、角川は「写真で隣にいる美人は誰か」と尋ねた。知世は「姉で、今日も会場に来ています」と答えた。そこで姉も呼んだが、彼女もバレエをしており、女優になる気はないという。後に女優となる原田貴和子である。

そんな一幕もありながら、原田知世は九州地区予選を通過し、東京での本選に出ることになった。原田は『魔界転生』を観てから真田広之のファンになり、その真田に会えるかもしれないという動機で、このオーディションを受けたという。

本選には十八名が進んだ。原田知世は十四歳なので、ラブシーンが予定されている『伊賀忍法帖』への出演は無理だと、角川は分かっていた。「オーディション会場で得意のバレエを披露してくれて、審査を盛り上げてくれさえすれば、彼女の役割は終わる」つもりだったという。本選前日、「前夜祭」を開き、出演者全員にカラオケで歌わせることになった。前もって受賞対象者を絞っておくためでもあり、出場者たちの堅さをほぐすためでもあった。もちろん歌えるかどうかの審査でもあった。角川映画の女優は主題歌を歌えないと困るのだ。

その前夜祭のカラオケ大会で、原田知世は大橋純子の《サファリ・ナイト》を歌った。角川春樹は「その肉体から発する輝き、それはまた魂の輝きでもあった」と振り返っている。最終オーディションでは予想通り、渡辺典子が審査員十人のうち九人が推して優勝し、『伊賀忍法帖』出演の他、賞金五百万円と欧米旅行を得た。さらに、河合理英、津田由香理の二人が準優勝となり、賞金五十万円とグアム旅行を得た。津田は「津田ゆかり」の芸名でテレビ版『セーラー服と機関銃』や映画『時をかける少女』、その他、角川映画の何本かに脇役で出る。河合については情報がない。

それでも角川は原田知世にこだわった。審査員のひとりだった、つかこうへいはこう書いている。

原田知世さんの時は、当時この何の変哲もない女の子に角川氏がなぜ執着するのかわけがわからなかった。

いまにして思えば、私の眼力のなさなのだが、突然「じゃ特別賞を出す」とテーブルをたたいたのである。

私もカッときて、

「あんた、こりゃ時代劇でしょうが、あの子にかつらが似合うとは思えんですよ」

「時代劇？」

「このオーディションですよ、しっかりして下さいよ」

「あ、そうか、しかし、あの娘はいいぞ。オレ、タイプなんだ」

「あんたのタイプは関係ないですよ」

「なにが関係ないだ、オレは好きなんだ」

「そんなに好きならヨメさんにでもすりゃいいでしょ」

「なんてこと言うんだ、年がいくつ離れてると思ってんだ」

と顔を真っ赤にして審査会場を出て行った。


（『つか版・男の冠婚葬祭』）


つかこうへいのエッセイは脚色というか戯画化されているので信頼性は乏しいのだが、大林宣彦も、角川が原田知世を「ヨメにしたい」と言っていたのを聞いている。

この年、角川春樹は四十歳、原田知世は十四歳。二十六歳という「歳の差」よりも、当時の原田知世の十四歳という年齢のほうが問題だろう。ともあれ、原田知世は「特別賞」を受賞し（賞金は出なかった）、角川春樹事務所専属女優となった。出る映画の当てはないはずだった。だが、「バラエティ」七月号（五月発売）は、「会場の人気を集めたのは特別賞に輝いた十四歳の中学生、原田知世君。ちょっと若々しすぎで、真田広之君とのラブ・シーンのある時代劇には無理だろうということで特別賞にまわったが、早くもフジTV系でこの夏放映の『セーラー服と機関銃』のヒロインに、という話が進められている」とある。

オーディションの最終審査会場には、作家・赤川次郎もいた。面白そうだからと見学に来ていたのだ。赤川はグランプリが渡辺典子に決まったのを見届けたので、帰ろうとした。すると、角川の社員がやって来て、「社長が用があるそうなので待っていてください」と言った。しばらく待っていると、角川春樹が原田知世を連れて来て、「この子でテレビ版の『セーラー服と機関銃』をやりたい」と言った。赤川次郎は驚きながらも快諾した。かくして七月五日から放映されたテレビドラマ版『セーラー服と機関銃』で、原田知世は主役に抜擢されデビューするのだった。

映画デビューは渡辺典子のほうが先だが、「主役デビュー」は原田知世が先行し、優勝者と特別賞受賞者との関係は、微妙なものとなっていく。そして準優勝の二人は原田知世の前に霞んでしまうのだ。

『化石の荒野』——惨敗

四月十七日、角川映画と東映との提携による、西村寿行原作『化石の荒野』が公開された。大ヒットした『セーラー服と機関銃』と各賞を受賞した『蒲田行進曲』の間の作品だが、これは興行的にも作品的にも惨敗した。

角川春樹は『化石の荒野』について『試写室の椅子』で、宣伝費を一億三千万円かけたが配給収入が四億五千万円で「角川映画としては記録的な不入りとなった」と書いているが、「キネマ旬報」の興行データでは配給収入は二億六千万円なので、四億五千万円は興行収入のことだろう。つまり、宣伝費の倍の配給収入しかないわけで、これでは大赤字だ。「私は『化石の荒野』が失敗して以来、かなり落ち込んで、映画会社や映画関係のパーティーからは意図的に遠ざかろうとしていた」という。

『化石の荒野』の原作は西村寿行の同題の冒険小説だ。この時点で角川文庫の西村寿行作品は三十五点、一千万部を突破していた。『化石の荒野』は「野性時代」一九七五年十二月号に一挙掲載された後、七六年に角川書店から単行本が、七八年十月に角川文庫版が出ていた。

西村寿行（一九三〇〜二〇〇七）は執筆時期によって作風が異なる作家で、初期は動物小説、その後、社会派ミステリに転じ、それからアクション主体のバイオレンス小説、そして冒険小説に転じ、八〇年代は「ハードロマン」の作家とされていた。

一九七九年に西村は当時発表されていた高額納税者番付で作家部門のトップに立っている。西村のみならず八〇年前後は角川映画の原作者たちはみな大ベストセラー作家となっていた。森村誠一、半村良、西村寿行がよく売れていたので「三村時代」と呼ばれ、あるいは西村寿行と西村京太郎の二人は、「両西村」とも呼ばれた。

そんなベストセラー作家の小説が原作なのに失敗するのだから映画は水物である。

『化石の荒野』の監督は、日活アクション映画やロマンポルノを撮っていた長谷部安春で、アクション映画、ハードボイルド小説のファンとして知られていた。脚本には『野獣死すべし』の丸山昇一が起用された。主演は渡瀬恒彦、夏八木勲、浅野温子といった角川映画の常連である。

『化石の荒野』は「キネマ旬報」のベストテンでは評論家の投票で六十七位、読者投票では圏外だった。

『この子の七つのお祝いに』――横溝賞作品の映画化

七月十日、『セーラー服と機関銃』完璧版が公開された。同作は二本立てだったこともあり上映時間百十二分で公開されたが、実際に撮られたフィルムはもっと長い。そこでカットされた十八分を加えて再編集した「完璧版」が作られたのだ。伴映として七九年一月に放映された薬師丸ひろ子主演の一時間ものテレビドラマ『装いの街』が、ビデオから35ミリフィルムへ変換されて、二本立てで公開された。

夏は『セーラー服と機関銃』完璧版が公開されただけで、角川映画の新作は秋の『蒲田行進曲』と『この子の七つのお祝いに』まで待たねばならない。

横溝正史原作『八つ墓村』の映画化で決裂してから、角川映画は松竹とは縁がなかった。その松竹との初の提携作品となったのが『蒲田行進曲』と『この子の七つのお祝いに』だった。

『この子の七つのお祝いに』の原作となった斎藤澪の小説は一九八〇年に角川書店が創設した横溝正史賞(現・横溝正史ミステリ大賞)の第一回受賞作品だ。受賞年度としては八一年度となる。横溝賞は、講談社が選考の実務と受賞作の刊行を担っている江戸川乱歩賞に対抗して作られたもので、長編ミステリを公募していた。当然、無名の新人が受賞する。乱歩賞のように歴史を重ね、受賞者のほとんどが著名作家になっていれば、新たな受賞作も売れるが、無名の新人が無名の賞でデビューしても、それだけでは売れない。角川としては、賞の知名度アップのためにも、この最初の受賞作を売り出したかった。

横溝正史賞だからと、横溝的なミステリである必要はない。『この子の七つのお祝いに』は童謡をモチーフとしている点では『悪魔の手毬唄』のようだが、現代を舞台にした、「女の情念」をテーマとしたミステリだった。

大映出身の増村保造（一九二四〜一九八六）が監督し、彼の最後の劇場用映画となる。主演は『悪霊島』につづいての角川映画となる岩下志麻だった。音楽は久しぶりに大野雄二が起用され、『犬神家の一族』を思い出させる音楽が提供された。暗い題材であったことと、『蒲田行進曲』があまりにも面白かったため、観客の印象に残らず、霞んでしまった、不幸な作品となった。「キネマ旬報」のベストテンでは評論家で六十一位、読者投票では圏外だ。

斎藤澪は新人なので、映画公開時には『この子の七つのお祝いに』と二作目『赤いランドセル』があるだけだった。『この子の七つのお祝いに』は八一年五月に単行本として刊行され、映画公開直前の八二年七月にカドカワノベルズ版が出た。角川文庫版は八四年十月なので、映画公開時に角川文庫から原作が出ていない唯一の本だった。

『蒲田行進曲』――栄冠

つかこうへい（一九四八～二〇一〇）は劇作家・演出家として世に出て、小説も書くようになった。

つかこうへいと角川春樹との付き合いは古い。一九七四年につかが、『熱海殺人事件』で岸田國士戯曲賞を、当時最年少の二十五歳で受賞した直後のことだ。つかの受賞談話を新聞で読んだ角川は、「野性時代」の編集者に、この男と連絡を取るように言った。しかしその時は話は進展しなかった。

その一年後の七五年夏、角川が野性号での航海を終えた直後、今度はつかの方から会いに来た。角川書店の御曹司が野性号という原始舟を作って航海しているという、いわば道楽のように見えることをしていると知ったので、つかは、「野性号よりも安くつくから、演劇のための劇場を作ってくれ」と頼みに行ったのだ。角川は、この頃から映画製作に乗り出そうとしていたし、劇場がそんなに安いものではないことも分かっていたので断ったが、つかに対し、戯曲ではなく小説を書くことを奨め、さらに芝居の後援はすると約束した。

その約束を角川は果たした。『つか版・男の冠婚葬祭入門』にこうある。

私が無名だった頃、薄暗い小さな劇場に私の芝居をこっそり見にきてくれ、ポツりと「困ったことがあったら言ってくれ」とだけ言ってくれた。

当時99円という安い値段でやっていたこともあって、赤字続きであった。（角川）書店の見城氏（後、幻冬舎社長）に金を持ってこさせ、湯水のようにつかっていた。

それで一行も書かず、うっちゃっておいても何も言わなかった。

いま、かつての劇団の役者さんたちがまがりなりにもこの世界でやっていけるのも氏のおかげと思っている。

角川文庫から一九七六年三月に『小説熱海殺人事件』が刊行されると、以後もつか作品は角川文庫から出るようになる。

『蒲田行進曲』は一九八〇年十一月に劇団つかこうへい事務所によって初演され、小説版が「野性時代」八一年十月号に「銀ちゃんのこと」というタイトルで掲載され、それに加筆してタイトルを『蒲田行進曲』に戻して、十一月に角川書店から刊行された。そして、翌年一月に直木賞を受賞し、八月に映画化に合わせて早くも文庫化された。

映画化の話は八〇年の初演時からいくつかあったが、つかは気が乗らず、断っていた。だが今回はどうしてもと言われ、了解した。

「蒲田行進曲」はその題名のとおり、蒲田にあった松竹の撮影所の歌だった。しかしつかが書いた『蒲田行進曲』はこの撮影所とは直接の関係はない。『風と共に去りぬ』でスカーレットを演じたヴィヴィアン・リーの評伝を読んだつかは、戦前の松竹蒲田撮影所を舞台にした、美貌の衰えた往年の人気女優の話を書くつもりで、「蒲田行進曲」という題だけを先に決め、予告していた。だが、なかなか書けず、タイトルだけの幻の作品となりかけていたところ、東映の京都撮影所の大部屋俳優の話を聞いて、映画の世界という共通点はあるが、内容はがらっと変わった作品として書き上げた。しかしタイトルはそのままだった。

この『蒲田行進曲』のモデルが東映なので、角川春樹は東映に映画にしようと持ちかけた。東映社長・岡田茂は翌八三年二月の「文化通信」のインタビューではこう言っている。

「最初、東映でという話があったんだが、営業なんかまるで乗らない。乗らなくて当然だね。あのシナリオで乗れといっても無理だ。あれは角川春樹プロデューサーの感性に賭けるしかない」

一方、東映のプロデューサーだった高岩淡は、『銀幕おもいで話』でこう語る。角川が最初に東映に持ちかけたところまでは同じだ。

ところが、岡田さんは、

「そんな内輪話みたいな映画は、やめとこうや」

と言って、これを断ってしまったのです。

岡田は営業と相談した上で断ったのかもしれず、このあたりは藪の中だ。春日太一著『あかんやつら』では、ニッポン放送社長の川内通康から高岩に話が持ち込まれ、高岩が岡田に相談すると「撮影所の話はドロドロしすぎや。俺らは面白いけど、客は振り向かんよ」と言って断ったとなっている。

深作欣二が角川春樹から『蒲田行進曲』を打診されたのは、松竹で『道頓堀川』を撮っている時だった。深作が撮った東映の『青春の門』（八一年一月）には松竹の松坂慶子が出演したので、そのお返しのようなかたちで、深作は松竹で宮本輝原作『道頓堀川』（八二年六月）を松坂主演で撮っていたのだ。その次が『蒲田行進曲』（八二年十月）で、さらにその次は東映で深作が撮る『人生劇場』（八三年一月）に松坂が出て、深作が撮った角川映画『里見八犬伝』（八三年十二月）にも松坂は「声」だけだが出演、続いて深作は松竹で松坂主演で『上海バンスキング』（八四年十月）を撮り、その次の東映の『火宅の人』（八六年四月）に松坂は出演──といった具合に、当時の深作映画はずっと松坂慶子が主演だった。映画会社が東映と松竹と交互だったのだ。そんな時期に『蒲田行進曲』は作られた。

深作は角川に『道頓堀川』の音楽プロデューサーとして協力してくれないかと頼みに行ったのだが、逆に、直木賞を受賞したばかりのつかこうへいの『蒲田行進曲』を勧められた。深作が小説も読んでないし舞台も観ていないと言うと、怠け者呼ばわりされ、その勢いで監督をすることになった。

深作が興味を示したので角川は東映に話を持っていったのだが、前述のように断られた。深作も岡田茂が「階段落ちなんて、そんなものが当たるわけはあるまい」と一喝して断ったと語っている。

角川は松竹に打診するにあたり、『この子の七つのお祝いに』を映画にしてくれという話と一緒に持っていった。「蒲田行進曲」は松竹の歌なので、関係がないわけではない。深作によると、最初は『この子の七つのお祝いに』がメインで『蒲田行進曲』が併映のつもりだったようだ。

松竹と角川は合意し、『この子の七つのお祝いに』と『蒲田行進曲』の二本立てが決まった。前者は増村保造監督、岩下志麻主演、他に根津甚八というスターも出る。一方の『蒲田行進曲』は松坂慶子はすぐに決まったが、銀四郎とヤスが決まらない。深作はもうひとりスターが欲しいと言うので、角川は松田優作を銀四郎にと交渉したが、松田は断った。松田と交渉していると聞いたつかこうへいは反対し、自分の劇団の風間杜夫と平田満を推した。角川は無名に近い二人の抜擢を決めた。

『蒲田行進曲』の八〇年十一月の初演では銀四郎は加藤健一、ヤスは柄本明だった。八二年九月からの再演も前半は加藤が銀四郎だったが、後半は風間が起用され、ヤスには平田満が抜擢されていた。映画の撮影は七月から八月なので、風間と平田は先に映画でこの役を演じたことになる。もうひとりの主人公、小夏は八〇年・八二年とも舞台では根岸季衣だったが、彼女は映画には起用されなかった。松竹としては松坂慶子主演は譲れない一線である。根岸がどんなに適役でうまくても、客は呼べない。角川はつかに「風間と平田の二人を押し込むことが精一杯だ。松坂はのまなきゃいかん。根岸にはすまんと言ってくれ」と頭を下げたという。

深作の強い希望で、松竹の大船撮影所ではなく、東映の京都撮影所で撮られることになった。つかがモデルとしたのが東映京都の大部屋俳優だったし、撮影所そのものが舞台の話なので、建物の雰囲気なども東映京都のほうがぴったりなのだ。しかし、松竹映画を東映で撮影するなど、前代未聞である。普通の松竹映画だったら不可能だが、これは角川映画でもあった。

角川春樹は深作に「任せてください」と言って、東映と松竹の双方を説得し話をまとめてきた。『セーラー服と機関銃』の大成功で飛ぶ鳥を落とす勢いの角川だからこそ、松竹も東映も呑んだ。

かくして、東映の京都撮影所で角川・松竹提携作品『蒲田行進曲』は撮影されたのである。

シナリオはつかこうへいが自ら書いたが、映画的にしようとしたシナリオを、深作は演劇っぽくしてくれと注文し、かなり苦戦したようだ。角川文庫から出た『シナリオ蒲田行進曲』には二人の対談も掲載され、どのように書き換えられていったかの一端が分かる。

『蒲田行進曲』は十月九日に、『この子の七つのお祝いに』と二本立てで封切られた。翌年のアンコール上映を含めて十七億六千三百万円の配給収入と大ヒットした。

そしてヒットしただけでなく、観客はもちろん評論家からも絶賛された。角川映画に初の「賞」をもたらすのである。それまでの角川映画も何も受賞しなかったわけではないが、撮影賞・音楽賞・録音賞など技術部門か、特別賞といったものばかりだった。作品賞など主要部門での受賞はなかったのだ。しかし『蒲田行進曲』は、「キネマ旬報」ベストテンで評論家・読者とも一位となり、さらに同ベストテンの日本映画監督賞・脚本賞・主演女優賞・助演男優賞（平田満）・読者選出日本映画監督賞を受賞した。毎日映画コンクールでは日本映画大賞・監督賞・女優演技賞・美術賞・日本映画ファン賞、日本アカデミー賞では最優秀作品賞・最優秀監督賞・最優秀脚本賞・最優秀主演男優賞（風間杜夫）・最優秀主演女優賞・最優秀助演男優賞（平田満）、最優秀音楽賞、ブルーリボン賞の作品賞・監督賞、報知映画賞の最優秀作品賞、ゴールデンアロー賞の大賞（松坂慶子）と映画賞、その他、地方の映画祭でも数多く受賞した。評論家が絶賛する映画が観客動員がいいとも限らないが、『蒲田行進曲』は興行的にも大成功したのである。

つかこうへいにとってこの年は、直木賞受賞、映画化とその大ヒットと絶頂にあたる。しかし、つかは劇団解散を決め、以後は執筆に専念すると宣言した。映画の撮影が終わった後の九月からの『蒲田行進曲』再演は解散公演でもあった。

その東京公演の千秋楽は十月七日、角川春樹はその客席にいた。しかし彼は芝居に集中できなかった。撮影中の映画のことで頭がいっぱいだったのだ。初の監督作品、『汚れた英雄』である。

『汚れた英雄』――初の角川春樹監督作品

十二月十八日、角川と東映との提携による二本立て、大藪春彦原作・角川春樹監督『汚れた英雄』と山田風太郎原作・斎藤光正監督『伊賀忍法帖』が封切られた。監督としての初作品に臨むにあたり、角川春樹は配給収入が十二億円いかなければ切腹すると宣言していた。

『汚れた英雄』はもともとはオフィス・アカデミーの西崎義展が徳間康快と組んで映画にするはずだったが、西崎が着手しないので角川に映画化権が戻ってきたものだった。さらに原作を読んでいた草刈正雄が『復活の日』撮影中にしきりに売り込んでいた。角川は西崎から映画化権が戻ると、角川映画として製作することを決めた。そして当初は自分で監督する気はなかったが、打診した何人もの監督から断られたので、自分で監督することになった。

『汚れた英雄』が角川文庫から出た際、全四巻のうちの一冊の解説を角川自らが書いている。

屁みたいな小説と文章の多い今日の出版界にあって、大藪春彦は刺すような毒気と逆説的ではあるがかなり説得力のある人生論に満ちた作品世界を展開し続けてきている。その中でも、本書『汚れた英雄』は手放しで誉めちぎりたい作品なのだ。

この解説のなかで角川は、「人生は究極のところ闘いでしかない。勝つことだけが善だ」「人が考えるほど、人生は複雑ではない。複雑なのは人間関係だけである」などと、偽悪的なことも書いており、彼のイメージを良くも悪くも印象づける。

ともあれ、角川春樹の大藪春彦と『汚れた英雄』への思いは強い。念願の映画化であり、であればこそ、自分の思うようなものにしなければ意味がない。何人かの監督に断られたのも含め、角川はこれは「天命」だと受け取り、自分で監督をすることにしたのだ。

角川春樹が監督するとの正式発表は七月二十一日だったが、メインスタッフとのミーティングは五月初旬になされ、ロケハンなどの準備をしていた。クランクインは八月中旬である。

丸山昇一の脚本は、角川文庫版で全四巻・千五百頁近い長編の、ごく一部だけを取り出して、映像化しようというものだった。レーサーにしてジゴロという主人公・北野晶夫役は、自ら角川に売り込んだといわれる草刈正雄が射止めた。

『汚れた英雄』は天才レーサーの生涯を描く大長編小説で、主人公が子供からレーサーになるまでの第一巻にあたる話が最も面白い。それは丸山昇一も認めているし、草刈正雄ですらそう語っている。しかし、二本立て公開と決まっているので一時間五十分が限度で、その長さに全四巻分の物語をダイジェストで入れても、映画としてはつまらないものになる。草刈正雄主演と決まっているので少年時代を描くわけにもいかない。

原作の時代設定だと、主人公の北野晶夫は生後すぐに父を亡くし、戦争中に母を亡くした戦災孤児だ。戦後の経済復興を背景に北野はレーサーとして活躍する。その時代設定も、現代の物語へと移された。丸山は脚色にあたり、原作の物語を描くのではなく、「キャラクターの生きざま」を描いたものにしようと考えた。角川も同意し、かくして、ほとんど物語らしい物語が展開されない、プロモーションビデオのような映像作品が完成した。丸山はドラマではないという意味で、「北野晶夫ライブ」という表現で説明した。角川は演出にあたり、シナリオよりもさらに台詞を削り、凝縮した映像に仕上げた。

レース・シーンでは、ヤマハが協力し、スポーツランドSUGOで、本当のレースさながらの擬似レースが多数のエキストラによる観客も使って撮影された。

そして九月五日、角川は自らバイクに乗ってみせていたところ、転倒した。左の肋骨に二本のひび、顔は二十四針を縫う、全治一カ月の負傷だ。

草刈扮する北野の相手役の女優にはレベッカ・ホールデン、木の実ナナ、中島ゆたか、朝加真由美らが起用された。そして彼のチームのメンバーに浅野温子。音楽は小田裕一郎が担当し、主題歌はローズマリー・バトラーが歌った。

興行的には二本で十五億二千五百万円の配給収入となり、大ヒットと言えた。しかし、作品的には高い評価は得られず、『汚れた英雄』は「キネマ旬報」ベストテンでは四十一位、読者投票では圏外という結果に終わった。

評論家には理解されず、熱心な映画ファンであるはずの「キネマ旬報」の読者からも無視されたわけだが、『汚れた英雄』は映像文化全体にそれなりの影響を与える。たとえば、森田芳光は角川との対談（「バラエティ」八四年三月号）でこう語る。

「『汚れた英雄』は僕も楽しませてもらいましたけど、要するにプロモーション・フィルムなんですよ。今、アメリカやヨーロッパで、レコードを売るために高いお金をかけて、プロモーション・ビデオを作ってますよね。映像を散文的にではなく、韻文的に見せていこうという。だから僕は角川さんがそういうことを考えて、やったとは思わないんだけども」

これを受けて角川は「いや、そうなんだよ。静と動、明と暗という俳句の形式でね」と説明している。森田は「それは映画のカッティングの基本だ」として、「あの映画が評判になったらちょっとやばかった」と同業者としての視点で評している。

たしかに、『汚れた英雄』は極端なまでに台詞がなく、人物もアップが少なくロングショットで撮り、物語が展開しないのに二時間弱にわたり飽きさせない。最も大衆迎合的と思われていた角川映画が、その総帥たる角川春樹監督作品によって最も先鋭的な映像を提示したのである。

『伊賀忍法帖』——渡辺典子デビュー

『汚れた英雄』の大ヒットには伴映の『伊賀忍法帖』も貢献したと言っていい。真田広之は当時アクションスターとして人気絶頂にあった。その相手役に公募で選ばれた渡辺典子は一人三役に挑み、映画デビューを飾った。監督は斎藤光正で『悪魔が来りて笛を吹く』『戦国自衛隊』『刑事珍道中』に次いで角川映画は四作目で、これが最後となった。

『伊賀忍法帖』は山田風太郎の「忍法帖」シリーズ十一作目で、一九六四年の作品だ。角川文庫からは七四年七月に刊行されていた。八二年十二月の時点で角川文庫の山田作品は二十八点になっていた。

角川映画としては『魔界転生』の延長にあたる。角川春樹は「ニュー時代劇」と呼び、「あまり史実にとらわれない、エンターテイメントに満ちた時代劇」であり、「斎藤監督のプロフェッショナルな演出力と東映京都撮影所の技術を信頼している」と書いている（「バラエティ」八三年一月号）。斎藤は「青春時代劇」と語り、特撮はできるだけ使いたくないと語る。

原作者の山田風太郎は劇場プログラムで、角川にこう語ったと明かす。

「こういう超現実の世界をえがく映画は、それだけ道具やしかけが大がかりで迫真的なものでないと、子供だましのものになる。たとえばこの中に、東大寺炎上のシーンがあって、これはこの映画の中の見せ場のひとつになると思うが、こういうところがチャチだと困ります」

製作費四億五千万円のうち、一億五千万円は大仏炎上のシーンのために使われた。正月映画としてのスペクタクルを狙ったものだった。真田の師である千葉真一が柳生石舟斎として出る他、アクション・アドバイザーを担った。

デビューとなる渡辺典子は四月にオーディションで優勝した後、演技トレーニングを受け、七月から撮影に入った。真田が舞台の都合で参加が遅れたこともあり撮影は長期にわたり、十月までかかっている。足利将軍の娘で豪族・三好善興の妻の右京太夫、真田扮する若き伊賀忍者の恋人の篝火、そして篝火が松永弾正の愛人の漁火と首をすげ替えられて転生した鬼火という、同じ顔だが、異なる三人を演じわける難役だった。

しかし話題は『汚れた英雄』に集まり、影の薄いデビューとなってしまった。「キネマ旬報」のベストテンで『伊賀忍法帖』は評論家からも読者からも票が入らなかった。

この二作は、ビデオが映画公開と同時に発売されたことでも話題となった。

この時代、家庭用のビデオデッキがようやく普及し始めた頃で、松下電器（現パナソニック）を先頭とするVHSとソニーを中心としたベータという二つの方式が競い合っていた。角川映画は早くからビデオ化に熱心で、薬師丸ひろ子主演作品は一万本を突破し、当時としては最大のヒットとなっていた。当時のビデオは一本一万八千九百円と高価だったので、二億円近い売り上げになる。

受験勉強中の薬師丸ひろ子だったが、十二月にはドキュメンタリー番組が放送され、さらには大学生になるという前提で、次回作も決まった。『探偵物語』である。薬師丸主演での映画化を前提に赤川次郎が新作を書き下ろし、カドカワノベルズから発行された。

原田知世は、映画よりも先にテレビドラマでデビューしていた。七月から九月までフジテレビで『セーラー服と機関銃』がドラマ化され、映画で薬師丸が演じた星泉に抜擢された。それが終わると、十月から十二月まで『ねらわれた学園』で主演した。二作とも、原作とも映画ともかなり異なる、コメディタッチの学園ドラマで、相手役は高柳良一だ。

『転校生』を撮り終えた大林宣彦は角川春樹から、原田知世の最初で最後の映画を撮ってくれと依頼されていた。『時をかける少女』である。

第七章　頂点――一九八三年

当たる映画はアイドルとアニメばかりだと憤慨していた角川春樹は、アイドル映画で成功するとアニメにも進出した。

『幻魔大戦』――初のアニメ

角川映画初のアニメとして、三月十二日に『幻魔大戦』が封切られた。平井和正原作の大長編のアニメ化である。

『幻魔大戦』は一九六七年に平井和正と石ノ森章太郎（当時は「石森」だったが本書では「石ノ森」とする）の合作によるマンガとして「少年マガジン」に連載され、秋田書店から単行本が出ていた。「幻魔」とは、破壊のための破壊を続ける凶暴なエネルギー生命、ようするに宇宙全体の破壊者である。日本の高校生・東丈《あずまじょう》が超能力に目覚め、この幻魔と戦うために世界各地にいる超能力者を結集する。そして、いよいよ闘いが始まり、髑髏模様になっている月が地球に急接近し、その前に主人公の超能力者たちが立ちすくむシーンで終わっていた。

連載漫画は人気がなくなると打ち切られる。石ノ森の『サイボーグ００９』もファンの間での支持は高いが、連載時は人気がなかったので何度も打ち切られていたが、『幻魔大戦』もそのひとつだ。時代に早過ぎた作品だった。その後、平井と石ノ森は七一年に「ＳＦマガジン」に「劇画ノヴェル」と銘打って『新・幻魔大戦』を合作するがこれも中断した。

平井和正（一九三八〜二〇一五）も星新一、小松左京らと同世代の日本ＳＦ第一世代のひとりだ。中央大学在学中から小説を書いており、六二年に「ＳＦマガジン」にデビュー、六三年に原作を担当したマンガ『８マン』（画・桑田次郎）がテレビアニメ化されたこともあり大ヒットした。その後もマンガの原作を書くようになり、『幻魔大戦』もそのひとつだった。他に『スパイダーマン』（画・池上遼一）、『ウルフガイ』（画・坂口尚）の原作も手がけた。その『ウルフガイ』を七一年に小説に書き直して、ハヤカワＳＦ文庫から書き下ろしで刊行した。これは日本初の「文庫書き下ろし」とされている。

七九年に平井は『幻魔大戦』を小説として完成させたいと考え、徳間書店発行の「ＳＦアドベンチャー」で構想を新たに『真幻魔大戦』と題して連載を開始した。それと同時に石ノ森と合作したマンガ版『幻魔大戦』も小説にしようとなり、「野性時代」での連載が始まった。原稿用紙四百枚前後を一挙に掲載、翌月には角川文庫として刊行されるかたちをとり、ハイペースで二つの「幻魔大戦」が書かれていた。一方、石ノ森は平井とは別に独自の『幻魔大戦』を劇画として描いていくことになり、「幻魔大戦」はいくつもの世界が同時並行して存在するパラレルワールドとなっていた。

角川版『幻魔大戦』は当初は石ノ森との共作マンガ版のストーリーを小説として描いていただけだったが、文庫版第三巻の中盤あたりから、ストーリーが横道にそれ、いつのまにか主人公の東丈も姿を見せなくなってしまい、幻魔と闘うための組織が新興宗教となり、その内紛が描かれるようになった。これが後のオウム真理教に大きな影響を与えるが、それはともかくとして、角川文庫版も二十巻に達したところでまたも中断してしまう。話の収拾がつかなくなってきたのだ。続編は『ハルマゲドン』というタイトルになり徳間書店から出るがそれも中断する。アニメ映画公開時、角川文庫版『幻魔大戦』は十八巻まで出ていた。

八一年に、脚本家の内藤誠が東映の岡田茂社長に真田広之主演で『幻魔大戦』を映画化したいと申し出たところ、映画化権は角川が押さえていたので、角川に話が行った。

一方、『蔵の中』の脚本を書いた桂千穂は、同映画の打ち上げパーティーの席で角川春樹に『幻魔大戦』を映画化しないのかと尋ねた。

こうした二つの流れがあり、脚本は内藤と桂、さらに虫プロダクション出身のアニメ演出家・脚本家の真崎守が書くことになる。

角川は当初は実写で撮ることを考えたようだが、石ノ森とのマンガ版のラストの、月が髑髏になっているシーンが鮮烈に焼き付いているので、あれを表現するにはアニメのほうがいいのではないかと思い、初めてアニメ映画を製作することにした。

アニメ映画版ではキャラクターデザインを漫画家の大友克洋が担った。そのため、原作の石ノ森章太郎の絵はまったく採用されないことになり、石ノ森章太郎は「原作・製作」とクレジットされている。監督はアニメの専門家である、りんたろうに委ねられた。大友克洋にとって『幻魔大戦』は、『童夢』と『AKIRA』の間の時期の仕事だ。古谷徹、小山茉美、池田昌子らプロの声優と、江守徹、美輪明宏、白石加代子らが声優をしたが、映画デビュー前の原田知世もタオの役で出演した。

配給は角川映画としては初めて東宝東和に委ねられ、十億五千九百万円とまずまずのヒットとなった。「キネマ旬報」では評論家の票では圏外だったが、読者投票では十七位となった。

公開時の一九八三年春は、『宇宙戦艦ヤマト　完結編』『ドラえもん　のび太の海底鬼岩城』といった人気アニメシリーズに加え、高千穂遥原作、安彦良和監督のSFアニメ『クラッシャージョウ』も同時期に公開されていたが、『幻魔大戦』はアニメ映画としては同年首位となった。角川映画はアニメという鉱脈も掘り当てたかのように思われた。

角川春樹は自分を超能力者だと言うなど、かなりオカルトに傾斜していくが、それが公然化していくのがこの頃からだ。『試写室の椅子』でも『幻魔大戦』映画化にあたり、こう書く。

　映像も、活字も、音楽も、原点は神のための神事である。神のメッセージは、現代にあって、映画、テレビ、ラジオ、書籍、雑誌、レコード、ビデオ、ビデオ・ディスクといった多面的な手段を得るに至った。映画や出版は予言や警告を、マジョリティに伝えることができる。私は一人のプロとして、『幻魔大戦』を作品的にも、興行的にも、成功させる義務がある。と同時に、『幻魔大戦』を創ることそれ自体に出版人として、映画人として大きな使命と喜びを感じているのだ。

さらに、

建国記念の日に浴びた滝の霊力によって、私は、『幻魔大戦』が公開された三月十三日から十二月三十一日の間の、今年生れる少年の中に東丈は実在し、その少年が数えで十六歳を迎えた時、その時、地球はハルマゲドンに突入するというインスピレイションを受けたのだ。滝を出たあと、車の中でしきりに年数を確認してみると、それが一九九九年に該当すると解って愕然となった。ノストラダムスの大予言は、結果的に、私の予兆と一致したのである。

二〇一六年を迎えているのでハルマゲドンは到来しなかったわけだが、それも角川春樹によれば、自分が念じたからだとなるのかもしれない。

この『幻魔大戦』が公開された時、日本中に、己の魂に、霊性に目覚める少年少女たちが数多く出現するであろう。映画が完成した今、私は他の何よりも確信を持って、そのことを予言できるのだ。

この予言は、オウム真理教事件という形で実現してしまう。『幻魔大戦』の影響であの教団は運営されていったからだ。

『探偵物語』——映画のための書き下ろし

薬師丸ひろ子は玉川大学に合格し、それと同時に女優に復帰した。

雑誌「バラエティ」はこの年から「三人娘」のファンクラブ会報誌の要素が強くなる。それまでも薬師丸ひろ子が表紙になることは多かったが、全身あるいは上半身の写真で、表紙全体を使っていたわけでもない。だが、この年から「バラエティ」の表紙は三人娘の顔のアップ写真が続く。一月号は前年十一月発売なので公開直前の『伊賀忍法帖』のプロモーションをかねて、渡辺典子と真田広之のツーショットだが、二月号は薬師丸、三月号は渡辺、四月号は原田のアップで、五月号は再び薬師丸、六月号は渡辺、七月号は原田と繰り返す。だが、八月号の薬師丸の次は、九月・十月と原田が続き、十一月号は『里見八犬伝』での薬師丸のスチール、十二月号は原田となって、渡辺典子は消えてしまう。翌八四年になっても一月号は薬師丸、二月は原田、三月は三人娘ではなく早見優で、四月にようやく渡辺である。薬師丸はともかく、同じオーディションで選ばれながらも、優勝した渡辺典子は特別賞の原田知世に大きく水をあけられてしまう。

その原田知世人気が爆発したのが、『時をかける少女』だった。しかし、その前に同時公開の『探偵物語』から記していく。

まだ入学試験も行なわれていない、前年十一月の時点で薬師丸ひろ子の次回作は赤川次郎原作『探偵物語』と発表された。赤川は大学生になった薬師丸の主演で映画化という前提で、この小説を書き下ろし、カドカワノベルズから刊行されたのだ。赤川次郎にとって、映画化を前提に小説を書くのは初めてだった。以後、赤川次郎は原田知世のために『愛情物語』と『早春物語』も書くことになる。

相手役についても秋から検討されていた。配給する東映洋画部から松田優作はどうかと提案された角川春樹は、一瞬、考え込んだが、「面白い」と言った。一瞬の迷いは、松田が『蒲田行進曲』の銀四郎役を断ったことや、いろいろとトラブルの絶えない役者であることからだった。だが、角川が『汚れた英雄』の監督をすべきか迷っていた時に「やるべきだ」と奨め、撮影中に陣中見舞いをくれた唯一の俳優が松田だったこともあり、友情は続いていた。

松田優作は『人間の証明』『蘇える金狼』『野獣死すべし』に続き、これが角川映画の四作目となる。松田には『探偵物語』という同題の人気テレビ映画があったが、映画『探偵物語』はまったく別の作品だ。

八二年に松田は『蒲田行進曲』を断り、森田芳光の『家族ゲーム』に出た。この映画は八三年六月、『探偵物語』の直前に公開され、この年の映画賞を独占する。

『探偵物語』では、薬師丸と松田の身長差が三十センチあり、釣り合いが取れないことが話題というかセールスポイントともなったが、二人の年齢差も公開時点で十五歳あり（松田が三十三歳、薬師丸が十八歳で、映画のなかでも同じ設定）、普通の恋愛映画としては釣り合いが取れない。余談だが三十年後の二〇一三年に薬師丸はその松田の息子・松田龍平とNHKの連続テレビ小説『あまちゃん』で共演するが、龍平は『探偵物語』を撮影している時期に生まれている。

鎌田敏夫が脚本を書いたが、かなり難航し、撮影が遅れた（「映画芸術」九四年冬号の座談会で荒井晴彦は、鎌田が書いたものは採用されず、自分と高田純が書いたと明かしている。しかしクレジットは鎌田となっている）。

赤川次郎作品は「ユーモア・ミステリ」と呼ばれ、たしかに軽いタッチで会話が多い小説だが、ミステリとしての骨格は維持しており、『探偵物語』も殺人事件が起きて犯人探しをする物語だ。しかし映画では、そのミステリの要素はかなり希薄になっている。それでも、事件は起き、意外な犯人が明らかになるので、ミステリ映画とも言える。

八一年十二月の『セーラー服と機関銃』公開時、角川文庫に赤川作品は二点しかなかったが、一年半後の八三年夏には十二冊となっており、さらにカドカワノベルズからも新作七冊が出ていた。赤川次郎は角川書店の主力作家になっていた。

監督は新鋭・根岸吉太郎（一九五〇〜）である。早稲田大学第一文学部演劇科を卒業後、七四年に日活に入り助監督を経て、七八年からロマンポルノを十本ほど撮っていた。八一年に立松和平の小説を映画化した『遠雷』でブルーリボン賞などを受賞し、若手のひとりとして注目されていた。さらに長谷川和彦、相米慎二、高橋伴明らと映画の企画・製作者集団「ディレクターズ・カンパニー」を結成していた。直前の作品は『俺っちのウエディング』である。角川映画としては、相米慎二の起用で成功しているので、若い監督に薬師丸映画を託したのである。当初、森田芳光に打診されたが、『家族ゲーム』を撮ることが決まっていたので断られたともいう。

音楽監督は加藤和彦だったが、主題歌は松本隆と大瀧詠一に託された。薬師丸が唄う主題歌《探偵物語》は予約だけで六十万枚を突破し、五月二十五日の発売と同時にヒットチャートの一位を獲得した。最終的にはこの年だけで八十四万枚なので、聴いてもいないのに予約して買った人のほうが圧倒的に多かったことになる。恐ろしき人気である。

主題歌が先に大ヒットするなか、七月十六日、『探偵物語』は封切られた。『時をかける少女』との二本立ては二十八億四百万円の配給収入となり、角川映画最大のヒットとなった。しかし映画としての評価は期待したほどではなく、「キネマ旬報」では評論家二十五位、読者投票で十位だった。

『時をかける少女』——プライベート・フィルム

大林宣彦の回想によると、角川春樹はこう切り出した。

「原田知世というのがいます。実は、嫁にしたいくらい惚れているんです。恋愛映画には、戦争とか病気とか貧富の差とかいろんな『しばり』がありますが、歳の差がいちばん悲しいですね。息子の嫁にしようかとも思ったけど、それも、諦めました。それで、彼女に一本だけ映画をプレゼントして引退させようと思う」

その一作を大林に撮ってくれと言うわけだ。

「原作は、題名がいいので『時をかける少女』。舞台は尾道でお願いします、条件はこれだけです」

『時をかける少女』の原作者、筒井康隆（一九三四〜）もSF第一世代のひとりだ。小松左京、星新一と並び「SF御三家」と称された時期もあった。初期はパロディやスラップスティックなナンセンスSFを得意としていたが、やがて純文学がSFに近づくと、その境界を行き来する作家となる。筒井も眉村卓と同じように学年誌にジュブナイルSFを書いており、『時をかける少女』はそのひとつだった。一九六五年に学研の「中三コース」に連載されたものだ。角川文庫からは一九七六年二月に十冊目の筒井作品として出ていた。

大林の回想を続ける。

僕は尾道については『転校生』で終わっているので、二度も尾道で撮ろうとは思っていませんでした。でも、どうしてもと春樹さんが言うので、それなら、尾道で撮るけれど、海を撮るのはやめて山だけを撮ろうと決めました。

それから原田知世本人と会いました。華奢な子でしたね。でも、きちんと相手の目を見て、「おはようございます」と挨拶のできる子でした。僕は「知世はジュディ・ガーランドだ。ああいう古典的な女優に育てよう」と思いました。

あの映画は実は「角川映画」ではなく、「角川春樹映画」なんです。製作費の振込人は角川書店でも角川春樹事務所でもなく、春樹さん個人の名義でした。

それで僕は理解しました。この映画は、僕と春樹さんという二人の足長おじさん——というのはおこがましいので「胴長おじさん」——が原田知世にプレゼントする映画なんだ、そういうプライベート・フィルムなんだと。だから、角川春樹ひとりが観てくれれば、それでいい。観客動員なんて関係ない。それと、何十年後かに、僕も春樹さんも死んだ後、原田知世がひとりで揺り椅子に座って、少女時代を懐しんで観てくれればいい、そういう映画にしよう、と。そうとなれば、いまの若い人に理解されようとされまいと、自分たちが楽しめるものにしよう、それはなんだ、大正ロマンチシズムだ、となったんです。中原淳一の絵、中原中也の詩の世界です。

筒井康隆さんの小説『時をかける少女』はSFなんですが、春樹さんの言う「年齢差が恋愛におけるいちばん悲しいしばりだ」というテーマでもあったので、「時の壁」というしばりの恋愛映画として撮りました。SF映画を撮ったという意識はないんです。さらに言えば、筒井康隆さんの原作も純文学なんですね。僕はいいSFはみな純文学だと思っています。ところが、映画っていうのは純文学をやると文芸映画にしかならない。そこで文芸映画的に撮るのではなく、純文学として撮ろうと考えました。

実はタイムスリップのシーンは、映画ではなくスチールのカメラでコマ撮りで撮ったんです。あの映画は、おそらく世界で初めてスチールカメラでタイムスリップを撮ったSF映画。何十億も使って南極ロケまでした天下の角川映画が、一方では、スチールのカメラで撮影しているんだから、そこが面白いでしょう。まさにプライベート・フィルムなんです。それなのに、若者にも受けてしまったんですよ。

ヘアメイクは担当の人がいますが、イメージは伝えました。中原淳一だって。そして、カメラを正面から見つめて話せ、と言って撮りました。それも当時としては時代錯誤でしたね。知世がいまどきの芝居、つまり猫背っぽい動きをしたがるので、ハンガーを入れているようにして歩きなさい、と言いました。そうしたら、「窮屈です。木彫の人形のようです」と言っていたなあ。でも、それが狙いでした。去年、銀座で僕の映画の上映会のイベントに来てくれて、何年ぶりかで知世に会ったんです。

「いまでは、監督の演出がよく分かります。あの原田知世はいいですね。私じゃないけど」って。

あの映画は完全に僕と春樹さんの幻想の中の少女なんです。

（二〇一三年十月二十九日、著者によるインタビューで）

「原田知世は天才です」――『時をかける少女』撮影現場から大林宣彦が角川春樹へ出した手紙はこう始まり、「賢い天才です。真実の正統派です。原田知世は正統派のスターです」と続き、「一九五〇年代のハリウッド華やかなりし頃のイメージの、天才少女スターの誕生です。一瞬一瞬に驚嘆し、毎日興奮して演出しています」。

そして、大林は「スター誕生の神話に、いま立ち合っているのです」と宣言する。かくして角川は原田知世をスターにする義務を負うことになった。

映画が完成し、試写を観た角川春樹は無言だった。大林とは握手をしただけで、口にチャックをする仕草をした。というのも翌日、雑誌「野性時代」のために二人は対談することになっていたのだ。話はその時のためにとっておきたいと角川は思った。

そして翌日、角川は開口一番こう言った。

「監督、やりましたね」

角川は、日本映画の中で青春映画の傑作は少ないが、大林はその二本（『転校生』『時をかける少女』）を撮ったとし、傑作だと絶賛した。大林は二作のシナリオを書いた剣持亘にこう言ったという。『転校生』は空前の作品だとみんな言っていた。しかし、これはまた空前になったぞ」。

『時をかける少女』で大林はあえてカメラ目線で原田知世に台詞を言わせている。そのカメラのすぐとなりに大林はいて、「僕の目を見て話してご覧」と演出をした。当然、原田は大林をじっと見つめることになる。撮影中、それを見ていた角川春樹は「なぜ知世は大林さんをじっと見るんですか」と悔しそうに言った。そして、原田知世はこれで引退させるつもりだったはずが、次回作は自分が監督すると宣言した。『愛情物語』である。

かくして、角川春樹と大林宣彦という二人の、何よりも映画を愛する映画作家によって原田知世は見出され、女優としての道を本格的に歩むことになる。

松任谷由実が作詞作曲した主題歌《時をかける少女》は原田知世が歌い、五十六万枚のヒットとなった。

最初は『探偵物語』の「おまけ」の扱いだった『時をかける少女』は公開されるや逆転し、「キネマ旬報」のベストテンでも評論家で十五位、読者で三位となった。

『里見八犬伝』——大ヒット娯楽時代劇アイドル映画

原田知世は次の映画の前にミュージカル『あしながおじさん』で主演することになった。

一方、前年十二月の『伊賀忍法帖』以後、角川映画での出番がなかった渡辺典子は、急遽、十月に公開された映画『積木くずし』で不良少女役のヒロインを演じた。テレビでもこの役を演じた高部知子が映画でも演じる予定だったが、スキャンダルのため出演不可能となり、その代役がまわってきたのだ。

いまや日本映画界で最も客の呼べる薬師丸ひろ子は、正月映画の大作に出ることになった。角川春樹が『復活の日』と共に挙げていた、いつか映画にしたい作品、『里見八犬伝』である。監督は深作欣二が起用された。深作が角川と組んだ四作目、そして最後となる作品だ。角川映画としては久しぶりの大作となった。

角川春樹は劇場プログラムにこう書いている。

映画を文化として復活させることをテーマに、私が映画製作を始動して十年の歳月が流れた。その間、さまざまな試行錯誤があったが、角川映画と言えば、基本的に大作一本立てである。（略）十年前、映画製作に夢を抱いていた一編集者は、二つのプランを映画配給会社に提出した。ひとつは小松左京氏の『復活の日』であり、もうひとつはニュー時代劇としての『里見八犬伝』であった。莫大な製作費は当時の私には荷が勝ち過ぎたが、純文学からエンターテイメント路線に向かっていた文庫革命の中で、その二つは避けて通れない関門だった。『復活の日』を公開して三年、ようやくそれを凌ぐテーマの映画化に、私は燃えている。

『里見八犬伝』は伝統的に、その時代の最も人気のある役者によって支えられている。『里見八犬伝』はまた日本的ＳＦの原点である。『里見八犬伝』は常にアクション映画である。そして、なによりも日本人のロマンである。

こう書いて、角川春樹は宣言する。『里見八犬伝』は角川映画十年の総決算である、と。

かくして『里見八犬伝』は十二月十日、八四年の正月映画として満を持して封切られた。

この映画は曲亭馬琴の『南総里見八犬伝』の映画化ではなく、鎌田敏夫が書き下ろした『新・里見八犬伝』が原作で、鎌田自身が脚本を書いた。

というよりも、映画のためのシナリオをノベライズしたのがこの『新・里見八犬伝』だった。角川は鎌田に「『南総里見八犬伝』をベースに、モチーフとして『レイダース』があり『スター・ウォーズ』があり、『アメリカン・グラフィティ』があってほしい」と希望を出した。鎌田は、それをすべて汲み入れて第一稿を書いた。それをノベライズしたものなので、完成した映画とはだいぶ異なる。

鎌田の第一稿に、今度は深作欣二が加わり第二稿が作られた。この段階で深作は角川が希望した『レイダース』『スター・ウォーズ』『アメリカン・グラフィティ』のモチーフを削除し、『魔界転生』に近いどろどろした世界にしてしまった。角川はこれを拒絶、第三稿が作られたが第二稿と大同小異だったのでこれもダメ、第四稿が書かれたが、角川はいったん映画を中止すると告げる。そこで第五稿は鎌田一人で書くことになり、第一稿に近いものとなり、角川はゴーサインを出した。

映画公開時には原作はまだ文庫化されず、ノベルズ版が大々的に展開された。鎌田作品は他に『刑事珍道中』のノベライズとその続編の『さらば愛しき人よ』が文庫に、新作の『明治女探偵初登場』がノベルズにあるだけなので、もはやひとりの作家をトータルで売り出す戦略は放棄されている。角川春樹としては単純に映画人として娯楽時代劇としての「八犬伝」を作りたかったのだ。それができるだけの財力を角川春樹事務所は蓄えていた。

角川が言う、「その時代の最も人気のある役者」として薬師丸ひろ子が主演で、馬琴の原作にはない静姫を演じた。静姫は伏姫の姪という設定で、本来の『里見八犬伝』のヒロインである伏姫は絵で登場するだけで松坂慶子が声だけ出演した。そしてアクション映画であることから、千葉真一率いるジャパン・アクション・クラブが主体で、八人の「光の戦士」には真田広之、千葉真一、志穂美悦子、寺田農、京本政樹、苅谷俊介、福原拓也、大葉健二らが扮した。敵役は夏木マリと目黒祐樹。原作に「官能伝奇ロマン」と銘打たれていたように、かなりエロチックなシーンもあったが、それは薬師丸ではなく、夏木マリが担った。

時代劇の「お姫様」は、基本的に悪人に追われ、捕まって人質になって、助けられるのを待つ役だ。この映画の薬師丸も同じで、主役として出ているのだが、受け身なので印象が薄い。薬師丸でなければできない役ではなく、むしろ渡辺典子に向いていた。実際、当初は渡辺に決まりかけたが、人気の点で薬師丸が起用された。

製作費は十億円、社会的テーマなど何もない、純然たる超娯楽大作だ。配給収入は二十三億一千万円で、八四年度の日本映画のトップとなった。ビデオも五万本を売り、薬師丸ひろ子人気のすさまじさを物語る。

しかし深作作品としては評価が低く、「キネマ旬報」では評論家で五十位、読者で十五位となった。その意味でも、「角川映画らしい」大作だ。

八二年暮れに公開の『汚れた英雄』『伊賀忍法帖』は興行成績の集計では八三年度に含まれるのだが、これを含め、『探偵物語』『時をかける少女』、『幻魔大戦』と三番組が八三年の興行ベストテン入りし、さらに八三年暮れに公開の『里見八犬伝』は翌年の興行成績第一位となる。

しかし『探偵物語』『時をかける少女』は角川映画としては最高の二十八億円の配給収入を挙げながらも、八三年の一位にはなれなかった。フジテレビが製作した『南極物語』がその倍の五十六億円の配給収入となったのだ。

フジテレビは一九六九年にテレビ局としては初めて映画製作に乗り出し、同社のディレクターだった五社英雄を監督にして『御用金』と『人斬り』の二作、七一年には舛田利雄監督の『暁の挑戦』を製作したが、メディアミックスと呼べるようなものではなかった。以後は映画製作から手を引いていたが、角川映画の成功に刺激を受けて、本格的に映画製作に乗り出したのだ。

メディアミックスで映画をヒットさせる手法を確立した角川映画は、テレビ・ラジオ・新聞・出版を持つフジ・産経グループが総力を挙げて自社媒体で宣伝した『南極物語』に完敗したのである。角川は媒体に金を払って宣伝するが、フジテレビは媒体そのものだ。宣伝力で勝てるはずがなかった。

角川映画は追われる立場となり、そしてあっさりと抜かれてしまった。角川が持っているのは、豊富な原作と三人娘、そして角川春樹のみだ。頂点を極めながらも安泰はできない。闘いは続く。

第八章　明暗――一九八四年

この年に公開された角川映画は九本だった。アニメ『少年ケニヤ』のみが一本立てで、それ以外は二本立てなので興行としては五興行で、いずれにしても過去最高の本数だった。そして三人娘がフル稼働した、唯一の年となる。

大林宣彦は『時をかける少女』を前年（八三年）春に撮影した後、福永武彦の『廃市』を映画化していた。これは総製作費二千万円の自主製作映画で、柳川で撮影された。それを終えると大林は、角川春樹からの依頼で原田知世主演『天国にいちばん近い島』のための準備に入っていたが、その前に公開されたのがアニメ『少年ケニヤ』である。

『少年ケニヤ』――「忘れられた巨匠」再び

三月十日、角川映画のアニメとしては第二弾となる『少年ケニヤ』が封切られた。山川惣治をリバイバルさせようという角川書店の戦略の一環としてのアニメ化で、大林宣彦が監督として起用された。大林にとって初めてのアニメである。

現在の角川グループからは想像もつかないが、一九八〇年代に入った時点の角川書店には、初代社長角川源義時代からの「俳句」「短歌」と、角川春樹が主導して創刊した「野性時代」「バラエティ」しか雑誌がなかった。しかし八二年九月に角川歴彦が主導して「ザテレビジョン」を創刊したのを皮切りに、続々と雑誌を刊行していく。

角川書店が週刊誌を、それもテレビ雑誌を出したことに出版業界では揶揄する声が上がった。というのも七六年の角川文庫のキャンペーンのキャッチコピーが「女性よ、テレビを消しなさい　女性よ、週刊誌を閉じなさい」だったからだ。

続いて八三年五月には女性文芸誌「月刊カドカワ」、九月には文庫サイズの判型の月刊誌「小説王」、そして十一月にはパソコンゲーム雑誌「コンプティーク」が創刊され、角川書店は「雑誌の時代」に突入する——わけだが、どの雑誌も創刊当初は売れず、苦労した。そのなかで最も短期、一年三カ月・十五号で終わってしまったのが「小説王」だった。しかし雑誌としては失敗に終わるが、この雑誌から荒俣宏の『帝都物語』や羽山信樹『流され者』などが生まれている。

「小説王」の目玉は山川惣治の新作の掲載だった。そう、この雑誌は山川惣治リバイバル・プロジェクトのひとつとして創刊されたのだ。

山川惣治（一九〇八～一九九二）は戦前は紙芝居作家として活躍した。その時のヒット作が『少年王者』で、それを戦後の一九四七年に絵物語に描きかえて集英社から出すと、三十万部のベストセラーになった。さらに五一年十月から「産業経済新聞」（産経新聞）に『少年ケニヤ』を連載すると、発行部数五万部だった同紙が二年で二百万部になるなど、山川は当時の少年たちに絶大な人気があった。山川作品は映画化もされ、テレビドラマにもなった。これらの作品は山川自身が語るには、敗戦後、「どんな苦しさにも負けないで、正しく勇ましい日本の子供になっていただきたいと願いながら」描いたものだった。角川春樹はこの山川惣治全盛期に少年時代だったのである。

そんな人気作家だったが、山川の絵物語はマンガが隆盛となるにつれて読まれなくなっていく。山川は自分だけでなく「絵物語」というジャンル全体の復権を賭けて、私財を投じて出版社タイガー書房を設立し、絵物語雑誌「ワイルド」を六七年に創刊した。しかし大手出版社が手を引いたジャンルに零細版元が挑んでも無理だった。「ワイルド」は十七号で廃刊となり、タイガー書房も倒産、山川は巨額の負債を抱え絵物語作家を引退した。そして横浜にレストラン「ドルフィン」を経営して暮らしていた。松任谷由実の初期、荒井由実時代の《海を見ていた午後》に「静かなレストラン」として出てくる「山手のドルフィン」はこの店のことだ。

ドルフィンを経営しながら引退生活を送っていた山川だったが、『少年王者』や『少年ケニヤ』が豪華復刻版として刊行されたり、五二年に描いた『荒野の少年』が七一年から「少年ジャンプ」で『荒野の少年イサム』として川崎のぼるによって劇画化されるなど、散発的にリバイバルしていた。

八二年秋、ドルフィンが手形詐欺にあい破産、山川は苦境に陥った。一家は離散し、山川は住居を転々とした。それを知った角川春樹が山川惣治を救済するため、角川文庫で山川作品を復刊させようと決めた。角川は住む場所のない山川夫妻と次女のために新宿区にマンションまで用意した。義侠心あるいは親切から出たことではあったにせよ、印税を担保とすればよいのだから、ビジネスでもあった。本が売れればその印税から、それまでの経費は引けばいい。元は取れるだろう。なにしろ山川作品は膨大な量がある。『少年ケニヤ』だけでも文庫版で全二十巻、つづいて刊行される『少年王者』も全十巻だ。他にも膨大な量の作品がある。売れれば何十冊でも出せる。かくして山川の旧作を角川文庫として出す準備と、新作の発表の場として「小説王」の創刊も決まる。

角川書店にいた佐藤吉之輔によれば、角川に山川惣治のリバイバルと「小説王」創刊を提案したのは、マガジンハウスで「ブルータス」編集長だった森永博志だった。森永の提案が編集部を経て社長の許へ上がり、即断即決となったのであろう。

八三年九月、「小説王」が創刊され、同月に『少年ケニヤ』の第一巻から第四巻までが一挙に角川文庫として刊行され、以後毎月数冊ずつ全二十巻が出た。

さて――山川惣治をブームにするには新雑誌と旧作の角川文庫発行だけでは不足していた。映画化が必要だった。ここにきて再び、角川映画は角川文庫拡販のための映画作りという原点に戻る。

角川春樹は『少年ケニヤ』の劇場プログラムにこう書いている。

三十年ぶりに、再び読んでみた。面白かった。少年時代に胸ときめかせた想いは、いま山川惣治に接しても失われなかった。それは、驚きでもあり、発見でもあった。本当に面白いものは、年月を超えてもなお面白いものだ。横溝正史が復活したように、山川惣治は復活する、と自分は思った。

そして前年のアニメ第一作『幻魔大戦』は「想念の世界」だったが、『少年ケニヤ』では「冒険の世界」を描くことにしたという。山川惣治の復活は「愛と勇気と友情」の復活でもあり、それが「私の現代という時代への、もうひとつのメッセージ」だという。

主人公の日本人少年には高柳良一、その恋人になる白人の美少女には原田知世が声優として起用され、阿木燿子作詞・宇崎竜童作曲の主題歌『少年ケニヤ』は渡辺典子が歌い、これが彼女の歌手デビューとなり、映画封切りよりも前に一月一日に発売されると二十三万枚のヒットとなった。

監督を引き受けた大林宣彦は「初めてのアニメ」と言われることに対し反発し、アニメも実写も関係ない、自分にとって映画とは「動かないものに息を吹き込む」ことなので、その意味ではすべての映画がアニメーションだと言う。

アニメ『少年ケニヤ』には大林というアニメの素人ならではの大胆な試みがなされ、大々的に公開される大衆向き作品ながらも実験的・前衛的という、角川映画と大林映画の特徴が出たものとなった。細かくなるが、セルの裏からではなく表から絵の具を塗ることで輪郭線を排したり、突然絵から色彩がなくなり白地に描線のみになったり、山川の絵の緻密なペン画イラストをアニメで再現したり、背景をサイが突き破って飛び出てくるなど、「映像の魔術師」の異名をとった大林ならではのアイデアに溢れている。

しかしそういう手法的な前衛性・実験性はマニアしか理解できない。一方、物語は普遍的な愛と勇気と友情のドラマだが、アナクロでもある。ヤマトやガンダムで謀略や裏切りのドラマの面白さに興奮していた青少年には、いまさら愛と勇気と友情でもなかった。さらに、この八四年春は、『風の谷のナウシカ』が公開され、アニメファンの話題はこちらに集中した。

『少年ケニヤ』はアメリカの短編アニメ『スヌーピーとチャーリー』と二本立てで封切られ六億五千万円の配給収入となったが、「キネマ旬報」のベストテンでは評論家・読者投票とも圏外に終わった。

『晴れ、ときどき殺人』――渡辺典子・赤川次郎シリーズの始まり

五月二十六日、渡辺典子主演の『晴れ、ときどき殺人』と、『湯殿山麓呪い村』の二本立てが封切られた。監督は、前者が井筒和幸、後者が池田敏春――二人ともディレクターズ・カンパニーのメンバーだ。

ディレクターズ・カンパニーは一九八二年に当時の若手映画作家たちが、自分たちで作りたい映画を作ろうということで結成した映画製作会社だ。メンバーは長谷川和彦、石井聰亙、大森一樹、黒沢清、井筒和幸、池田敏春、相米慎二、高橋伴明、根岸吉太郎

ら戦後生まれの世代だった。角川映画も非大手映画会社なので、敵の敵は味方という関係から、彼らの多くが角川映画で撮る。

角川映画に関わった映画作家は、深作欣二や大林宣彦のような一九三〇年代生まれと、五〇年代生まれとに偏る。ディレクターズ・カンパニーのメンバーでも長谷川和彦（一九四六〜）のように一九四〇年代生まれは参画しない。角川春樹への拒絶反応がこの世代は強いようだ。しかし、その下の五〇年代生まれ、つまり団塊の世代以降となると、角川アレルギーはない。映画を「藝術運動」としてしか捉えられない世代と、ビジネスと割り切り、いかに面白いものを作るかに興味のある世代との違い——単純に言うと、そうなる。

井筒和幸（一九五二〜）は映画好きな青年で、七五年に自主制作したピンク映画『行く行くマイトガイ　性春の悶々』で監督デビューして注目された。その後ピンク映画を何本か撮っていたが、八一年に島田紳助・松本竜介主演の『ガキ帝国』を一般映画として初めて撮るとヒットした。八三年にはあだち充のコミックを原作とした『みゆき』を撮り、アイドル映画も撮れることを示した。そこで、角川映画は井筒を起用することになった。

現在の井筒は辛辣な時評でも知られているが、映画への愛着があるがゆえに、その映画批評もかなり辛辣である。角川映画にも批判的で、『ガキ以上、愚連隊未満。』では、たとえば『復活の日』について「確率ゼロの奇跡のおとぎ話を、深作欣二が撮ったのは、ファンはツラかった」と書いている。

大林宣彦も語っているが、角川映画への映画界での反発は根強いものがあり、とくに大手映画会社から離れたところにいる映画作家たちは、大金を使って宣伝することへの嫌悪感から、角川から話が来ても絶対に撮らないと公言している者がいた。しかし、井筒は引き受けた。井筒はこう語る（「関西ウォーカー」二〇一四年二月十日号）。

売名行為ですよ。あの頃はみんな名前を売りたかったから。来るもんは拒まず、なんでも来いって。

でも、若松孝二さんとかは「角川では絶対に撮らない」と言っていたね。他にもそういう人、多かった。僕が撮ると、「井筒は角川に迎合した」とか言ってる連中もいた。僕はもう「何をぬかしてんだ！」、「なんでもやるんだ！」って思ってた。先輩はともあれ、「俺らが撮ったら、オモロイんちゃうの？」っていう自覚だけがあった。

だいたい、『晴れ、ときどき殺人』は赤川次郎さんの原作そのものが、オモシロおかしいだけで、その「だけ」だからいいわけでしょう。だったら、オモロシおかしく作りましょうってことだよ。ドタバタ・アイドル・ミステリー。ドタバタに徹してやろうって。

渡辺典子主演は井筒に打診される前に決まっていた。

選択の余地無し。「井筒ちゃん、ちょっと典子、頼むわ」てな感じ。「あの子、ちょっと頑張らしてよ」みたいな。それ以上はなかった。

渡辺典子は目鼻立ちのしっかりした、オキャンな感じの子でしたね。三人娘のなかでは地味だったけど、それは薬師丸ひろ子が先に群を抜いて出てたからでしょうね、僕はあんまり、ひろ子に興味がなかったんで、最初、角川映画から話があった時は、薬師丸ひろ子かな……と戸惑っていたんですよ。だから、渡辺典子でよかった。

渡辺典子は八二年十二月公開の『伊賀忍法帖』でデビューした後は、八三年秋に映画『積木くずし』、八四年一月に四回にわたって放映されたテレビ映画『探偵物語』（薬師丸ひろ子主演で映画化された赤川次郎作品のドラマ化）に出ただけだった。このテレビ版『探偵物語』はディレクターズ・カンパニーの高橋伴明が監督した。

角川春樹は「八四年は渡辺典子の年にする」と宣言し、彼女の応援団としてプッシュマン軍団というのを結成、その軍団長としてこう語った。

「時間はかかるかもしれない。けれど一つ一つじっくり取り組んでみなさい。必ず光ると信じているから。今年は、プッシュマン軍団長としても、典子をプッシュする！」

「バラエティ」八四年五月号では渡辺典子の特集が四十頁にわたり組まれた。そこには『伊賀忍法帖』でのお姫様、『積木くずし』での不良娘、テレビ『探偵物語』での金持ちの令嬢と役柄がめまぐるしく変わったことで、渡辺典子のイメージが決まらないと指摘されていると書かれている。薬師丸ひろ子は、その内容はともかく、『翔んだカップル』『ねらわれた学園』『セーラー服と機関銃』の三作で「高校生」と固定化されていた。薬師丸は何を演じても薬師丸ひろ子であり、原田知世もまた何に扮しても原田知世だった。しかし渡辺典子は演技力があったので、その役になりきり、結果として渡辺典子本人が消えてしまった。そして彼女は演技派女優になるには美形過ぎた。

さまざまなキャラクターを演じさせ、ひとつのイメージに固定化させないのも戦略のひとつである。「バラエティ」によれば、「渡辺典子にさまざまな可能性がありそう」だから、あえて全く違う役柄に挑戦させるのだという。かくして『晴れ、ときどき殺人』は、コンツェルン経営者の娘で、アメリカに留学していたという役柄である。

赤川次郎の『晴れ、ときどき殺人』は一九八二年十月にカドカワノベルズとして刊行された。以後、渡辺典子主演作品は『いつか誰かが殺される』『結婚案内ミステリー』と赤川次郎原作が続くが、どれも渡辺典子のデビュー以前に書かれたもので、彼女のために書き下ろされたものではない。この点でも、薬師丸の『探偵物語』、原田の『愛情物語』と『早春物語』が彼女たち主演で映画化される前提で書かれたのと異なる。

薬師丸や原田の赤川原作映画がミステリとしての要素が希薄なのに対し、渡辺典子が出た作品群はミステリ映画として作られていた。『いつか誰かが殺される』もドタバタの青春コメディのようでいて連続殺人事件の犯人は誰かという話がきちんと描かれ、犯人も「意外な人物」である。

映画公開時、角川文庫の赤川次郎作品は十九冊となっていた。前年夏の『探偵物語』公開時には十二冊だったので、半年で七冊増えている。他にカドカワノベルズからも八冊（二冊は文庫と同じ）出ていた。渡辺典子のブームは来ないが、赤川次郎は確実にブームとなっている。

薬師丸ひろ子、原田知世にならい、主題歌《晴れ、ときどき殺人》も渡辺典子自ら歌った。阿木燿子作詞・宇崎竜童作曲によるもので、十五万八千枚の売り上げだった。まずまずの売り上げではあるが、デビュー曲《少年ケニヤ》よりも落ちてしまった。

『湯殿山麓呪い村』――伝奇ミステリ映画の系譜

『晴れ、ときどき殺人』と二本立てで公開されたのが、『湯殿山麓呪い村』である。ベテラン作家の山村正夫の原作だ。考古学が専門の大学講師が山形県の湯殿山麓に眠る幽海上人の即身仏を調査していると連続殺人が起こるという話だ。ようするに横溝正史的世界を描いた「本格伝奇推理小説」で、前年の『この子の七つのお祝いに』もそうだが、角川映画としては横溝的な伝奇ミステリを常に提供したい考えがあったようだ。

山村正夫（一九三一～九九）はミステリ界では知られていたが、それほど知名度がある作家ではない。一九四九年、十七歳で推理小説専門誌「宝石」にデビューした早熟の人で、江戸川乱歩、高木彬光らと親しくなり内外タイムスで記者をした後、作家専業となった。ジュブナイルものも多く書いていた。『湯殿山麓呪い村』は角川書店から一九八〇年九月に刊行され、その年の角川小説賞を受賞した。同時に受賞したのが赤川次郎の『悪妻に捧げるレクイエム』だ。まだ『セーラー服と機関銃』が映画化される前だが、すでに角川書店は赤川次郎に力を入れようとしていたのだ。

山村正夫は作品数は多いが、映画公開時に角川文庫から出ていたのは、この『湯殿山麓呪い村』の上下と『ボウリング殺人事件』しかなかった。これでは単独のフェアはできない。

監督は若手の池田敏春（一九五一～二〇一〇）だ。早稲田大学在学中から石原プロモーションで助監督として働き、卒業後に日活に入り、『探偵物語』を撮った根岸吉太郎と同期になる。一九八〇年に『スケバンマフィア・肉刑・リンチ』で監督としてデビューし、八二年の『天使のはらわた　赤い陰画』がロマンポルノの枠を超える猟奇性で話題となり、これを最後に日活を退社し、ディレクターズ・カンパニーに参加した。そのディレクターズ・カンパニーの第一作が池田の『人魚伝説』だった。

『湯殿山麓呪い村』の主演は永島敏行、永島暎子、仙道敦子といった、実力はあるが地味な顔ぶれだった。

人気スター、人気アイドルが出ないこともあって、ディレクターズ・カンパニーの二人によるミステリ二本立ては興行的にはふるわず、三億九千万円の配給収入に終わった。角川春樹はこの二作の劇場プログラムには何も書いていない。

「キネマ旬報」ベストテンでは、『晴れ、ときどき殺人』が評論家で三十八位、読者は圏外、『湯殿山麓呪い村』は評論家が六十九位、読者は圏外に終わった。池田の『人魚伝説』がこの年の十六位なので、金をかけた大作のほうが作品的には失敗したことになる。角川映画の伝奇ミステリは以後しばらくなくなり、九一年の『天河伝説殺人事件』まで待たねばならない。

それでも角川春樹は、少なくとも井筒の仕事には満足し、角川映画十周年記念作品を撮るよう依頼する。

『メイン・テーマ』——予定されたヒット作

七月十四日、満を持して薬師丸・原田の二本立て、『メイン・テーマ』と『愛情物語』が封切られた。配給は東映だ。

『メイン・テーマ』は片岡義男原作とされているが、カドカワノベルズから出された小説版『メイン・テーマ』と映画とはほとんど別の作品だ。片岡義男は角川映画で自分の小説が映画になったことについて「ぼくの小説をきっかけにして」製作されたと書いているので、本人も小説の「映画化」とは思っていないし、そういうものだと割り切っている。

『メイン・テーマ』の監督、森田芳光（一九五〇～二〇一一）は片岡義男が見出した映画作家だった。片岡は七八年に映画雑誌「キネマ旬報」に、映画の感想とも批評ともつかない一文を書いた。『「ライブイン茅ヶ崎」に感動した』というタイトルだ。エッセイのタイトルとしてはストレートというかベタというか、あまりにも芸がないが、それだけ感動したということなのだ。この『ライブイン茅ヶ崎』こそ、当時無名の映画青年だった森田芳光が撮った8ミリの自主制作映画だった。

森田の8ミリ映画を片岡があまりにも褒めるので角川春樹は観たくなり、日本ヘラルド映画の試写室で森田も同席して観ることになった。片岡は森田を監督に使えと言ったが、角川は「面白いけど、8ミリではダメだ」と断った。しかしその時ヘラルドの原正人も同席していたので、森田は次に考えている映画について原に相談した。その時は何も決まらなかったが、この縁で八一年の森田の劇場映画第一作となる『の・ようなもの』はヘラルドが配給する。資金は森田が集め、ヘラルドには配給だけ依頼した。落語の世界を題材にしたこのコメディ青春映画は、公開されるや絶賛され、森田は一躍、自主映画出身の監督として注目された。さらにシブがき隊のアイドル映画とロマンポルノを撮った後の八三年、『家族ゲーム』を撮ると、その年の映画賞を独占した。片岡の感性を信じて、『ライブイン茅ヶ崎』の時点で角川が起用していれば、角川映画の評価も違っていたかもしれない。

遅くはなったが角川が森田に打診したのは、『探偵物語』の時だった。しかしちょう

った。

　森田は、一度は断られた角川からの依頼に、「決着をつけよう」という意気込みで『メイン・テーマ』に臨んだ。さらに、同世代の相米慎二と根岸吉太郎も薬師丸主演で撮っているので、負けてはいられないというライバル心もあった。角川からは薬師丸主演と片岡義男の原作という以外は何の注文もなく、原作も自由に変えていいとのことだった。シナリオは森田が書き、登場人物の名前もすべて変えてしまい、ストーリーも原作とは異なるものとした。

　角川春樹はこのシナリオを絶賛した。「久しぶりに期待以上のワクワクさせられるシナリオだった。これはまさしく完璧に森田君の世界なんだよ。演出をするということは、原作を含めて何もかも自分に引き寄せることなんだね」と「バラエティ」での森田との対談で語っている。角川映画でシナリオを一発でOKしたことは一度もなく、これが初めてだとも言った。

　しかしこのシナリオは、上映時間一時間四十分と決められているのに撮ってみたら二時間半になり、かなりカットしたため話が分からなくなったと森田は後に語っている。

　森田は相米慎二と根岸吉太郎が撮った薬師丸映画のほうが面白かったと負けを認めている。そして以後この二人に勝ちたいとライバル心を燃やす。

　その森田芳光にライバル心を燃やしていたのが、他ならぬ角川春樹だった。同時上映角川と森田は予算も上映時間も同じにしてどちらの映画がいいか勝負をすることになる。

森田は「与えられた条件の中で、自分の持っている感性を出してこその勝負。だから、枠組がきっちり決まっているから、ありがたい」とこの勝負を受けて立った。

しかし、『メイン・テーマ』は予算をオーバーしそうになる。沖縄にロケしたのだが、天候に恵まれず、撮影できない日が続いたのだ。自分の映画を撮影中の角川春樹が「森田のほうは雨が降ればいい」と言っていたとの噂が沖縄にまで届く。「沖縄は雨です」と報告を受けた角川が「そうか」と喜んだとも伝えられた。これを聞いて森田は「ひどいな、プロデューサーなのに」と思うが、『愛情物語』が予算をオーバーしてくると、角川は『メイン・テーマ』の予算も増やし、同額で作るというルールを守った。

薬師丸ひろ子は六月に二十歳になった。

この映画では薬師丸の相手役が公募され、二万三千四百八十六人の応募者があり、十八歳の野村宏伸が選ばれた。高柳良一に次ぐ、角川の青年俳優だ。他に桃井かおり、財津和夫が重要な脇役として出ていた。

主題曲《メイン・テーマ》は松本隆作詞・南佳孝作曲で、薬師丸が歌い、五十一万二千枚が売れた。「愛ってよくわからない」「傷つく気持ちが素敵」という、松本隆ならではの逆説的ラブソングとなっている。

片岡義男の小説『メイン・テーマ』はこの時点でカドカワノベルズから二巻まで出て

いた。当初の構想では十巻の長編になるということだったが、三巻で中断したままだ。この時点での角川文庫の片岡作品は三十四点になっている。

映画は、薬師丸と野村がホテルに着いたところで終わる。スクリーン上では、薬師丸の処女は守られたままだ。

『愛情物語』——主演女優への愛情

赤川次郎は「野性時代」に八三年七月号から十二月号まで「カーテン・コール」の題で十六歳の少女を主人公としたミステリを連載し、終了と同時に十一月にカドカワノベルズから発行される際に『愛情物語』と改題した。原田知世主演で映画になる前提で書かれたものだ。原田が二歳からバレエをしていたのを受け、『愛情物語』のヒロイン美帆はミュージカル・スターを目指しているという設定だ。

角川文庫の赤川作品は春の『晴れ、ときどき殺人』公開時からさらに増えており、二十点に達していた。光文社のカッパ・ノベルスから出ていた「三毛猫ホームズ」シリーズの第一作『三毛猫ホームズの推理』も最新刊として角川文庫から出た。片岡義男の三十四点と共に、書店では赤川次郎作品が大展開されていく。

しかし、赤川の原作があくまでもミステリだったのに、映画『愛情物語』はミステリの要素がなくなっている。さらには青春物語としての要素も希薄で、ストーリーはあるようなないような、原田知世のプロモーション・フィルムのようなものとなった。

冒頭とクライマックスのダンスシーンは長く、凝っている。日本映画としては画期的なミュージカル・シーンだ。劇中の原田のレッスンシーンはアメリカ映画『フラッシュダンス』の影響が明白だが、それゆえに、『フラッシュダンス』では吹き替えだったダンスを原田知世が自ら踊っていることが強調されている。角川は『フラッシュダンス』を観て、先を越されたと悔しがったという。

ミュージカル・シーンは、アメリカで三大振付師の一人とされているミゲール・ガドリューを招聘し、さらにニューヨークから呼ばれた三十五名の黒人ダンサーを含む数十名が演じる本格的なものとなった。

このように『愛情物語』は日本初の本格的ミュージカルでもあるのだが、ハリウッドのミュージカル映画のように、台詞の代わりに唄うことはない。

監督は二作目となる角川春樹だ。オーディションで原田知世を見出した本人でもある。薬師丸ひろ子を才能ある若い映画作家・森田芳光に委ねると、角川は自ら原田を磨き上げることにしたのだ。クランクインの日、スタッフの前で角川は「森田にだけは負けるわけにはいかない。俺のプライドが許さない」と言った。これにスタッフも燃えて、森田への対抗心を燃やした。

前年『時をかける少女』の完成試写会の翌日に大林宣彦と対談した際、角川春樹は最初にこう言って握手を求めた。

「監督、やりましたね」

そしてこの年、『愛情物語』完成後、二人はまた対談した。今度は大林が角川に言った。

「監督、やりましたね」

そして二人は握手をし、以後、原田知世賛辞の応酬が続く。

大林　よくインタビューなんかで、知世のことを喋っているとこちらも安心して喋ってしまって、ふと気がつくとね、待てこれは愛の告白じゃないかと（笑）、ただ相手が三十歳もちがうから安心できるのであって、同年輩の女優だったらえらいことで。
角川　そりゃえらいことになりますね。
大林　ゆかいですね。
角川　私も「野性時代」に原稿を書いたんですね。これは知世に対する思いを書いたんです。これが気づいてみると、もうまるでラブレターなんですよ（笑）。これは十六歳の少女だから安心してラブレターが書ける。
大林　まったく同じ心情ですね（笑）。

そして、角川は『時をかける少女』を観て何度も涙を流したと告白する。

あるいは『愛情物語』撮影中、片岡義男が陣中見舞いに来た時のことを、角川はこう記す。

知世は赤い自転車から降りて作家に短い挨拶を送った。知世のこぼれるような笑顔に、片岡氏は、

「きれいだねえ」

と、一言だけ返した。照れくさそうに下を向いてしまった知世が去ったあと、再び片岡氏は、

「角川さん、彼女に惚れてるでしょう」

そんなことはないと言下に答え、続けて、自分の子供より年下なんだから、と言い添えた。しかし、そんなことを片岡氏に指摘されて間もなく、そうか、俺は知世に惚れて映画を撮っていたのかと、ひとりで感じ入ってしまった。

(『試写室の椅子』)

惚れられた原田知世はありがた迷惑だったかもしれないが、少なくとも、悪い気はしないだろう。問題は、三人娘の残りの二人がどう感じたかだ。映画作家として角川が一人の女優に夢中になるのはいいとして、映画会社の社長が専属女優の一人にこんなにも夢中になってしまってよかったのか。その答えは、やがて出る。

自ら監督した『愛情物語』で角川は、原田知世と自分の妹とを重ねる。映画では、原

田知世演じる少女は父親探しをしている。彼女が自分の父親ではないかと思って近づく中年男を渡瀬恒彦が演じる。渡瀬は最初は知世のことを邪魔に思いながらもやがて一緒に旅するが、その理由として、彼には知世と同じ年頃に自殺した妹がいることが明らかになる。実は角川の妹も十七歳で自殺しているのだった。

角川は撮影に入る前の森田芳光との対談で「自分の妹は昭和四十五年の五月に自殺したんですが、そのことから自分が未だに抜けきっていないわけですよ。その話にしようと思って。なぜその〝あしながおじさん〟が主人公に力を貸そうとするのか、それは妹に死なれてしまったという贖罪意識がズーッと未だにある、それを観客に納得させるのは私の力だと思う」と語っている。

森田からは「そういうこだわりは気をつけてください。それが一番落とし穴ですから」と忠告されているが、角川は「私小説を書くつもりはないから」大丈夫だと言っている。森田はさらに「ダメですよ。情念を持ちこんで受けようというのは。映画のデザインとして面白ければいいいですけど。これはもうお分かりになってると思うけど、プロモーション・フィルムを作るつもりでやったほうがいいと思うんですよ」と念を押す。

完成後の大林との対談で角川は「この映画には自分の妹への思いがこめられていますす」と語り、「だから自分の思いをなるべくベタつかせずにやる方法はないかと考え、かなりデザイン化して表現しました」と意図を明かす。「デザイン化」というのは森田の忠告から脳裡に刻まれた言葉であろう。

大林は「それが見る者に感動を与えます」と応じ、ダンスシーンのオプチカル処理を非常に見事だったと絶賛し、それゆえに、自分が次に撮る『天国にいちばん近い島』では「オプチカルを全部外すことにしました。これは私の挑戦ですよ」と笑う。

角川は「そういうキャッチボールって楽しいですね。私は大林さんにいちばん友情を感じますよ」と楽しそうだ。大林が次の『天国にいちばん近い島』では原田の発声を鍛えるつもりだと言うと、角川は、原田知世が十八歳になったらもう一度自分が撮ると意欲を燃やした。しかし、それは実現しない。

康珍化作詞・林哲司作曲の主題曲《愛情物語》は原田自身が歌い、三十二万一千枚が売れた。

ヒットすることが約束されていた『メイン・テーマ』と『愛情物語』だったが、当初目標の三十五億円――前年の二本立てが二十八億円だったので二十五パーセント増――の約半分の十八億五千万円の配給収入に終わった。ヒットしたことは間違いないが、前年よりも十億円のマイナスだ。

同時期に公開された映画でこの夏最大のヒットは『インディ・ジョーンズ　魔宮の伝説』だが、それでも三十一億七千六百万円(同年一位)なので、客を取られたわけでもない。むしろ前年夏のほうが、同時期に五十六億円という『南極物語』と三十七億二千万円の『スター・ウォーズ　ジェダイの復讐』があった。この大作と競い合っての二十八億円は立派だった。そうした強敵がないにもかかわらずの十億円のマイナスは、薬師丸・原田の人気のピークが過ぎたという結論になる。レコードの売り上げにもそれは現れており、薬師丸の《メイン・テーマ》も原田の《愛情物語》も前作より落ちている。

二人の人気が低下していようとも、すでにこの年の暮れも二人の作品でいくことが決まっていた。角川映画は大きくなっており、簡単に軌道修正できなくなっている。

角川春樹は『愛情物語』の劇場プログラムで、この映画では「三つの挑戦」をすると書いている。第一は日本で初めてのミュージカル映画を作ることだった。すでに角川映画はビデオでのセールスでも記録的な成績をあげていたが、これからの映画は二次使用、三次使用までを視野に入れて製作すべきとの考えがそこにあった。ここまではあまりにも正しかった。そこで「映像と音楽を一体化させ、プロモーション・フィルム的な要素を取り入れる」ことにより永続的に楽しめる映画作りをしたというが、はたしてそうなっていたかどうかは、評価が割れるだろう。

角川の第二の挑戦が、知世を女優にしてみるという挑戦だった。そして、第三が「人間ドラマを演出する」挑戦だったという。これについては、「人の心の絆」をドラマとして映像化し、「完成度の高い作品となっている」と自画自賛している。

そして、「読者が選ぶ本年度のベストワン」を作るというテーマも達成できたとしているのだが——「キネマ旬報」ベストテンで『愛情物語』は評論家で三十八位、読者で二十一位となった。

ライバルである『メイン・テーマ』も評論家で四十二位、読者で十七位とふるわず、この二作だけの勝負であれば、どっちもどっちだった。森田はこの年、『ときめきに死す』も撮っているが、こちらは十二位だった。

前年の根岸吉太郎もこの年の森田芳光も、低予算映画では高く評価されたのに、潤沢な予算が与えられた角川映画では結果を残せなかったことになる。映画は金をかければいいというものではないことを、角川映画はまたも証明してしまった。

しかし角川映画はこの年の賞レースにおいては、この後の二作で大逆転を果たすのである。

『いつか誰かが殺される』――ミスマッチ

十月十日、角川春樹事務所と東映との提携作品として『麻雀放浪記』と『いつか誰かが殺される』の二本立てが封切られた。

渡辺典子の『いつか誰かが殺される』はまたしても赤川次郎原作である。「野性時代」八一年一月号に一挙掲載され、同年十二月にカドカワノベルズの一冊として刊行され、八四年三月に角川文庫の十六冊目の赤川作品として出ていた。そして映画公開時、角川文庫の赤川次郎作品は二十四冊になっている。夏の『愛情物語』公開時から四冊増えていた。

原作小説は純然たるミステリだ。しかしタイトルが示すように、普通のミステリが「誰が殺したか」が謎となるのに、この小説では「誰が殺されるか」が謎となる。大財閥当主の一族による騙し合いの殺人ゲームの話だ。しかし、映画はこの大財閥の話を大きな外枠として残すだけで、まったく違うストーリーが展開される。だいたい主役の渡辺典子が演じた守屋敦子という人物は原作の主人公ではない。つまり、ほとんどオリジナル・シナリオといっていい。どちらかというとハードボイルド的雰囲気であり、青春映画でもある。

ハードボイルドになったのは監督が崔洋一だからであろう。

崔洋一（一九四九〜）は在日韓国人二世として生まれた。照明助手として映画界に入り、助監督となり、大島渚の『愛のコリーダ』や村川透の『最も危険な遊戯』などで助監督を務めた。日本テレビの「火曜サスペンス劇場」で何作か撮った後、八三年にATGで内田裕也主演『十階のモスキート』で劇場映画監督デビューを果たし、注目された。その次に日活で『性的犯罪』を撮り、『いつか誰かが殺される』はその直後の作品となる。崔のそれまで及びこの後の作品の傾向からすると、アイドルが主役のユーモア・ミステリはミスマッチだ。映画は、時にミスマッチから名作が生まれることもあるが、はたして『いつか誰かが殺される』はどうだったか。

角川映画には「バイク映画」という系譜がある。『スローなブギにしてくれ』『汚れた英雄』、そして『彼のオートバイ、彼女の島』はまさにバイク映画だが、『セーラー服と機関銃』もバイクで二人乗りするシーンが印象的だ。『いつか誰かが殺される』もバイクが重要な役割を果たし、渡辺典子はオートバイを乗り回す。

ブランド品の海賊版を作っている若者のグループが登場し、この非合法集団が生き生きと描かれてしまうのが、反体制的な言動をする崔洋一らしいといえばらしい。『いつか誰かが殺される』は「キネマ旬報」では評論家で六十九位と最下位、読者では圏外だった。根岸、森田に続いて崔も角川映画で結果が出せなかった。しかし崔は再挑戦する。

この映画でも角川春樹は劇場プログラムに何も書いていない。

『麻雀放浪記』——和田誠監督デビュー

『いつか誰かが殺される』と二本立てで、公開されたのが『麻雀放浪記』である。原作は阿佐田哲也の同名の小説だ。阿佐田は作家の色川武大（一九二九〜八九）が麻雀小説を書く時のペンネームである。徹夜で朝まで麻雀をしていることが多いので、「あさだ、てつや」と名乗った。

『麻雀放浪記』は一九六三年から「週刊大衆」に連載されたピカレスクロマン（悪漢小説）だが、麻雀小説の開祖でもあり、一般のサラリーマンや学生の間での麻雀ブームの火付け役とも言われる。双葉社から刊行されていたが、角川文庫から七九年九月と十月に「青春編」「風雲編」「激闘編」「番外編」の四巻が刊行されていた。さらに続編もあり、映画公開時、角川文庫の阿佐田哲也作品、つまり麻雀小説は十五冊に達していた。監督はイラストレーターの和田誠（一九三六〜）である。エッセイにして映画論でもある『お楽しみはこれからだ』が示すように、和田の映画への知識と愛情は深い。イラストレーターとして、角川文庫の星新一作品、つかこうへい作品などのカバーの絵も描いており、角川との付き合いも深く、「野性時代」にも挿絵を描いたり、短い小説を連載していた。

和田の記憶ははっきりしないが、公開時の「二年ほど前」というから八二年秋頃から、和田が角川春樹と会って話していると、「あなたはイラストレーターのくせにエッセイを書いたり、落語を書いたりしているけど、次はなにをやりたいの」と質問された。卓越した編集者でもある角川はこうやって書けそうな人がいると挑発し、書かせるのである。「小説を書いてみたい」と言わせたらしめたもので、角川が「書いてくれ」と言えばその場で原稿依頼が成立である。しかし、和田は「映画のシナリオを書いてみたい」と言った。

そしたら「オリジナル？　それとも原作を脚本化する？」て聞かれて、「オリジナルで書く才能はないので、ぼくが面白いと思う本を脚色するのがいいです」って言うと、「どんな原作？」で、『麻雀放浪記』って答えたら、「すぐ書いてください」って言われた、というのが発端なんですよ。ぼくは角川さんとは出版社の社長とイラストレーターという関係で話していたつもりだったんだけど、角川さんは角川映画の社長でもあったわけです。

（和田誠『聞いたり聞かれたり』）

和田は阿佐田とも面識があり、『麻雀放浪記』の映画化の話はないのかと訊いたこともあった。すると、いくつかあったが、時代設定を敗戦後の闇市時代から現代に移したいという話ばかりなので断っているとの返事だった。和田は「ぼくなら絶対に変えませんね」と自分が監督することになるとは思いもしない時だったので、そう言っていたのだ。

阿佐田は和田に、「この小説は舞台にも映画にもならない、他のジャンルには置き換えられないものとして書いた」と語っていた。和田は、小説とは多少ニュアンスの異なるものかもしれないが、原作の持つ面白さを映画に移すことは可能だろうと、シナリオ化していく。しかし、シナリオを書くのは初めてだったのでなかなか進まない。先に映像が浮かんでしまう。そこで絵コンテを一緒に描いていったら、どうにかできた。その絵コンテ入りシナリオを見た角川は、「ここまでイメージがあるのなら自分で監督したらどうか」と言った。

そして、八三年十月十二日、和田は角川と会い、「監督をしたいが、条件としてモノクロで撮りたいのだが、いいか」と訊いた。角川はそれでいいと即決した。和田としては敗戦直後の時代を描くにはカラーよりもモノクロのほうが適していると考えていたのだ。しかしこの当時すでにモノクロで撮るのはカラーで撮るのよりもコストがかかる。

和田としてはカラーでなければダメだと言われることを半ば予想し、それならそれで断る理由になると思い、あえて条件として言った。だが、角川はあっさりと承諾した。

角川は和田が映画の演出をすることは「冒険」だとして、こう書く。


原作者の阿佐田哲也氏に言わせれば、和田誠氏は宇宙人みたいな才能の持ち主ということになるが、映画の演出さえしなければ高い評価を維持できるのに、敢えて演出を決意した真意が私にもよく分かっているわけではない。


そして、自分から誘っておいて、「和田誠氏自身の口から演出してみたいと言われた時、一瞬、ひるんでしまった」と明かす。

角川からの条件は翌年十月第一週に公開、二本立てにするので一時間四十分以内、ということだけだった。和田は六月と七月に撮影し、八月に編集すればいいなと、だいたいの日程を決めた。

かくして和田誠は「四十八歳の新人」として映画監督デビューする。

それからシナリオを直す作業が始まった。和田としては二時間以内に収まるつもりで書いたシナリオだったが、映画のプロが読むと三時間になると言われたのだ。その書き直しの作業に協力したのが、この後『Wの悲劇』を監督する澤井信一郎だった。

キャスティングは和田の希望がほぼ通った。アクションスターで青春スターでもあった真田広之に断られるだろうと思いながら打診すると、真田は快諾した。ドサ健という個性的な賭博師の役は松田優作に依頼したが断られ、鹿賀丈史が抜擢された。加賀まりこは和田の以前からの知り合いだったので、これも簡単に決まった。他に大竹しのぶも映画は久しぶりだと言って出てくれた。絶賛されたのが高品格だった。

五月二十八日にクランクインし、七月三十日までほぼ二ヵ月で撮影は終わり、編集などのポストプロダクションがなされ、角川との約束通りの納期に出来上がった。

この時期、ミュージシャンや作家などの著名人が映画監督をすることがよくあった。それらは「異業種監督」と呼ばれ、話題性はあったが作品的にはほとんど評価されなかった。角川春樹もそのひとりと言える。そのなかにあって、何十年にもわたり映画ファンだったこともあり、和田誠は成功し、『麻雀放浪記』は絶賛された。

「キネマ旬報」のベストテンでは評論家投票で『麻雀放浪記』は四位、読者投票では三位だった。この年の一位は伊丹十三の監督デビュー作『お葬式』だった。伊丹は父が大監督、自身も俳優として映画に出ていたが、助監督経験はなく、いきなり監督をしたので、彼もまた異業種監督でもある。

興行的には、『麻雀放浪記』と『いつか誰かが殺される』の二本立てでは五億一千万円の配給収入だった。『麻雀放浪記』が面白いと評判を呼んだが、ここまでだった。東映の岡田社長も「あれ以上を望むのは無理でしょう。まあまあでしょう」と語る。

『天国にいちばん近い島』――不幸な誤解

八五年の角川の正月映画は夏に続いての薬師丸ひろ子と原田知世の二本立てだった。十二月十五日封切りの『Wの悲劇』と『天国にいちばん近い島』である。薬師丸・原田作品による二本立て興行はこれが三回目、そして最後でもあった。『天国にいちばん近い島』で、原田知世は再び――『少年ケニヤ』の声優も含めれば三作目の大林宣彦作品に出ることになった。

原作は森村桂の紀行エッセイで、一九六五年に書かれた。森村の二冊目の本にあたる。角川春樹はこの『天国にいちばん近い島』を読んで感動し、森村の許を訪れた。彼が二十五歳の時だ。カラー版『世界の詩集』が大ヒットした頃で、『天国にいちばん近い島』を角川文庫から出したいと頼みに行ったのだ。劇場プログラムに角川はこう書いている。

当時、私の企画が成功し、若かっただけに自信に満ちていた。ニューカレドニアはあまりにも遠かったから、私は別の南の島に行った。翌年、私の企画が失敗し、失意の中にあった。森村さんは、苦しい時が長ければ長いほど、飛躍のジャンプ力がつくからとなぐさめてくれた。私にとって、ニューカレドニアはますます夢となっていった。

そして六九年四月、『天国にいちばん近い島』は角川文庫の森村桂の最初の本として刊行された。森村はその後、中学・高校生の女子の間で絶大な人気を持つようになる。角川文庫からは続々と彼女の作品が出され、映画公開時には三十四点を数える。

角川は八三年春、『時をかける少女』撮影後に、『天国にいちばん近い島』の映画化を決め、大林に監督を依頼し、その夏に角川と大林はスタッフとニューカレドニアへ一週間ほどの旅をして下調べをした。

舞台となるニューカレドニアはフランスの海外領土のひとつ、ようするに植民地である。そして映画封切りの翌年にあたる一九八五年には独立運動が激化する。ロケが行なわれたのは、八四年七月から八月にかけてだったが、その一年前に行った時点で大林は独立運動が激化し、近く「革命が起きる」ことを認識していた。

大林は、ニューカレドニアの人々が、「誇りをもって独立するか、しかし独立すれば経済状態は良くなくなると、つまり誇りを売って文化的に暮らすかどうかという狭間で、涙を流しながらの大激論」をしているのを間近で見た。彼らから「この次、君たちが来た時には、もう私は、いないかもしれない」とまで言われた。

あまりにも身近に彼らのそういう心情に出会ってしまうと、それはもう、もしそれを不幸と言うのなら、我々が立ち入ることのできない不幸ですよね。ただ、それはあの人たちにとっては不幸でも何でもなくて、日常なんですよ。日本の情報社会から見れば、それは不幸や事件に映ったりするわけで、つまり日常じゃなくなるわけですね。それが、このまったく根も葉もない、嘘八百の情報社会の典型的な受け取り方でね。そういう所へ僕らが行って、その国の政治状況とか、そういうものを反映した映画を撮ることこそ大欺瞞で、そんなことは、もう立ち入っては失礼という問題なんですね。

（『A　MOVIE・大林宣彦』）

そう考えた大林は、あえてニューカレドニアの美しい自然をそのまま撮ることにした。映画を観た人が「なんて素晴らしい国なんだろう」と思い、しかし同時に新聞で流血の独立運動が起きていることを知る。それをどう結びつけるかは観客の問題だ。

「映画作家は、社会の常識や歴史が判断したことに、早急に従ってはいけない、むしろ対象にいかに惚れるか」だと大林は言う。「悪や不幸ですら魅力的に描かなければならない」のが映画であり、「どう魅力的に描くかという説得力で、その悪や不幸を伝えることができるかどうかが映画作家の栄光でもあるし、業《ごう》でもある。そこから逃げて、偽善者になって、〝みなさん、ニューカレドニアは、こんな不幸の中にありますよ〟みたいな映画を撮ること」は大林にはできなかった。

こうして、「政治」や「社会」は何も描いていない映画が出来上がった。あくまでも美しく明るい天国のような島に、日本から世間知らずの女の子が自分探しの旅に来て、出会う人はみんないい人でしたというメルヘンの世界だ。原田知世ファン以外はどう楽しめというのか。さらに知世ファンにとっても、「可愛い知世ちゃん」を観に来たのに、ほとんどずっとメガネをかけていてダサいし（いまなら別の人気が出たかも知れない）、なんで知世だけ水着にならないんだという不満も残る。

そこにこそ、大林のメッセージがあったのだが、それは理解されない。

大林はこの映画を「不幸な誤解の上に成り立った映画」と総括する。この時期の大林は、名作として評価の高い作品と酷評される作品とが交互に登場する。当人としてはどれも愛すべき映画なのだが、世間が誤解する。映画にとって幸運な誤解をされたものが名作となり、不幸な誤解となったものは駄作とされてしまう。名作とされる『廃市』と『さびしんぼう』の間に位置する『天国にいちばん近い島』は、その「不幸な誤解」の映画なのだ。

『天国にいちばん近い島』は「キネマ旬報」で評論家で六十九位、読者で二十八位に終わった。六十九位というのは最下位だ。

この年の最下位には他に『湯殿山麓呪い村』『いつか誰かが殺される』も並んでいる。この年の角川映画は評価の点で明暗があまりにもはっきりしている。「明」となるのは、四位の『麻雀放浪記』、そしてもうひとつ、二位の『Wの悲劇』である。

『Wの悲劇』——女優開眼

角川春樹は『試写会の椅子』にこう書く。

今年に入って公開された私の映画は、どれも予想をはるかに下回っていた。そして、私が賭けた最後の作品が正月映画『Wの悲劇』だった。『Wの悲劇』だけが、今年最後の切り札だった。

夏樹静子の『Wの悲劇』は、世界ミステリ史に燦然と輝く名作、エラリー・クイーンの『Xの悲劇』『Yの悲劇』『Zの悲劇』へのオマージュを込めて書かれ、一九八二年に光文社のカッパ・ノベルスから出された。エラリー・クイーンは二人の合作ペンネームだったが、その一人マンフレッド・リーは七一年に亡くなっており、もうひとりのフレデリック・ダネィと夏樹は親しくしており、彼にことわった上で付けたタイトルだった。Wは woman（女）のWであり、主人公一族が和辻家なのでその頭文字でもある。

夏樹静子（一九三八〜）は一九七〇年に『天使が消えていく』が江戸川乱歩賞の最終候補となり、受賞はできなかったが刊行されてデビューした。夏樹静子の角川文庫での最初の本は七七年十一月刊行の『蒸発』で、『Wの悲劇』は映画化が公表された後、八四年六月に九冊目として刊行され、その年の十二月までに十三冊になっている。映画化が夏樹静子作品の角川文庫化を加速させたのは間違いない。

夏樹は社会問題をテーマとしたミステリが多かったが、『Wの悲劇』は、山荘に富豪一族が集まったところでの殺人事件という古典的様式を、あえて用いたミステリだ。それがクイーンへのオマージュだった。といっても、犯人は誰かという謎解きではない。偶然の事故で人を殺してしまった犯人をかばうために一族が口裏を合わせて外部の犯行とみせかける、そのトリックがどう暴かれるかという話だった。

薬師丸ひろ子の八五年の正月映画として『Wの悲劇』が決まったのは二年前だった。過去にアガサ・クリスティ原作の映画が正月映画として公開され、どれも成功していたのが、この本格ミステリを選んだ理由の一つだという。「ミステリほど万人向けの映画はない」というのが角川の持論でもあった。これは今日のテレビドラマが刑事もの・捜査ものが多く、どれも人気があることで証明されている。しかし、『Wの悲劇』はミステリを原作としながらもミステリ映画にはならなかった。

監督は何人にも打診されたが断られたすえ、澤井信一郎と決まった。

澤井信一郎（一九三八〜）は東映に入り、マキノ雅弘監督に師事した「最後の弟子」とされる。助監督時代が長く、八一年に松田聖子主演『野菊の墓』でようやく監督としてデビューした。『Wの悲劇』は二作目にあたる。

澤井は脚本家の荒井晴彦とともにこの原作をどう解体するかに悩んだ。斬新なトリックはあるのだが、台詞で説明するしかないもので、映像化して面白いものではない。さらにそのトリックは冬でなければ成り立たないのだが、撮影は大学が夏休みの間でなければならない。さらに澤井は和田誠の『麻雀放浪記』のシナリオを手伝っていた時、和田から「謎解きミステリに名画はない」と聞かされていた。

そこで澤井は謎解きのミステリ劇は断念した。もともとこの物語はほぼ山荘内だけで展開するので映画よりも舞台に向いていた。そこで、劇団の物語にし、劇中劇として『Wの悲劇』が上演されることにした。現実の事件と、劇中劇としての殺人事件という二重構造のWの悲劇にするわけである。

夏樹静子との対談で、澤井が原作と違ったものになると告げると、夏樹はこう応じた。

「ブロードウェイで推理舞台劇がヒットするような意味で、舞台劇になったらいいな、と書きながら思っておりました。それを監督が一読なさって、舞台劇にしようと構成していただいたのは、着眼の見事さと同時に、自分の気持ちが通じたとの嬉しさがありましたね」

もっとも、まだ映画を観る前での発言なので、実際の映画をどう思ったかは別である。

この劇中で上演される舞台劇『Wの悲劇』は蜷川幸雄が演出を監修し、彼自身が演出家の役でこの映画に出ている。

薬師丸は劇団の研修生で、その劇団のスター女優を三田佳子が演じた。薬師丸が『野性の証明』の直後に出たテレビドラマ『装いの街』で二人は母娘の役で共演しており、五年ぶりの共演となる。

映画はどこかのラブホテルから始まる。薬師丸扮する二十歳の劇団研修生が三田村邦彦演じる先輩俳優によって処女を失うという、薬師丸ファンにとっては衝撃的なシーンが、しかし暗闇の中で演じられる。前作『メイン・テーマ』が薬師丸と野村宏伸とがホテルに着く所で終わったので、それを意識した澤井の森田への挑戦状である。森田がちゃんと初体験を描かず曖昧にしたから俺が決着を付けてやる、というわけだ。

女性アイドルに映画の中でどのように初体験させるかは、作り手としては頭を悩ます課題だ。ファンを納得させなければならず、といってあまりに陳腐な展開では映画として成り立たない。この映画のヒロインは男性経験がなければならない。そこで澤井はそこに至る過程はすべて飛ばして、映画の冒頭で有無を言わせずに体験させてしまったのである。

映画や演劇には、バックステージものというジャンルがある。映画界や演劇界を舞台とし、俳優や演出家たちが主人公となる物語だ。

バックステージもの映画の古典的名作としては一九五〇年のジョセフ・L・マンキーウィッツ脚本・監督の『イヴの総て』がある。これは大女優と新進女優の物語で、大女優にベティ・デイヴィス、新人女優にアン・バクスターが扮し、まだ売れない女優の役でまだ売れない時代のマリリン・モンローが数シーンだけ出演している。モンローはこの映画での端役が注目され、大女優へのきっかけのひとつとなった。『Wの悲劇』は薬師丸版『イヴの総て』だとの評も当時あった。

『Wの悲劇』も『イヴの総て』のように、師弟関係、あるいは主従関係にある二人の女優の物語だ。『Wの悲劇』での三田佳子は劇団の看板女優の役で、いかにも女優というキャラクター。自分が人気女優であることを自覚し、しかし、その地位がいかに脆いものかも知っていて、それでも自分は女優以外には生きる道はないとも分かっている。これを実際に人気女優である三田佳子が演じたので、虚実の境目が曖昧となり、よりストーリーがリアルになった。

映画にはさまざまな業界・職業が登場するが、俳優の役を演じるのは難しい。なかでも大女優とか名優を演じるのは、地でやればいいので楽なのではと思うかもしれないが、実はかなり難しい。というのも、世間が思っている俳優のイメージと、実際とはかなり乖離しているし、世間のイメージどおりにやるとイヤミになり、あまり普通に演じると、うそっぽくなるからだ。

『Wの悲劇』で薬師丸扮する研修生は女優として生きていく覚悟があるのかどうかを迫られるわけだが、この時点での薬師丸も同じことを自問自答していたはずなので、ここでも虚実が綯《な》い交ぜとなった。

大女優のスキャンダルの身代わりを引き受け、その見返りに大役をもらうというストーリーは、公開後、アーウィン・ショーの短編『愁いを含んで、ほのかに甘く』と似ていると指摘された。たしかに設定は似ているがストーリー展開は異なる。

『Wの悲劇』は絶賛され、「キネマ旬報」のベストテンでは評論家で二位、読者でも二位を得た。他に日本アカデミー賞の最優秀監督賞、最優秀助演女優賞（三田佳子）、毎日映画コンクールの日本映画大賞、脚本賞、女優助演賞（三田）、ブルーリボン賞の主演女優賞（薬師丸ひろ子）、助演女優賞（三田）、報知映画賞の助演女優賞（三田）など各賞を受賞した。この映画によって三田佳子はブレイクし、劇中のスター女優のように真の大女優への道を歩み始める。

二十歳になった薬師丸にとっては、女優をこのまま続けるのか大学を卒業したら別の道へ行くのか、最後の選択の時期でもあった。

三田佳子との対談で薬師丸は「今回の映画を自分で見て、私、ますます女優さんに向かないんじゃないかと」と胸の内を明かす。三田は、「ひろ子ちゃんはずっと女優さんをやると思うわ」と断言する。そして、「私にそんなことを言う資格はないけれど、一映画ファンとして、ひろ子ちゃんはこの映画で立派な女優さんになったと思うわ」と励ます。

『Wの悲劇』での薬師丸の役名は「三田静香」といった。三十年後、薬師丸はNHKの連続テレビ小説『あまちゃん』に大女優の役で出演するが、その大女優がドラマの中で演じる役のひとつが「静御前」なのは、おそらく宮藤勘九郎の、この映画へのオマージュであろう。

角川春樹の「最後の賭け」だった『Wの悲劇』は、作品的には大成功したが、興行としては成功とは言えなかった。『Wの悲劇』と『天国にいちばん近い島』の二本立ては夏の二本立てにも及ばない十五億五千万円の配給収入で終わったのだ。二人のレコードも同様に、下落傾向に歯止めがかからない。薬師丸の《Woman》は松本隆作詞・呉田軽穂（松任谷由実）作曲で臨んだが三十七万三千枚、原田知世の《天国にいちばん近い島》は二十七万六千枚と前作より落ちた。

三田の言葉だけではないだろうが、薬師丸ひろ子は女優を続ける決意をするのと同時に、もうひとつの決断をした。角川春樹事務所からの独立である。間に人を入れるとかえってこじれると考えた彼女は単身、角川との面談を求め、独立したいと告げた。角川は了承し、トラブルとならずに薬師丸ひろ子は独立した。

角川は薬師丸の周囲の人々——それは角川の周囲の人々でもあった——が独立させようと画策しているのを知っていたが、黙認したのだ。ここで独立を阻止するために強権を発動すれば、他の芸能プロダクションと同じになってしまう。自分は口入れ屋ではないというのが、角川の矜持だった。

この年の秋、角川春樹は今後は自社で配給すると宣言した。これに東映の岡田茂社長は反発、角川映画とは組まないと宣言した。両社の蜜月は終わった。

第九章　翳《かげ》り――一九八五、八六年

角川映画は創立十周年を迎え、八五年秋に『早春物語』と『二代目はクリスチャン』とが十周年記念作品として封切られる。この作品から、それまで東映や松竹、ヘラルド映画など既存の映画会社・配給会社に託してきた配給も、角川映画は自社で行なうと決めた。さらに試験的に札幌に映画館もオープンさせ、映画製作プロダクションから総合的な映画会社へと向かおうとしたのである。

しかし、これは挫折する。新たな鉱脈であるアニメ路線が定着するまで、角川映画は十年の総決算をしつつも迷走していく。

『カムイの剣』『ボビーに首ったけ』――アニメ時代の本格化

春の角川映画はアニメが定着した。三月九日、角川アニメ第三弾として、矢野徹原作『カムイの剣』と、片岡義男原作『ボビーに首ったけ』が二本立てで封切られた。

矢野徹（一九二三～二〇〇四）はSF界の長老格で作家であり翻訳家でもあった。『カムイの剣』は矢野が書いた幕末の日本を舞台にした冒険時代小説で、一九七〇年に立風書房から刊行されていた。主人公が父より託された短刀「カムイの剣」には海賊キャプテン・キッドにまつわる財宝の謎が隠されていたという壮大なスケールの話だ。幕末の話なのに忍者が出てくるのである。

『カムイの剣』は星新一が角川春樹に「日本人によって書かれた冒険小説のベストファイブに入る」と推薦したもので、それならと読んでみた角川は、「途中で本を置くことができず、遂にその日は終日仕事を放棄せざるを得なかった」。読んで楽しむだけでは編集者としては失格である。角川は矢野と交渉し、『カムイの剣』は角川文庫から七五年七月に刊行された。当初は矢野がSF作家と認識されていたこともあり、広義のSFと分類されていたが、伝奇小説、冒険ロマンと言っていい。

そして角川が映画製作に乗り出そうとしていた時、幻の第一作となる『オイディプスの刃』を準備中、同作でプロデューサーをすることになっていた葛井欣士郎から『カムイの剣』も映画にしたいと頼まれた。しかし物語のスケールからして相当な製作費が必要で、当時の角川には無理だった。その後も、何人もの映画関係者から『カムイの剣』映画化を打診されていたが、結論を出さないでいた。

二年前の一九八三年春、『幻魔大戦』のキャンペーンをしている時、監督のりんたろうから、『カムイの剣』のアニメ化を打診された。角川としては、「一瞬、虚をつかれた」。実写だから製作費が膨大になると断っていたが、アニメならば可能なのではないか。物語の背景のスケールの大きさもさることながら、忍者の超人的な動きも実写では嘘っぽくなってしまい、アニメのほうが適していた。

「宇宙戦艦ヤマト」シリーズや「ガンダム」シリーズ、そして『風の谷のナウシカ』の成功で、もはやアニメは子供向きのファミリー映画ではなくなっていた。角川映画の柱のひとつとしてアニメを製作していこうと決めていた角川は、『カムイの剣』のアニメ化を決めた。

『カムイの剣』は角川文庫版で四百五十頁の長編だったが、映画化が決まると、これが上下二巻として出し直された。さらに、映画公開時には、第一巻・第二巻となり、新たに続編が書かれ、第三巻から第五巻までが追加された。当時の構想では全二十巻になるとのことだったが、未完に終わる。映画公開時に角川文庫の矢野徹作品は『カムイの剣』の五冊を加えて、十七冊になっていた。

監督は『幻魔大戦』に続いてりんたろうで、キャラクターデザインは村野守美が担った。宇崎竜童と林英哲が音楽監督を務め、主題歌は渡辺典子が歌った。主役は真田広之が初めて声優に挑戦した。

公開と同時期の三月八日、角川書店はアニメ専門誌「ニュータイプ」を創刊した。誌名から分かるように『機動戦士ガンダム』をメインにした誌面だったが、それ以外のアニメ作品についても載せる、総合アニメ誌だった。いよいよ出版界でも「アニメの時代」が本格化したのである。

『カムイの剣』と同時上映されたのが、角川映画での片岡義男原作作品三作目となる

『ボビーに首ったけ』だった。これは四十分前後の短編で、そのせいか、現在の仕様でDVD化されていない唯一の角川映画である（ドキュメンタリー『野性号の航海』もDVDはない）。

大都市はともかく、地方都市ではアニメは二本立てというのが業界の常識となっていたので、角川としては、『カムイの剣』の併映は何がいいか悩んでいた。『カムイの剣』が二時間以上の大作なので、一時間未満でなければならない。片岡義男作品をアニメにと言い出したのも、りんたろうだった。しかし自分は『カムイの剣』で手一杯なので若手の平田敏夫を推薦、角川はりんを信頼していたので、任せた。

片岡作品の中から初期の『ボビーに首ったけ』が選ばれ、キャラクターデザインは漫画家の吉田秋生、主役のボビーと呼ばれる青年には野村宏伸が声優として初挑戦し、主題歌も歌い歌手デビューした。

このアニメ二本立ては、二億一千万円の配給収入に終わった。「キネマ旬報」のベストテンでは『カムイの剣』が評論家で五十一位、読者で二十八位、『ボビーに首ったけ』は評論家・読者とも圏外だった。

『友よ、静かに瞑れ』『結婚案内ミステリー』――ワースト記録

この年は夏の角川映画はなく、その前後に渡辺典子と原田知世作品が別々に公開されることになった。

まず、六月十五日、北方謙三原作・崔洋一監督の『友よ、静かに瞑れ』と、渡辺典子の赤川ミステリ三作目『結婚案内ミステリー』が封切られた。

北方謙三（一九四七〜）は中央大学在学中に書いた純文学で作家としてデビューしたが、一九八一年に『弔鐘はるかなり』を書き、ハードボイルド作家として「二度目のデビュー」を飾り、瞬く間に人気作家となっていた。角川書店からの最初の本は八三年一月にカドカワノベルズから出た『さらば、荒野』だった。これは「ブラディ・ドール」シリーズの第一作でもあった。その次に八三年八月に単行本として刊行されたのが、『友よ、静かに瞑れ』だった。八三年には『逃れの町』が工藤栄一監督、水谷豊主演で映画化されていた。

崔洋一は『いつか誰かが殺される』に次いでの角川映画だ。作風としては、赤川次郎よりも北方謙三のほうが合っており、この後も八七年に原田知世主演で北方の『黒いドレスの女』を撮る。

『友よ、静かに瞑れ』は原作は東北の寒村が舞台だったが、崔はこれを沖縄に移し替え、名護市辺野古でロケして撮った。脚本は『野獣死すべし』『汚れた英雄』『化石の荒野』と角川映画のハードボイルド部門を書いてきた丸山昇一。主演は藤竜也、原田芳雄、倍賞美津子、室田日出男らが出た。

映画公開時、角川文庫の北方作品は『友よ、静かに瞑れ』と『さらば、荒野』の二作しかなく、それ以外の単行本でも『黒いドレスの女』と『過去』があるだけだった。

同時上映の『結婚案内ミステリー』は、渡辺典子の赤川次郎原作シリーズの三作目である。渡辺は、赤川の原作が三つ続いたので、しばらくお休みかもしれないが、『死者の学園祭』をやってみたいと抱負を語っていたが、結局、これが彼女自身の最後の主演作品となってしまった。

監督の松永好訓（一九四九〜）は、早稲田大学中退後、角川映画で『人間の証明』『野性の証明』『戦国自衛隊』『里見八犬伝』『汚れた英雄』『愛情物語』で助監督を務め、これが監督デビュー作となった。

角川文庫の赤川次郎作品は三十一冊になっている。カドカワノベルズは十二冊、単行本が五冊、重なる作品もあるが合計して四十八冊。『セーラー服と機関銃』が文庫になったのが八一年十月なので、四年半でこれだけの数になったのだ。もちろん角川文庫から出されたものはそれ以前に他社で出ていた本も多いが、赤川次郎がいかに量産していたかを示すものだ。赤川次郎を人気作家にするという出版ビジネスは成功し、それに渡辺典子も貢献したとは言える。

この二作の配給収入は一億三千五百万円とふるわない。『野性号の航海』を除くとワーストである。薬師丸ひろ子がいなくなったいまこそ、渡辺典子を売り出さなければならないはずだが、角川春樹は劇場プログラムには二作どちらにも何も書いていない。「キネマ旬報」ベストテンでは『友よ静かに瞑れ』は評論家・読者ともに十四位と健闘したが、『結婚案内ミステリー』は圏外だった。

この二作は東映セントラルフィルムが配給だった。しかし、次の作品から角川は自社で配給をすると宣言していた。

東映の岡田社長は「文化通信」のインタビューでこう語る。

「去年の夏、角川春樹君が来て、来年は自ら配給も手がけてみたいといってきたんだが、どうぞと、大いにやってくださいといっただけのことでね。ただ、配給をおやりになるのなら、配給の仕事はわれわれの生命線だから、これまでのような協力は出来ない。どうぞご自分でおやり下さいということだわな」

そして将来のことは分からないが、「宣伝をふくめて人も機能も貸さない。一切、かかわりあわないということだ」と言い放った。

『二代目はクリスチャン』——問題のあるシナリオ

かくして九月十四日、「角川映画十周年記念作品」と銘打たれ、『早春物語』と『二代目はクリスチャン』が封切られる。製作協力として前者はセントラルアーツ、後者は東映京都撮影所が記されているので、東映のグループ会社は製作の下請けとしては協力したが、配給には関与せず、といって角川単独での配給は実務的に無理だったので、東宝と角川との配給という形になった。

『二代目はクリスチャン』は、つかこうへい原作、志穂美悦子主演、監督は井筒和幸である。井筒が『晴れ、ときどき殺人』を撮り終えた時点で、「来年も頼む」と言われていた、その作品だ。八四年十二月に改めて角川に呼ばれた井筒は、つかの新作小説の原稿の校正刷りを渡された。それが『二代目はクリスチャン』で、「野性時代」八五年二月号に掲載される。それをつかがさらにシナリオ化することになっていた。

井筒はその前に『㊎㊇の金魂巻』を撮ることになっていたので、それと並行しての準備となった。とにかく苦労したのはシナリオだった。つかが書いたのだが、これが映画のシナリオとしては問題があった。井筒はこう回想する（「関西ウォーカー」二〇一四年二月十日号）。

大変なシロモノだった。要するにト書きが無い。セリフは一シーンに二行とか、全然、シナリオの体裁でなくてね。突然、雪が降るし、さっき死んだはずの人が出てくるとか。シュールなんだ。舞台ならいいんだろうけど、映画だから、ダメだよね。それで、かなり直すことにした。

つかさんは不満だったらしくて、最初の試写会の後、「名前を外してくれ」とか「降りる」とか言ったらしいけど、オーナー（角川春樹）がなだめて、そこは収まった。でも、キャンペーンで一緒になった時、つかさんは無愛想だったな。

四月二十八日に製作発表の記者会見があったが、その時点でまだシナリオの手直しが終わってなく、四稿、五稿と書き換えられていく。かつてあれほどシナリオにこだわっていた角川春樹だが、この頃はシナリオが完成していなくても見切り発車してしまう。
この年の一月から神戸では山口組と一和会との抗争が激化し、街中で銃撃戦が展開されるまでになっていた。そんななか、五月二十八日から東映京都撮影所での撮影が始まる。角川がヤクザ映画を撮るというので市民から反対運動が起きる一幕もあった。井筒は語る。

この映画、大阪や神戸でロケしたんだけど、その時、本物の抗争が起きて、神戸でも白昼堂々バンバン撃ち合っていた。そのせいか、市民団体が「角川のヤクザ映画帰れ！」とかの横断幕作って騒いだんだよ。ヤクザ映画じゃないんだけどね。それで、そのことが朝日新聞に載ったんで、みんなで「いい宣伝になった」と喜んだよ。でも、本当の事件が起きたんで、撮影できない日もあった。

角川春樹はほとんど口を出さなかったが、編集が終わった段階で、ストリップショーのシーンをカットしてくれと言って来た。日本生命に前売り券を何万枚も買ってもらっていて、それは家族で見に行くという建前だったので、そういうシーンはまずいという。その他、いくつか性的な表現が露骨なシーンが問題となった。
この頃から角川映画の弊害として、事前に大量の前売り券を企業に買わせることが論じられるようになっていた。関連企業や角川書店の取引先に売りつけるので、一種の下請けイジメだとされた。さらに、この例のようにビジネス優先となり、映画作家の表現が制約されるからだ。企業・団体への前売りは何も角川映画だけではないのだが、角川は目立ったので攻撃対象とされ、「角川映画の功罪」の一例となる。

しかし井筒は、そのシーンがあればもっと面白かっただろうけど、「自由にならなかったのはそれくらいで、あとは楽しくやりましたよ」と語る。

いまならば、DVDにする際はそのシーンも復活させて完全版とするであろうが、当時はそこまでのことはしない。

芝居をやめて、執筆に専業していただけあって、つかこうへい作品はかなり増えていた。小説『二代目はクリスチャン』は「野性時代」に掲載されると、いきなり角川文庫として八五年五月に刊行された。映画公開時には、つか作品は角川文庫だけで二十四冊、角川書店の単行本が十八冊、出ていた。

『早春物語』——もうひとりの女優開眼

『早春物語』も赤川次郎が原田知世主演で映画化されるという前提で書いたものだが、小説とは別の物語となる。八五年二月にカドカワノベルズから出て、四カ月後の六月には角川文庫として出されている。

澤井信一郎が薬師丸に続いて原田知世も女優として開眼させた作品である。原作にあるミステリの要素は映画にはまったくない。十七歳の高校生の、二年生から三年生になる春休みの話を、実際に十七歳の原田知世で春に撮った。澤井は川端康成の短編「母の初恋」のイメージを脚本家の那須真知子に伝え、シナリオが書かれた。角川映画初の女性による脚本だ。

しばらく劇場プログラムに書いていなかった角川春樹だが、この作品には巻頭に寄せている。角川春樹事務所創立から十年が過ぎたとして、

十年の歳月が過ぎ、四十本の映画を製作した。しかしながら十年前の映画製作におけるみづみづしい情熱は、徐々に失われ、全力を尽くすということもなくなっていた。

私が二本の映画――『汚れた英雄』と『愛情物語』――の演出を手がけたのは、その失われていく情熱を取り戻すためである。現在、日本映画界は興行的に最悪と呼べる状況にある。丁度、十年前、私が映画製作を始めた頃もよく似ている。私は、再び十年前の姿勢に立ち返って、面白くて評論家に評判の悪い映画の製作とプロモーションを展開するつもりである。

赤川次郎氏の原作『早春物語』は、あらかじめ、原田知世の主演を念頭に置いて書いて頂いた。演出は、傑作『Wの悲劇』の澤井信一郎監督にお願いし、予想通りの、或いは以上の傑作を創り上げて頂いた。製作者としての私のすることは、出来上がった傑作を大多数の観客に観てもらうプロモーションをすることだけである。

私はこのことにのみ全力を尽くす。

全力を尽くしたせいか、配給収入は十二億五千万円と、久々に十億円を超えた。「キネマ旬報」では、『早春物語』が評論家で九位、読者で十位とまずまずの評価で、『二代目はクリスチャン』は評論家で三十位、読者で十九位となった。

角川映画から独立した薬師丸ひろ子は十二月公開の東映の正月映画『野蛮人のように』（川島透監督）で一年ぶりにスクリーンに帰った。同時上映のコミックを原作とする『ビー・バップ・ハイスクール』（仲村トオル、中山美穂主演、那須博之監督）の人気もあり、配給収入は十四億五千万円と八六年度の日本映画の二位となり、角川を離れても相変わらずの人気を示した。

『キャバレー』――真の十周年記念映画

年が明けて、一九八六年こそが角川映画十周年である。

四月二十六日、角川春樹監督『キャバレー』が「角川春樹事務所創立十周年記念作品」と銘打たれ、大林宣彦監督『彼のオートバイ、彼女の島』と同時上映で封切られた。二作とも製作は角川春樹事務所、配給は東宝のみだ。配給も自社ですることは結局、断念された。

『キャバレー』の原作は栗本薫（別名・中島梓、一九五三〜二〇〇九）のジャズマンと中年ヤクザとの奇妙な友情を描いた「新感覚ハードボイルド」と銘打たれた小説だ。栗本によると、大学を出たものの就職もせず、作家になるあてもなく、バンドをやろうとして失敗していた、二十二歳か二十三歳に書いたものが原型で、それを書き直して、「野性時代」八三年八月号に掲載し、同年九月に角川書店から単行本が出た。

栗本薫の作家活動と角川映画とはほぼ同じ頃に始まった。彼女は評論家としては七六年七月に雑誌「別冊新評」の「筒井康隆の世界」に書いた筒井康隆論でデビューし、翌年、中島梓として講談社の「群像」新人文学賞評論部門を『文学の輪郭』で受賞し、さらに七八年に栗本薫として江戸川乱歩賞を『ぼくらの時代』で受賞した。「バラエティ」には創刊当初から作家探訪の連載などで登場していた。

角川文庫での栗本薫作品は八一年十二月の『天国への階段』が最初で、これは音楽を題材にした青春小説を集めた、文庫オリジナルの短編集だった。作者と同名の栗本薫が主人公の「ぼくら」シリーズや名探偵伊集院大介のシリーズは講談社が出しており、大長編『グイン・サーガ』シリーズは早川書房だったので、角川文庫からはそれ以外のものが出されていた。

『キャバレー』は八四年十二月に角川文庫として出る。映画公開時には角川文庫の栗本薫作品は十五冊になっていた。それとは別に「野性時代」に掲載し、カドカワノベルズから刊行されていたのが、『魔界水滸伝』で、八一年十一月に第一巻が出て、九一年六月に二十巻が出て完結する。栗本は当時の角川書店が力を入れていた作家だった。

八五年三月にフランシス・フォード・コッポラの『コットンクラブ』が日本でも公開されていた。角川春樹は生涯に観た映画のベストのひとつに『ゴッドファーザー』を挙げるようにコッポラのファンだった。『コットンクラブ』は一九二〇年代から三〇年代にかけてニューヨークに実在した高級ナイトクラブを舞台にした映画で、そっくりのセットを作り、演奏される音楽を含めショーのシーンに凝った映画だった。その音楽と踊りと並行して、マフィアの争いが描かれる。

『コットンクラブ』のような映画を作りたいと思った角川春樹は、栗本の『キャバレー』を思い出す。一方、角川映画としては、『メイン・テーマ』で薬師丸ひろ子の相手役としてデビューさせた野村宏伸を独り立ちさせてスターにしなければならない。その課題にも、『キャバレー』は適しているかに思えた。

映画化を決めると田中陽造にシナリオが依頼された。田中が角川映画を書くのは『セーラー服と機関銃』以来である。監督は角川春樹自身が担うことになった。

この映画もシナリオが角川文庫から出て、角川春樹と田中陽造がメッセージを寄せている。以下、少し長くなるが、シナリオ論、演出論、そして映画論が展開されているので、紹介する。角川のメッセージは劇場用プログラムに掲載されているのと同文で、監督三作目となるが、「前二作に比して撮影現場が楽しかった」という書き出しで、エンタテイメントとは、「もてなしの心」で、観客のひとりひとりをもてなすためには、自分が楽しくなくてはならないと思い、その意識が撮影現場を明るく、楽しいと思った原因だろうと書く。そして楽しかったもうひとつの理由は、「すぐれたシナリオを自由に変えて撮影したことである」と書いてしまう。

演出家が脚本を書くと、うまくいく場合もあるが、失敗の可能性が高いと角川は分析する。演出家のシナリオであるがために「絶対となり、欠点が見えなくなり、演出家の感性が逆に拘束されてしまうからだ」。多分、森田芳光の『メイン・テーマ』のことだ。そして「すぐれたシナリオを手にした時、映像の大部分は前もってイメージできる。あとは、活気ある現場で、自由にシナリオを肉体化すれば良い」。

書いたシナリオを自由に変えられた田中は、「セットを見て驚いた。豪華なのだ」と書く。田中は舞台となるキャバレーは「せいぜい横浜の場末のつもりだったし、ケイズ・バーにいたっては、ほとんど新宿二丁目の気分で書いていた」という。だが、できたセットは、コッポラの映画『コットンクラブ』の一九二〇年代のニューヨークの豪華ナイトクラブみたいだし、ケイズ・バーは「ゆったり深みのあるこしらえ」だった。

ようするに、「ライターとカントクのイメージがずいぶんへだたっていた」と明かす。だが、「結果良ければすべてよろしい」として、完成試写を見て納得したという。だから、映画はトラブルなく公開されたのだろう。そして、「これは角川美食映画」だと、田中は書く。

〝美食〟という意味はちょっと分かりづらいかもしれないがシナリオの美味しいう

わずみをすっとすくい取ってしまう。うわずみの底にはライターの思い入れとか妄想とか罠なんかが仕掛けてあって、カントクさんにはそこまではまりこんで、いわばシナリオまみれになって貰いたい、といつも願っている。しかしキャバレーの監督は厳密におのれの生理に忠実で、乱れることなくシナリオの美味しいうわずみをすくって映像化された。

もう少し言うと、シナリオを自分の生理と感覚の基準で読み替えた。意味を変えるのではない。シナリオの根を切ってしまうのだ。根を来られたシナリオは浮遊する。それをおもむろに己の感性の領域にとりこんでいく。僕の経験で言うと、こういう（ライターとって）残酷な仕事をしたのは陽炎座の時の鈴木清順と、そしてキャバレーの角川春樹である。清順師の場合は明らかに方法として〝根こそぎ〟を採用していたが、角川さんはたぶん無意識だから恐ろしい。

角川への皮肉を込めた批判のようでもあり、純粋なオマージュのようでもある。いずれにしろ、こういうことを書いてしまう田中も立派だが、そのまま角川文庫に載せてしまう角川も偉大である。田中は、「この次、いつかまた仕事をするような時には、うわずみの下の泥まで呑んで、ちょっと悪酔いでもして貰いたいものです」と結んでいる。

しかし次に田中が書く角川映画は北方謙三原作、原田知世主演の『黒いドレスの女』で、角川監督作品ではない。田中と角川とが脚本家と監督として組んだ仕事は、『キャバレー』のみだ。

角川春樹監督作品はどれも、台詞が極端に少ない。角川文庫として刊行されたシナリオと完成した映画とを比べれば、かなり台詞がカットされているのが分かる。やがて角川春樹監督作品では、角川自身の名が「脚本」に加わることになる。

主人公の天才サックス奏者・矢代俊一には野村宏伸、謎めいたヤクザ滝川には鹿賀丈史が起用された。野村の恋人役には三原じゅん子、鹿賀と過去に何かあったらしいバーのママは倍賞美津子。そして、鹿賀を追う刑事は室田日出男、ヤクザの組長に原田芳雄が扮した。

角川春樹事務所創立十周年記念ということもあってか、『キャバレー』にはこれまでに角川映画に出た有名な俳優たちの多くが台詞もなく数秒しか映らない役でカメオ出演した。そのなかには前年、角川春樹事務所を離れた薬師丸ひろ子もいて、喫茶店のウェイトレスの役で出た。他に千葉真一、渡瀬恒彦、永島敏行、丹波哲郎、渡辺典子、原田知世、真田広之、宇崎竜童、清水健太郎、古尾谷雅人、竹内力、夏八木勲、北方謙三、原田貴和子、志穂美悦子、高柳良一らが顔を出している。まるで角川映画の同窓会のようだった。いや、同窓会というよりも、卒業式の後の打ち上げのようなものだったのかもしれない。彼らの多くは、その後の角川映画とは、あまり縁がなくなるのだ。

『彼のオートバイ、彼女の島』——ひとつの終焉

『キャバレー』と同時上映されたのが、片岡義男原作・大林宣彦監督『彼のオートバイ、彼女の島』である。前年夏に撮影されていたが、公開がこのタイミングとなった。

片岡義男原作の角川映画は、これが四作目にして最後だった。原作小説は片岡の初期の長編だ。「野性時代」編集部からの、「青年の一人称で、少し長めのストーリー」という注文に応じて書かれ、同誌掲載の後、一九七七年八月に角川書店から単行本として出て、八〇年五月に片岡の九冊目の角川文庫となった。当時の片岡がよく書いていたオートバイ小説のひとつだ。この映画公開の時点で角川文庫の片岡作品は四十五点に達している。

片岡によると、最初は「彼女のオートバイ・彼の島」という題だったのが、書き終えてから、彼と彼女を入れ替えたという。

角川春樹はこの映画の劇場プログラムには長めの文章を寄せている。それによると、小説『彼のオートバイ、彼女の島』の舞台となった島は、角川と片岡とがある夏に堀江謙一のヨットで旅したときにたまたま寄港した島がモデルだという。しかしヒロインの白石美代子にモデルはいない。「こんな女がいれば恋人にしたい」と角川が片岡に言うと、片岡も美代子のような女性に出逢ったことはないらしい。完全なフィクションだ。この小説は、「ライダーのバイブル」と呼ばれるほど、一部では熱狂的に読まれていた。

角川は『彼のオートバイ、彼女の島』の映画化は八年前に思い立ったと書いている。

八年前だと『野性の証明』を製作していた頃で、大作路線から転換するにあたり、候補になっていたのだろう。だが片岡作品で最初に映画にしたのは『スローなブギにしてくれ』だった。その後、角川映画からは三人の女優が生まれたが、薬師丸も渡辺も原田も白石美代子のイメージからは遠いので、忘れられていた。だが、ある時、原田貴和子が会いたいと言ってきた。言うまでもなく、原田知世の姉だ。

数年前、ある映画のオーディション会場で、私は彼女に会い、女優になることをすすめたのだが、その時は、あっけないほど簡単に断られた。今度は、彼女の方から女優になりたいと言う。そんな決心を、行きつけのレストランで告げられた時、とっさに、彼女に白石美代子を演じさせようと思ったのである。

そして角川は「原田知世をスターに育ててくれた」大林宣彦に、「貴和子を大人の女優にして欲しい」と頼み込んだ。彼女は二十歳になっており、いまさらアイドルとして売り出す年齢ではなかった。大林は念願の『さびしんぼう』を完成させたところだった（公開順では『姉妹坂』が先になる）。

かくして原田貴和子は女優への道を歩むことになり、最初にスペイン・イタリア・日本合作による『アフガニスタン――地獄の日々』に出演し、映画デビューした。したがって、『彼のオートバイ、彼女の島』は「日本映画デビュー作」となる。日本映画初出演が主演で、しかも浴場でヌードになるシーンもあり、劇中で歌も唄うのだが、原田貴和子は見事にやり遂げた。映画デビューと同時に歌手デビューもした。だが、妹ほどはセールス的に成功はしなかった。

大林は原田貴和子について「アイドルでもタレントでもなく、はじめから大人の女優として出発しなければならなかった」のは今の日本映画では珍しいとし、それを意識して演出したと語る。そして知世の場合は「妹」のように撮ったが、貴和子はほとんど「恋人」のように撮ったとも言う。原田にとって最も過酷なはずのヌードになる浴場のシーンは最初に撮られた。そこさえ乗り切れば、あとは大丈夫だからだ。彼女はやり遂げた。

大林によると、角川からは、「片岡さんの原作で何か一本」という依頼で、「どれでもいいですから、一応全部あたってみてください」と言われたという。ただ、その際に自分としては『彼のオートバイ、彼女の島』が「タイトルも非常に好きだし、内容はともかく、そのタイトルで一本やってくれないか」とも言われた。大林は一応、片岡義男作品を全部読んでみた。その結果、この作品に他とは違うゴツゴツしたもの、青春を描く上での不細工さを感じ、それゆえにきらめきがあると感じた。

映像的な描写が多く、会話も洒落ているがために映画そのもののようで、だからこそ片岡義男の世界は映像化が難しい。そんなことは百も承知で大林は引き受けた。彼はアメリカの六〇年代のオートバイ映画のファンでもあった。オートバイを通じて片岡義男の世界と通じていたのだ。

大林宣彦は映画作りのたびに作品ごとの方法論を打ち立て、自分なりのアプローチ法を確立することで自分を鼓舞させるタイプの映画作家だった。この映画では、「ハリウッドのB級映画をきちんと作ってやろう」という方法論を得た。「物語をいかに面白くエンタテイメントさせようか」という気持ちで臨むことになった。

A級は志の映画、B級は心意気の映画だとも、大林は語る。作家性のないがゆえに、なければならない心意気――それを再現させるのが、大林がこの映画を作る、彼自身の意味だった。

この映画には渡辺典子も出演している。大林宣彦は、薬師丸ひろ子、原田知世、渡辺典子という角川三人娘の全てを監督した唯一の映画作家となった。

原田貴和子に恋人を取られてしまう脇役に渡辺典子を起用したのは、大林の希望だった。前から一度、彼女と仕事をしたいと思っており、角川に頼んだのだという。「典子という娘はこれまで主演ばかりでしょう。それが今回は脇へまわるのだから、それで翳りという味わいが出た。主演をやっているときには出せない、切なさ」を引き出そうという意図で、それこそが大林が思い描く渡辺典子だった。

渡辺典子はこの作品で第八回ヨコハマ映画祭助演女優賞を受賞した。いまのところ、彼女の主演映画はその前の『結婚案内ミステリー』が最後となる。主演女優としては大成できなかったが、彼女は角川映画を離れた後も映画、ドラマでは活躍した。大林は、渡辺典子に脇役としての道を提示したのだとも言える。

原田貴和子の相手役、本来の主人公である青年には新人の竹内力が起用された。彼も映画はこれが初出演だった。オーディション会場に来た竹内を観て、大林が直感で「彼しかいない」と決めたという。その時、竹内は映画の主人公と同じように、オートバイでやって来たのだ。それもまた伝説となるではないかとの狙いもある。

主人公の友人は、角川映画専属で大林が撮る原田知世映画のレギュラーともいうべき高柳良一が演じた。彼はこの映画を最後に俳優を辞めて、角川書店に入る（後、ニッポン放送へ）。

大林がすべての編集を終えた段階になって、角川から同時上映の『キャバレー』が予定よりも長くなったため、十五分カットして九十分に収めてくれと言われた。そこで大林は全シーンのなかで会心の出来というべき、バイクと大型トラックが近づきあわや大惨事というシーンを最初に切った。

会心の出来のシーンをまずカットする。そうすれば、あとはどんなシーンもカットできる——大林はその意図をこう説明している。

映画は一秒間に二十四コマだ。大林は依頼どおりに仕上げることに、映画作家としての意地と心意気を感じていたのかもしれない。「九十分以内」という依頼に対し、仕上がったフィルムは八十九分五十九秒と二十三コマだった。この「マイナスヒトコマ」に大林は何らかの主張を込めた。劇場プログラムでは、こう語っている。

これは無名のプログラムピクチュア。ぼく自身も観客のひとりとなって映画館の暗闇の中で、「それで、どうなんだ!」とひとりひとりに問いかけてみたい。これが作家としての挑戦です。

同時上映の『キャバレー』には「角川春樹事務所創立十周年記念作品」と銘打たれているが、『彼のオートバイ、彼女の島』には何もない。そのことから大林はこれは「B面」だとして、「B面のブルース、一時間三十分マイナスヒトコマの挑戦、無名性の映画」がこの映画のコンセプトだと言う。

「ぼくのいつもの映画のように、主観的にぼく自身を語るということはない」「ぼくを離れて楽しんでもらえばいい」とも語る。

『キャバレー』と『彼のオートバイ、彼女の島』は二本立てで九億五千万円の配給収入に留まった。角川春樹自らが監督し宣伝にも力を入れたはずだったが、十億に達しなかった。「キネマ旬報」では、『キャバレー』が評論家で三十六位、読者で二十八位、『彼のオートバイ、彼女の島』が評論家で二十四位、読者で二十三位に終わった。

『彼のオートバイ、彼女の島』は卒業映画でもあった。片岡義男原作の角川映画はこれが最後だし、高柳良一と渡辺典子、そして原田貴和子にとってもこれが最後の角川映画だ(三人は同時上映の『キャバレー』にも数カットずつ出ている)。

雑誌「バラエティ」も、八六年六月号をもって休刊となった。その最後に別冊として「角川映画大全集　永久保存版　データバンク」が発行された。本書の主要参考文献のひとつである。

そして、この作品を含め六本という角川映画最多監督である大林宣彦にとっても最後の角川映画となった。

大林は、別に角川春樹と喧嘩をしたとか対立したのではなかった。「角川映画はこれで最後」と宣言したわけでもない。この後、角川から依頼がなく、大林からこれをやろうと持ちかける企画もなく、いつの間にか疎遠になった。

「角川映画が、以後、ぼくの撮るようなものとは違う方向へ行ったんです」と大林は筆者に語った。

そう、私もまたこの映画で角川映画を卒業した。すでに前年の一九八五年春から社会人になり、映画館へ行くことそのものが減っていたが、それまでは全て観ていた角川映画も、以後は観ないものも多くなる。

私も変わったのだろうが、角川映画も以後は変質したのだ。

「我が青春の角川映画」はここで終わった。

終章——その後

薬師丸ひろ子と原田知世は、二〇一六年の今も女優として、歌手として活躍している。「角川映画」の歴史もその後も続き、二〇一六年には四十周年を迎える。しかし、一九八六年以降の三十年は単線では描けない。その複数の流れの全てを網羅的に描くことは困難であるし、この本の趣旨とも外れるが、「角川映画四十周年」を記念しての文庫版の発行なので、概略だけを記していく。

角川三姉妹の終焉

一九八五年九月に封切られた『早春物語』で原田知世は女優開眼したとされたが、その次に彼女がスクリーンに登場したのは一九八七年三月の『黒いドレスの女』だった。一年半にわたる映画空白期がある。といっても、薬師丸ひろ子のように大学受験のために休業していたのではない。原田知世も大学へ進学すると語っていたが、考えが変わっていた。『早春物語』の撮影は八五年三月、高校二年から三年にかけての春休みで、以後も女優、そして歌手としての活動を続けていた。

歌手としての原田知世のデビューは、一九八二年七月五日発売のテレビドラマ版『セーラー服と機関銃』の主題歌《悲しいくらいほんとの話》である。次のテレビ版『ねらわれた学園』（一九八二年十月十一日から十二月二十七日）でも主題歌《ときめきのアクシデント》を歌っていた。

しかし広く一般に原田知世の歌が知られるようになるのは、映画初主演作である『時をかける少女』の主題歌からであろう。これは彼女の最大のヒット曲となった。その後の主演映画『愛情物語』『天国にいちばん近い島』でも同題の主題歌を歌い、八五年の『早春物語』の主題歌では大晦日のＮＨＫの「紅白歌合戦」への出場も果たした。同年十一月にはオリジナル・アルバム《PAVANE》もリリースされている。八六年になると、さらに歌手活動は充実していく。季節ごとにシングル盤を出していくのだ。三月には《どうしてますか》、六月には《雨のプラネタリウム》、九月には《空に抱かれながら》で、いずれも大手企業のテレビコマーシャルとのタイアップではあったが、映画の主題歌ではない。アルバムも六月に《NEXT DOOR》、十一月に《Soshite》をリリース、さらにはコンサート・ツアーもしている。

その一方で、一九八六年十月二十二日には原田知世主演の『恋物語』がＴＢＳ系列で放映された。これは鎌田敏夫が薬師丸ひろ子主演映画の原作として書き下ろした小説の映像化である。小説『恋物語』は一九八四年十一月、『Ｗの悲劇』封切り直前にカドカワノベルズから発行された時はカバーには薬師丸ひろ子の写真が使われていた。しかし薬師丸が角川春樹事務所から独立したため、原田が代役となったのである。シナリオは鎌田ではなく日活ロマンポルノのシナリオを多く書いていた斎藤博（一九五一〜九四）

で、彼が一般映画のシナリオを書くようになった時期の仕事だった。監督は崔洋一で、当初は劇場公開するつもりで製作されたが、何らかの事情によりテレビで放映された。原田知世の役は伊武雅刀扮するカメラマンのアシスタントで、その親友のスタイリストとして渡辺典子も共演している。原作では薬師丸に合わせてヒロインとも子は二十一歳という設定だったが、映画では原田に合わせて十九歳になっていた。雪の北街道でロケされているので、八五年から八六年にかけての冬に撮影されたのであろう。

そして、一九八七年三月十四日に、『黒いドレスの女』が公開された。原作は北方謙三、監督は崔洋一である。原田知世にとっては、崔洋一作品が続いたことになる。北方と崔の組合せは八五年六月公開の『友よ、静かに瞑れ』に次ぐものだ。永島敏行、藤真利子、そして菅原文太が共演した。

原田知世はタイトルの「黒いドレスの女」を演じた。謎めいた過去を持つ「大人の女」なのだが、この年にようやく二十歳になる彼女では、誰の眼にも難しい役だった。

この『黒いドレスの女』が原田知世の最後の角川映画となった。彼女も角川春樹事務所から独立したのだ。姉の貴和子も一緒で、二人のための事務所を設立した。

原田知世・貴和子は、角川との契約期間が終わる三月末日までは動けなかったが、四月になると、次の映画のロケ地へ向かった。フジテレビと小学館が提携して製作し東宝が配給した、馬場康夫監督『私をスキーに連れてって』である。馬場が属していたホイチョイ・プロダクションの名を取り、「ホイチョイ・ムービー」とも呼ばれる。

スキー場を舞台とするこの映画は、雪がまだ残っているか危ぶまれた志賀高原でロケされ——奇跡的に雪がまだ残っていた——この年の十一月に封切られて、ヒットする。雪がなくなっていたら海外でロケをすることも考えられていたというから、天が原田知世の新たな出発を祝福して、雪を降らせたとしか思えない。『私をスキーに連れてって』は『時をかける少女』と並ぶ、原田知世の代表作となり、バブル時代の青春映画の象徴になった。

原田知世の独立にも、角川春樹は、少なくとも公には反対も妨害もしなかった。角川映画の最大のライバルであるフジテレビの映画であり、角川書店にとっての同業他社である小学館による映画でもある『私をスキーに連れてって』に出て、それが成功したことで、原田知世は完全な自由を得た。八九年夏のホイチョイ・ムービー第二作『彼女が水着にきがえたら』にも主演した。

「角川三人娘」のもうひとり、渡辺典子も独立した。『黒いドレスの女』は二本立てで公開され、もうひとつの『恋人たちの時刻』は当初は渡辺の主演で企画されたものだった。原作は寺久保友哉の短編で、澤井信一郎が監督した。しかしヌードシーンがあることから渡辺が出演に難色を示して降板し、河合美智子が起用された。それに伴い、当初はヒロインの相手役というポジションだった野村宏伸の主演となり、シナリオは書き換えられた。

渡辺典子もこのトラブルからか、角川映画から離れるのである。

一九八〇年代なかばに一世を風靡した角川三人娘（あるいは三姉妹）の時代は、こうして終わった。

角川アニメの隆盛

『黒いドレスの女』と『恋人たちの時刻』の前にも角川映画は三作が製作・公開されている。

一九八六年九月十三日封切りの『オイディプスの刃』は赤江瀑の同名の小説の映画化だ。一九七六年に角川春樹事務所がスタートした時に『犬神家の一族』と共に製作発表され、シナリオも書かれ、村川透監督のもと、フランスでのロケもされながら中止になった企画である。この企画が、まったく別のシナリオを得て製作された。監督は成島東一郎。七六年当時はATGとの提携が予定されていたものなので、地味な企画だ。そのためか、一億円にも満たない配給収入だった。

一九八六年十二月二十日には、アニメ映画が二本立てで公開された。眉村卓原作『時空の旅人』（真崎守監督）と、手塚治虫原作『火の鳥 鳳凰編』（りんたろう監督）である。『時空の旅人』はSF作家眉村卓の『とらえられたスクールバス』が原作で、アニメ化にあたり萩尾望都がキャラクターデザインをし、真崎守が監督した。同題の主題歌は竹内まりやの作詞・作曲で竹内が歌った。

『火の鳥』は手塚治虫（一九二八〜一九八九）のライフワークである。「漫画少年」（一九五四年〜五五年）、「少女クラブ」（一九五六年〜五七年）、「ＣＯＭ」（一九六七年〜七三年）、「マンガ少年」（一九七六年〜八一年）とそれまでに四つの雑誌で連載され、いずれも掲載誌の休刊等で未完に終わっていた大作だ。その新作が角川書店の文芸誌「野性時代」に一九八六年一月号から「太陽編」として連載が始まり、同時にこれまでの『火の鳥』各編も角川書店からハードカバーの単行本として刊行された。

火の鳥とは不死鳥のことで、中国では鳳凰という。角川映画のトレードマークは、鳳凰である。手塚治虫の『火の鳥』の最後の掲載誌が角川の「野性時代」になったのは、運命的なものだったのかもしれない。「太陽編」は八八年二月号まで連載され、手塚はその次に「大地編」の構想を練っていたが、八九年二月に亡くなる。

アニメ『火の鳥　鳳凰編』は「野性時代」に「太陽編」が連載されている時期にアニメ映画化されたものだ。巨匠の新作の連載と旧作の復刊を、映画化することで盛り上げる、角川が最も得意とするメディアミックスだった。これにより、手塚治虫の『火の鳥』はまさに不死鳥のごとく蘇ったのである。

「鳳凰編」は「ＣＯＭ」版の第五部にあたる。角川はこの後、第三部「ヤマト編」と第四部「宇宙編」もアニメ化したが、この二作は劇場公開ではなく、ＯＶＡ（オリジナル・ビデオ・アニメ）だった。テレビ放映や劇場公開を前提としない、パッケージソフトとして販売、レンタルするためのアニメがこの頃から制作されていた

角川書店はこれからは映像ソフトが新たなメディアとして発展していくと見越して、

八五年十一月に社内にメディアミックス戦略を考えるプロジェクトチームを専務の角川歴彦の下に作っていた。その最初の成果が『火の鳥』だった。手塚漫画をアニメ化しただけでなく、ゲームメーカーのコナミとの提携でゲーム化も実現した。ゲームもまたメディアミックスの一環となるのだ。

アニメへ本格的に進出するにあたり、角川書店は一九八五年三月の『カムイの剣』公開に合わせ、アニメ雑誌として「Newtype」を創刊していたが、その前にコンピューターゲーム分野へ参入すべく、一九八三年十一月に、「ザテレビジョン」の増刊号として「コンプティーク」を創刊していた（八四年一月号）。これらは角川歴彦が主導したものだった。

角川のメディアミックスのなかに、角川春樹が主導する劇場用大作映画とは別の、後に「角川アニメ」と呼ばれる流れが生まれていた。

角川アニメは、八七年九月二十五日公開の眉村卓原作『迷宮物語』（りんたろう監督）、八八年のOVAの山岸凉子原作『妖精王』（山田勝久監督）、日本ファルコムのゲームを原作とする『ザナドゥ　ドラゴンスレイヤー伝説』（梅澤淳稔監督）、八九年三月十一日公開の藤川桂介原作『宇宙皇子』（吉田憲二監督）と永野護原作『ファイブスター物語』（やまざきかずお監督）、九一年の田中芳樹原作『アルスラーン戦記』（浜津守監督、九二年に同Ⅱ）と麻宮騎亜原作『サイレントメビウス』（菊池通隆総監督、九二年に同2）などが続いた。

宮沢りえ、登場

宮沢りえ（一九七三〜）も角川映画がブレイクさせた女優だった。三人娘で最年少だった原田知世よりも六歳下になるので、一世代交代したと言っていいだろう。宮沢は十一歳からモデルとして活躍し、八五年にはテレビコマーシャルにも出るようになり、八七年の三井のリハウスのコマーシャルで全国的に顔が知られるようになっていた。そして、八八年八月十三日公開の角川映画『ぼくらの七日間戦争』に出演し、同作で日本アカデミー賞新人賞を受賞した。

『ぼくらの七日間戦争』の原作を書いた宗田理（一九二八〜）は一九七九年の『未知海域』で作家としてデビューした。当初は社会派ミステリが多かったが、ユーモア・ミステリも書くようになる。『ぼくらの七日間戦争』は一九八五年に角川文庫のために書き下ろされた作品で、これが宗田理の角川文庫の第一冊となった。「現代社会を痛烈に描くショッキングサスペンス」と初版の内容紹介にあるように、子どもが主人公ではあるが、大人向きのミステリとして書かれている。反管理社会、反管理教育を娯楽小説のかたちで諷刺したものとも言える。

廃工場に立て籠もるのは男子中学生で、女子は途中から参加する。集団劇でもあるので、宮沢りえの登場シーンが突出して多いわけではないが、「三井のリハウスのコマーシャルの白鳥麗子」として顔が知られていたので、彼女は目立ち、一躍、スターとなった。

宮沢りえはモデルやCMタレントとしての仕事をしていたので、まったくの新人ではないし無名でもなかったが、女優としての才能については未知数だった。そんな彼女を起用したことは、角川映画が新人女優発掘能力を失っていなかったことを証明した。監督の萱原比呂志（一九五五〜）はこれが監督デビュー作で、若い監督を起用する戦略も続いていた。劇中に登場する戦車は『戦国自衛隊』撮影時に作ったものを再利用している。ずっと保管していたのである。

宗田理はこの映画化で一般的知名度が増して、ベストセラー作家となり、「ぼくら」シリーズは中学生編だけで十二冊、書かれている。ひとりの作家を映画化をきっかけにしてベストセラー作家にしていく戦略がここでも採られた。映画も一九九一年に『ぼくらの七日間戦争2』が製作されたが、宮沢りえは出演していない。

同時上映された『花のあすか組！』は角川書店が一九八五年に創刊した女性コミック誌「月刊Asuka」に連載された、高口里純（一九五七〜）のコミックの実写映画化だった。監督はこれが角川映画としては四作目となる崔洋一だ（『恋物語』を含めれば五作目）。しかし崔が角川映画を撮るのはこれが最後で、彼が『月はどっちに出ている』で絶賛されるのは一九九三年のことだ。主人公のあすかには、つみきみほ（一九七一〜）が起用された。つみきも、角川が見つけ出した新人ではなく、八五年に吉川晃司主演映画のオーディションでグランプリを受賞し、八六年四月、映画『テイク・イット・イージー』でデビューしていた。

『花のあすか組！』は角川書店が創刊したコミック雑誌から生まれた最初の映画という意味を持つ。メディアミックスがコミックを原作とし、アニメではない実写映画でも可能だということを証明してみせたのである。

この二本立ては、従来の角川映画の戦略を踏襲したものの、興行成績はそれほど伸びず、配給収入三億三千万円で終わった。

超大作『天と地と』

一九八九年一月七日で昭和が終わり、平成となった。平成最初の角川映画は三月十一日に封切られた藤川桂介原作『宇宙皇子』（吉田憲二監督）と永野護原作『ファイブスター物語』（やまざきかずお監督）のアニメ二本立てで、四億円の配給収入となった。十月七日には、宮本輝原作『花の降る午後』（大森一樹監督）が封切られた。これも配給収入三億円で、大きな話題にはならなかった。

この頃すでに超大作『天と地と』の製作が始まっていた。

上杉謙信の生涯を描いた、海音寺潮五郎（一九〇一～七七）の歴史小説『天と地と』は、一九六〇年から六二年まで「週刊朝日」に連載され、朝日新聞社から単行本として出た後、六六年に角川文庫からも出ていた。当時の角川書店は経営的に厳しい状況にあったのだが、一九六九年に『天と地と』がＮＨＫの大河ドラマになると、上下合わせて百万部を突破するベストセラーとなり、経営危機を脱することができた。意図せぬかたちでのメディアミックスとなったのである。これで経営的に落ち着いたことが、翌七〇年十二月発行の『ラブ・ストーリィ ある愛の詩』につながっていく。

このように、『天と地と』は角川書店にとって重要な本ではあったが、歴史小説の世界は司馬遼太郎の時代となっており、海音寺は忘れられかけていた。角川春樹がなぜこの時期に映画化に踏み切り、しかも自分が監督をしたかについては諸説ある。

大林宣彦は「角川春樹さんは黒澤明監督で『天と地と』を映画化するのがずっと夢だったんです。でも、黒澤さんとは不幸なかたちで出会い、その夢はかなわない。しかし黒澤さんの代わりはいません。そこで自分で撮ることにしたんです」と語っている。一方、「本の雑誌」二〇一五年十月号の角川春樹特集の記事のなかでは、当時の角川書店の社員が、角川春樹との出張中に車中で『天と地と』を読んでいたら、それを見た角川春樹が突然、思いつき、二週間後に製作を発表したと証言している。はたして「構想十五年」なのか「構想二週間」なのか、その両方なのか。

ともあれ、『天と地と』の製作が決まり、一九九〇年六月二十三日に封切られる。そこに至るまではさまざまな事件があった。そのひとつが、主演に決まっていた渡辺謙がカナダでのロケ中に急性骨髄性白血病で倒れたことだ。渡辺謙は八五年に『結婚案内ミステリー』で渡辺典子の相手役を務めた後の八七年に、NHKの大河ドラマ『独眼竜政宗』の主役となり、ブレイクした直後の大作への起用だった。

当然のことながら、渡辺は無念の降板となった。角川春樹は松田優作に代役を打診した。実はカナダへ出かける前の晩に、角川が電話をすると、松田は「何でもお手伝いします」と言ったという。社交辞令ではあろうが、二人の盟友関係は続いていたのだ。そこで角川はプロデューサーを通じて、松田に代役を打診した。しかしスケジュールの都合で無理だと断られた。

スケジュールが詰まっているのは本当だった。しかし、空いていても、おそらく松田優作がこの大作で主演するのは無理だった。彼は膀胱癌に冒されていたのである。八九年九月公開のリドリー・スコット監督の『ブラック・レイン』の撮影中にすでに癌であることは知らされていた。それでも、日本テレビで十月七日に放映された『華麗なる追跡 THE CHASER』に出ることになっていたのだ。監督は松田優作と数々の作品を撮ってきた村川透で、同局の秋の目玉番組のひとつだった。この撮影が九月末に終わると、松田はすぐに入院し、十一月六日に亡くなる。四十歳だった。角川映画初期の重要な俳優がひとり、いなくなった。

上杉謙信の代役は榎木孝明（一九五六〜）に決まった。彼は後に『天河伝説殺人事件』でも主役を演じる。

『天と地と』のクレジットには角川春樹の名は「製作」「監督」として表記されるが、角川春樹事務所の名はない。『天と地と』の撮影が始まる一九八八年四月に、角川春樹はそれまで角川書店とは別会社だった角川春樹事務所を角川書店に吸収合併していた。

どちらも角川春樹が社長であり、世間からは同一視されていたので、それほどの混乱はなかった。

当時の角川書店は、コミックや「東京ウォーカー」などの都市情報誌を出すなど出版事業を拡大していった。関連会社だった富士見書房も角川書店が吸収合併した。こうして角川書店を大きくしていったのは株式の公開を目論んでいたからだった。

角川春樹事務所製作ではないのなら、角川書店製作なのかというと、そうでもなく、「天と地と」製作委員会の製作なのである。映画は大作になると、数十億の製作費がかかり、一社で賄うにはリスクが大きい。そこで複数の企業の出資で製作する、「製作委員会方式」がこの頃は多くなっていた。角川映画も一九八〇年の『復活の日』は、TBSの出資を仰いでいるので、その時点では製作委員会とは名乗っていないが、その嚆矢は角川映画にあるとも言える。「天と地と」製作委員会には、日本テレビ、読売新聞社といった読売グループ各社、博報堂などの広告会社、証券会社が数社、フットワークグループ、バンダイ、ユニー、伊藤ハム、大昭和製紙、ミサワリゾート、など、角川書店を含めて四十八社が名を連ねていた。

製作費は、角川グループの社史『全てがここから始まる』(佐藤吉之輔著)では五十二億円とあり、これは「当初の予定の倍」と説明されている、そのうちの二十億円がカナダでの合戦シーンのロケに費やされた。配給は当初は東宝の予定だったがクランクイン後に角川春樹と東宝との間で興行形態をめぐって考えが合わず、東映が配給することになった。角川が自社で配給をすると言い出した時に、東映の岡田社長は角川との絶縁を宣言していたが、和解したのである。一方、夏の目玉がなくなった東宝は、フジテレビの『タスマニア物語』を上演することになった。

『天と地と』の配給収入は五十一億五千万円で、この年の日本映画の第一位だ。第二位がフジテレビの『タスマニア物語』の二十五億二千万円なので、倍以上である。この年だけの勝負では、角川映画はフジテレビに勝った。しかし、この時点での日本映画の歴代興行ランキングではフジテレビの『南極物語』『子猫物語』を抜けず、三位だった。

一方、五百万枚の前売り券を売り、これが批判された。そのうちのかなりの数が金券ショップに流れたとも言われ、前売りは売れていても映画館は空《す》いていたとも報じられた。この前売り商法は、角川映画に限ったものではなかったが、角川は目立つのでやり玉にあがりやすかった。

それだけの前売りを売って、五十億円以上の配給収入をあげながらも、製作費に五十二億円をかけてしまったので、赤字である。製作委員会に加わった企業の出資金の清算に苦労することになった。『全てがここから始まる』には「角川映画史上、最高の記録を達成した。が、この頃から、映画製作が角川書店の経営に負担を強いる傾きが顕著になり、メディアミックスによる出版へのシナジー効果が、次第に希薄化した」とも書かれている。

映画が赤字でも、角川書店の関連の本が売れれば、トータルで埋め合わせできる。

『犬神家の一族』や『人間の証明』では横溝正史や森村誠一の本が売れに売れたので、十分に儲かった。しかし、『天と地と』では、「海音寺潮五郎フェア」が展開されたわけではなかった。上下二巻だった文庫版が全五巻で出し直され、さらに上下二巻のハードカバーの単行本と、石川賢によるコミック版しか、売る本はなかった。そして赤字を埋めるほどには売れなかったのだ。

一九六九年の角川書店は、『天と地と』が百万部売れただけで、経営危機を脱すことができた。しかし、一九九〇年の角川書店にとっての百万部は「小さな数字」になっていた。

『天と地と』は利益は出なかったかもしれないが、「赤と黒のエクスタシー」というコピーで大量のコマーシャルが流され、角川映画がかつての角川映画らしい祝祭感を取り戻したのは確かだった。

大長編の原作を映画化するにあたり、ダイジェストにはせず、戦国時代のプロモーションフィルムのような映画にした。これは『汚れた英雄』と同じだった。巨額の製作費で合戦シーンをカナダのカルガリーでロケしたのは、『野性の証明』の戦闘シーンがカリフォルニアでロケされたのと同じだった。五十億五千万円という空前の配給収入をあげながらも利益が出なかったのは『復活の日』と同じだ。批評家からは批判され、「キネマ旬報」のベストテンでは四十位だったのは、多くの角川映画と同じだ。

これが角川映画だった。こんな映画作りをした人は、他にいない。

十五周年

一九九一年は角川映画十五周年だった。原点に戻ろうということで選ばれたのが、内田康夫の本格ミステリ『天河伝説殺人事件』で、角川映画第一作と同じ市川崑に監督を依頼し、金田一シリーズでおなじみの石坂浩二や加藤武が脇役で出演した。主役の名探偵浅見光彦には榎木孝明が起用された。榎木は一九九五年からフジテレビでドラマ化された浅見光彦シリーズでもこの役を演じ、当たり役とした。

『天河伝説殺人事件』は一九八八年に新書判のカドカワノベルズとして刊行され、映画化が決まると、角川文庫から出た。この時点で角川文庫の内田康夫作品は十四点となっていた。内田康夫は一九八〇年に自費出版してデビューし、八二年に浅見光彦が登場する『後鳥羽伝説殺人事件』で人気作家になった。この映画化によって、さらに知られるようになったので、ひとりの作家を売り出す戦略がここで活かされたと言える。十五周年ということで力を入れ、三月十六日に東映の配給で封切られたが、配給収入は四億九千万円で、五億にも達しなかった。

七月六日には『幕末純情伝』と『ぼくらの七日間戦争2』が松竹の配給で封切られた。『幕末純情伝』はつかこうへいの原作で、「沖田総司は女だった」という設定の時代劇コメディーだ。牧瀬里穂が沖田総司で、急性骨髄性白血病から生還した渡辺謙の復帰第一作でもあり、渡辺は坂本龍馬を演じた。

牧瀬里穂は一九八九年にテレビコマーシャルで芸能界にデビューし、九〇年には相米慎二監督『東京上空いらっしゃいませ』で映画デビューもしているので、角川の新人ではない。牧瀬と同時期にデビューした観月ありさと宮沢りえの三人は頭文字がMだったので、「3M」と呼ばれたが、そのうち牧瀬と宮沢の二人が角川映画に出ていたことになる。

松竹との提携は『蒲田行進曲』以来で、当時の松竹で辣腕を振るっていた奥山和由が「製作」として、角川春樹と並んでいる。この時期の角川映画としては最大の八億六千万円の配給収入をあげた。これはこの年の日本映画では十位の成績だ。

八月にはアニメ『アルスラーン戦記』と『サイレントメビウス』が公開されている。

この一九九一年二月、角川歴彦が中心になって始めていた放送事業への進出が本格化した。角川歴彦は「ザテレビジョン」創刊以来、放送に関心を持ち続けていたのである。といって、既存のテレビやラジオへの参入は困難である。そこで新しいメディアである通信衛星（CS）を利用した衛星ラジオPCM音声放送へ参入すべく、TBSと組み、さらに出版界にも出資を呼びかけて新会社、PCMジパングを設立した。郵政省（当時）からの認可が九一年二月に下り、翌九二年六月に放送を開始することになった。その新会社の社長には角川歴彦が就任した。しかし会員制の有料放送が当時はまだなじみがなく、この事業は軌道に乗らない。

一方、角川春樹はハリウッド進出を考えていた。『復活の日』や『天と地と』は国際マーケットを目指して製作されたが、ハリウッド映画のようにはいかない。そこで、ハリウッドの映画会社との提携を模索し、カドカワ・プロダクションUSを設立した。

こうしてハリウッドで製作された角川映画が、『ルビー・カイロ』である。三十億円をかけたというが、興行的にも作品的にも、誰の眼にも失敗だった。回収できたのは五億円に留まったとされる。さらにカドカワ・プロダクションUSはブロードウェイのミュージカルも制作したが、これも失敗した。

決裂

この頃から、角川春樹と歴彦の兄弟間で経営方針に対する考え方の相違が生じていた。以下、春樹が去った後、歴彦が経営者になってから書かれた角川グループの社史『全てがここから始まる』をもとに要約するが、角川春樹サイドから書けば別の歴史になるのかもしれないことも記しておく。また二人の「角川」で煩雑なので、春樹、歴彦、として記す。

一九九二年二月頃、社長の春樹は、専務の歴彦に角川書店の株式公開をしたいと言った。これは春樹が数年来、考えていることだった。しかし歴彦は時期尚早と考えていた。

この時点で、映画への多額の出資で百八十億円の負債があった。歴彦は株式公開の前に負債を解消すべきと主張し、その方策として、角川書店が五十億円、歴彦が社長を務めていた関連会社のザテレビジョンとメディアオフィスの二社が三十億円を出して、負債を圧縮することを提案した。さらに、株式公開の後は、角川書店専務と関連会社の社長の兼務は難しくなるだろうから、自分は、ザテレビジョンとメディアオフィス、そして放送のPCMジパングの社長に専念し、角川書店の専務は辞めると言った。その穴埋めとして、英国ヴァージン・アトランティック航空に勤務していた春樹の長男・太郎を角川書店に入れ、さらに役員の昇格などを提案した。春樹は基本的には同意したが、歴彦には引き続き、角川書店に留まり、専務ではなく副社長になってくれと言った。歴彦は同意した。

この二人の合意に基づく役員人事が九二年六月の株主総会と取締役会で承認された。まだ上場していないので、株主総会といっても、形式的なものだ。

だが、この新体制は三ヵ月で瓦解する。歴彦が推挙して役員になった経理担当部長を兼ねる常務が、海外での映画製作の出金処理に不手際があったとされ、春樹によって解任されてしまうのだ。これが八月末のことである。そして九月十二日付で、歴彦は角川書店の副社長と、ザテレビジョン、メディアオフィスの社長を辞任した。

これについて、角川春樹は後にこう説明している。

弟との軋轢が表面化したのは、一九九二（平成四）年である。この年の九月、おれは弟の歴彦を角川書店から追い出した。

なぜ、そうしたのか。それ以前のことであるが、弟は、おれを追い出すということを取次会社や書店に言っていたのだ。その話はおれの耳にも入っていた。だが、おれは、その話を知りながら、彼を副社長にした。それでも、歴彦が取締役会で反乱を起こして、おれを追放しようとしているという話が伝わってきた。そこで逆に、こちらが取締役会で、弟を追い出したのである。

（角川春樹著『わが闘争』より）

さらに、春樹は瀬島龍三と歴彦と三人で瀬島の事務所で会い、「両者の言い分を聞いてくれた瀬島さんが、歴彦に『辞めなさい』と引導を渡してくれたのである」とも書くが、さて、それでは「取締役会で追い出す」必要もないわけで、矛盾する。

歴彦は、春樹を「追い出そう」などと思ったこともないと否定している。「文藝春秋」一九九三年十二月号へ寄せた手記にこうある。

私は社長になりたいなどと考えたことは一度もなかった。だいたい私には子供がいないのだから、社長になってどうしようという気持ちがあるわけがない。専務で充分だったのである。（略）

確かに、私は兄に踏み込んだことを言ったと思う。それでなお、なぜ彼がそれほど寂しい思いをしたのか、私が乗っ取りを策しているなどと考えたのかは謎のままだけれども、基本的な対立の原因は、巷間伝わっているように、百八十億円の負債にあったことは事実である。

二人の間に何があったのか、真相は分からない。『全てがここから始まる』では当時の角川書店の経営状況について、「春樹は自ら監督の任に当たるなど映画の世界へのめり込みを強めている。歴彦はそれによる経営の隙を埋めつつ、ザテレビジョン、東京ウォーカーなど新事業の開拓に努めていたが、映画製作に惜しみなく注ぎ込まれる莫大な費用が、経理を圧迫し始めている」と説明している。歴彦が春樹を追い出そうとしていたとは考えにくいが、自分が始めたザテレビジョンや東京ウォーカーや放送などが角川書店と共倒れになるのを避けたいと考えたとしても、不思議ではない。

ともあれ、角川歴彦は角川書店を去った。その最後の日を、歴彦は「文藝春秋」の手記ではこう回想している。

とにかく九月十四日に会うことになり、当日、（角川）書店の社長室で顔を合わせた。向こうの要望で十五分だけということだったが、実際には五分程度の話し合いだった。

その時に私が兄に言ったことは、非常にシンプルなことだった。だから今でもよく覚えているのだが、「あなたを支えてきた僕の出版人生三十年というのは、一体何だったんだろう」ということ。「だから情けない」とも言った。この「情けない」という言葉は、一年後にもう一度呟くことになるのだが……。

十月、角川歴彦は新会社メディアワークスを設立した。
同族経営の企業で、兄弟間が不和になり、片方が出て行く例はどこにでもあると言えば、ある。西武グループの堤兄弟もその一例だ。その後に和解して再び一緒になることもあれば、そのまま別々の道を行くこともあるが、角川家の一族の物語は、まさに事実は小説よりも奇なりという展開を見せる。

事件

九月十二日付の副社長の角川歴彦の退社を受けて、十八日に角川書店は臨時株主総会を開き、新体制を決めた。社長は角川春樹のままで副社長は置かず、専務取締役には大洞國光、常務取締役に五人が就任し、それぞれ出版局長、広告宣伝局長、総務経理局長、編集局長、雑誌局長に就任した。取締役は十人で、そのなかには春樹の長男の太郎が国際部長・社長室長として就任した。後に幻冬舎を興す見城徹は取締役編集局編集部長になった。

この時には、翌年春に、歴彦が仕切っていた二つの子会社、ザテレビジョンとメディアオフィスを角川書店に合併することが決まった。さらに、角川春樹事務所を角川書店と合併させることも決まる。前述のように、角川春樹事務所は一九八八年にいったん角川書店に吸収合併されていたが、その後、角川企画として分離し、角川春樹事務所に社名変更していた。それをまた角川書店に合併することになったのだ。

この三社の角川書店への合併は予定どおり、九三年三月に行なわれた。この二度の合併により、角川春樹事務所が持っていたそれまでの映画の権利は角川書店のものになった。この時点での角川春樹は、今後も自分が角川書店の社長であり続けることに何の疑いも持っていない。

後の大事件の小さな前段として、九三年二月に角川太郎が部下から「人権侵害事件」を訴えられたことで退社するという事件が起きていた。角川書店は歴彦の退社からそのお家騒動が注目されていたので、この事件も週刊誌が報じた。

一方、角川映画でも事件が起きていた。「恐竜物語」という映画をカナダで撮影すべく、七億円を投じていたが、契約トラブルから中止になっていたのだ。そこで代わりに日本で恐竜を題材にした映画を作ることになり、ムツゴロウの愛称で知られる畑正憲の『恐竜物語~奇蹟のラフティ~』を原作にした、『REX 恐竜物語』を角川春樹が自ら監督して製作することになった。『幕末純情伝』と『ぼくらの七日間戦争2』が興行的に成功したので、これも松竹との提携で奥山和由も製作に名を連ねている。

公開は九三年夏となったが、スティーブン・スピルバーグの超大作『ジュラシック・パーク』も同時期に公開されると決まっていた。それに対抗すべく製作されたのである。

『REX　恐竜物語』には、たしかに畑正憲による原作があったが、渡瀬恒彦が演じた古生物学者の名前が同じであることと、その学者が恐竜の卵を発見したこと以外は、まるで異なる。いかにも、角川映画である。

人気子役だった安達祐実（一九八一〜）が主役となり、ファミリー向きの映画として作られ、宣伝された。恐竜が出てくるという点では同じでも、『ジュラシック・パーク』とはまったく異なるものだった。

『REX　恐竜物語』は角川書店五十周年、松竹百周年記念作品と銘打たれ、大宣伝が展開され、大量の前売り券が売られ、七月三日に封切られた。『ジュラシック・パーク』の日本での配給収入の八十三億円にはとても及ばなかったが、配給収入二十二億円で、松竹の歴代配給収入記録の新記録となる大ヒットとなった。もし、「事件」がなければ、もっと伸びたと言われている。

その「事件」とは――『REX　恐竜物語』公開中の八月二十九日、角川春樹が麻薬取締法違反・関税法違反・業務上横領被疑事件で千葉県警察本部により逮捕されたのだ。これにより、『REX　恐竜物語』の上映を打ち切る映画館もあった。正確には大ヒットしたので上映が延長されることになっていたのが、事件のため、当初の予定の期間で終わることになったのである。七月三日が初日なので、事件の時点で九週間目であり、ロングランである。あたかも、角川春樹逮捕のおかげで封切り直後に打ち切られ、そのため大赤字になったと面白おかしく書かれることがあるが、それは事実ではない。

事件の発端は七月九日に角川書店の社員カメラマンが成田空港でコカインの密輸入で逮捕されたことだった。八月九日にそのカメラマンは角川書店を退職したが、十六日に角川書店写真室に警察の家宅捜索が入り、二十六日には春樹社長がカメラマンにコカインの密輸を指示したとの疑いで、角川書店本社に家宅捜索が入った。これを受けて取締役会は春樹社長への辞任要求を決定、労働組合も社長解任を求める要求を出した。

この頃からマスコミで大騒ぎとなり、二十八日、角川春樹は荻窪にある父角川源義邸にいたところを、警察からの任意同行に応じ、翌日、逮捕されたのである。

出版社の社長は一般的には知名度が低いが、角川春樹は映画プロデューサーでもあったので知名度は突出していた。その成功を妬む者もマスコミには多い。そのため大騒動となったのだ。角川書店が国語の学校教科書を発行していたことも、「社会的責任」を追及される口実となり、文部省（当時）は角川書店に対し説明を求めた。

角川春樹は千葉刑務所に勾留され、九月一日に角川書店社長の辞任届を提出した。翌二日、辞任は取締役会で受理、了承され、専務取締役の大洞國光が代表取締役に就任し、常務以上による経営統括本部を設置し、当面は集団指導体制でいくことになった。

九月六日、角川源義の夫人、春樹・歴彦にとって義母にあたる角川照子は角川書店取締役会に対し、歴彦の復帰が角川家の希望であると伝えた。角川照子は大株主だったので発言権があるのだ。春樹も歴彦の復帰に同意した。これを受けて取締役会は九日から断続的に歴彦復帰を協議し、二十七日に復帰に同意した。

角川歴彦は、春樹逮捕の報せをアメリカで聞いた。ミルウォーキーで開催されていたゲームのエキシビション大会に出席していたのだ。帰国すると、角川書店に復帰すべきとの声があることを知った。大手取次の日本出版販売の社長からも復帰を促す電話があった。

二十八日、歴彦は特別顧問に就任、十月十九日に臨時株主総会と取締役会が開催され、角川歴彦は代表取締役社長となった。

一方、角川春樹は容疑否認のまま、九月十九日に起訴された。容疑を否認しつづけたために拘置期間は一年四ヵ月に及び、保釈されるのは九四年十二月である。裁判が始まっても、彼は無罪を主張し、最高裁まで戦うことになる。

社長の逮捕、交代劇があっても、角川書店の書籍や雑誌は何もなかったかのように刊行され続けていた。角川書店はお詫びの広告を出すなどして信用回復に努めていたが、世間は、それほど批判していたわけではなかった。著者ならばともかく、発行人が誰でどんな人なのかを気にする読者などいないのだ。不買運動も起きなかった。むしろ、取次や書店は角川書店を支援すると表明した。森村誠一をはじめとする作家たちも、角川書店を支援すると公言し、森村はむしろマスコミの「行き過ぎた角川春樹叩き」を批判した。

角川書店の本はそのまま発行・発売されていたが、角川映画はそうはいかなかった。普通の映画会社であれば、社長が逮捕されようが亡くなろうが、映画製作はそのまま続くだろう。しかし、角川映画は「角川春樹映画」だった。当人が獄中にいたのでは、何も進まない。

こうして――角川映画の歴史は、角川春樹失脚によって、いったん幕を閉じた。

しかし、角川春樹は「復活の日」が来ると宣言していたし、角川書店もそのまま映画製作から完全撤退したわけではなかったのである。

幻の映画

一九九三年十月十九日、角川書店は新社長角川歴彦の就任記者会見を開いた。その場では、角川書店が今後も映画製作を続けるのかとの質問が出された。

実際がどうだったのかは当人たちしか知らないことだが、出版界・映画界では、春樹が映画製作にのめり込んでいくのを歴彦が止め、それが原因で二人は対立していたとまことしやかに語られていた。映画製作を推進していた春樹が失脚し、歴彦が復帰した以上、角川書店はもう映画を作らないだろうとの憶測が乱れ飛んでいたのは、当然だった。

たしかに小説の映画化は春樹が主導していた。だが角川書店で、ゲームやアニメの分野でのメディアミックスを推進していたのは、他ならぬ歴彦だった。兄・春樹以上に歴彦は新しいメディアを駆使してのメディアミックスを推進していたのだ。

記者会見で新社長、角川歴彦は、「元社長(春樹)の映画作りに反対したことは一度もない。映画が貴重なコンテンツであること、出版を含めた他メディアとのシナジー効果も認識している」と言って、映画からの撤退説を否定した。ただ、映画の状況は厳しいので従来のようにはできないと、春樹時代のやり方をそのまま踏襲することはしないとも語っている。そして、「アニメを含めていいプロジェクトがあればやりたい」と答えた。

一方、進んでいたいくつかの企画は中止、変更を余儀なくされた。

この時点で完成寸前だったのが、景山民夫の直木賞受賞作である『遠い海から来たCOO』のアニメ映画化だった。これも恐竜が出てくるもので、当初は角川映画創立五十周年と銘打たれて、製作が進んでいた。角川春樹は自分が「製作」として名を連ねていては公開に支障をきたすと考え、獄中から自分の名を外すように指示した。もともと日本テレビ他何社かとの共同製作だったこともあり、いわゆる「角川映画」色をなくし、日本テレビは同局の開局四十周年記念映画として宣伝し、九三年十二月十一日に封切られた。角川映画色が薄くなったことで、大規模な宣伝もされず、結果としてヒットしたとは言えない。まだ新しい角川映画像が固まっていない、狭間の時期の不幸な作品となった。

製作に入る前で中止となり「幻の映画」となったのが、歴史大作『太平記』だった。角川書店創立五十周年記念として、『天と地と』に匹敵するスケールの歴史大作を作ろうと考えた角川春樹は、歴彦と共に作家の森村誠一を築地の料亭へ招き、原作を書いてくれと依頼した。森村はこう回想している。

角川書店の総力を挙げた記念超大作作品の原作執筆に、私は勇躍して、同社の「野性時代」に『太平記』の連載を始めた。当初は一挙掲載四〇〇枚でスタートする予定であったのが、次第に膨らみ、ついに八〇〇枚となった。一つの雑誌に八〇〇枚を一挙掲載したのは私の作家生活中、後にも先にもこれが初めてである。角川事件の発生によって、映画化は中止になったが、全六巻、三〇〇〇枚のこの大長編には、角川映画「天と地と」と並ぶ幻の超大作映画がオーバーラップしている。

（森村誠一公式サイトより）

単行本『太平記』は一九九一年一月から刊行が始まり、『新編太平記』まで含め全六巻で九四年八月に完結する。映画化が実現していれば、角川映画最初期の『野性の証明』以来の森村誠一作品の角川映画だった。

新生角川映画

新生角川映画の最初の作品は、アニメ『スレイヤーズ』と『はじまりの冒険者たちレジェンド・オブ・クリスタニア』で、一九九五年七月二十九日に二本立てで封切られた。角川春樹逮捕から二年弱が過ぎていた。どちらも製作委員会方式で製作され、前者には角川書店、バンダイビジュアル、丸紅、キングレコードが参加し、後者には角川書店、丸紅、ビクターエンタテインメント、テレビ東京が参加した。

春樹時代の角川映画は基本的に「角川春樹事務所」が製作主体だったが、以後は製作委員会方式となっていく。角川歴彦の名が「製作」あるいは「製作総指揮」としてクレジットされるものも限られる。

これについて角川歴彦は二〇〇二年七月二十五日の日経産業新聞のインタビュー記事でこう語っている。新しい角川映画となって七年後、軌道に乗っている時期の発言だ。

「旧角川映画は自己完結型で、一社単独で映画製作などすべての部門を手掛けた。ぼくは、他社とコンソーシアムを組み、みんなで資金を出し合って一つの映画を成功させる方式を選んだ。このリスク分散型の新角川映画は作品がヒットした際の利幅は薄くなるが、一作品にかける投資資金は比較的少なくてすむ。角川の映画事業の継続性が高まるほか、資金を他の映画製作に回すこともできる」

いまや製作委員会方式ではない映画のほうが珍しい。

実写映画――と記さねばならないほど、アニメ映画が多くなったのも角川映画の功績のひとつと言っていいだろう――の新生角川映画の歴史は一九九七年に始まる。

この年の元日の読売新聞に、角川書店は全面広告を出し、そこには「新角川映画始動！」の文字が躍った。そして三作品が公開されることが告知された。すなわち、瀬名秀明原作『パラサイト・イヴ』、アニメ『新世紀エヴァンゲリオン劇場版―シト新生』、そして渡辺淳一原作『失楽園』である。

現時点で振り返れば、この三作にその後の角川映画が三つの路線へ展開していくことが示されていたことになる。角川ホラー、角川アニメ、そして文芸大作路線である。角川アニメについては、この後さらに「角川映画」の枠に収まらない展開をしていくので、本書では割愛させていただく。

翌九八年の『らせん』『リング』で確立される角川ホラーだが、その原作の供給源となったのは角川ホラー文庫であり、日本ホラー小説大賞だった。

角川ホラー文庫は角川春樹の置き土産である。一九九三年四月――歴彦が辞めた後、春樹が逮捕される前――に創刊された。そして、創刊と同時に角川書店とフジテレビの主催で日本ホラー小説大賞が公募され、第一回が九四年三月に決定・発表された。二〇〇六年の第十三回でフジテレビが主催から降り、以後は角川書店単独で主催している。当初は受賞作は「野性時代」に掲載された後、角川書店から単行本、あるいはホラー文庫として刊行された。

第一回は大賞の受賞作はなく、坂東眞砂子が『蟲』で佳作となった（他に二名）。初の大賞受賞作となったのが第二回（一九九五年）の瀬名秀明の『パラサイト・イヴ』である。

一九九七年二月一日、映画『パラサイト・イヴ』（落合正幸監督）は封切られ、配給収入四億九千万円とヒットした。原作はＳＦ色の強いホラーだったが、映画は恋愛サスペンスの要素が強くなっていた。

　この成功を受けて、以後、「角川冬のホラー・シリーズ」が続く。ホラーは夏という常識を打ち破り、大成功したのだ。この「角川冬のホラー」を決定的な人気ブランドにしたのが、一九九八年の『リング』（中田秀夫監督）と『らせん』（飯田譲治監督）だった。共に鈴木光司の原作だ。

『リング』は一九八九年に横溝正史賞に応募され、最終選考まで残ったものの受賞できなかった小説だ。この年にはまだホラー小説大賞がなかったのである。鈴木はその翌年は新潮社の日本ファンタジーノベル大賞に応募した『楽園』がまたも大賞を逃すが、優秀作として出版されたので、『リング』も角川書店から刊行された。当初はそれほど売れなかったが、九三年四月にホラー文庫として出ると売れ始め、九五年には続編として『らせん』が書かれた。

『リング』はすでに九五年八月にフジテレビでドラマ化されていたので、最初は『らせん』だけを映画化しようという企画だった。しかし『らせん』は『リング』の続編として書かれたものなので、『リング』を観ていない人には分かりにくい。そこで二本同時に製作・公開することになったのである。

　映画『リング』は松嶋菜々子扮するテレビ・ディレクターが主人公だが、鈴木光司の原作小説では男性の雑誌記者が主人公だ。原作と映画とで物語が変わる例は角川映画には多いが、このように主人公の性別を変えるのは珍しい。この大胆な改変は、原作者の鈴木光司が映画と小説の違いを理解していたからできたことだったし、原作の版元が製作会社だったから説得できたとも言える。

この『リング』を起点とする小説と映像作品は、その後、ハリウッド映画を含め、多岐にわたる。

角川書店から原作が出ない角川映画の始まり

前後するが、『パラサイト・イヴ』が一九九七年二月の封切りで、その年の五月十日に封切られたのが、渡辺淳一原作『失楽園』（森田芳光監督）だった。

これは、角川映画でありながら、原作小説が角川書店からは出なかった作品だ。角川春樹は、「本屋のおやじ（出版社の社長）」であることにこだわり、自社の本を売るという大義名分のもとで映画を作っていたが、角川歴彦はそんなことにはこだわらない。映画製作者として割り切っていく。この考え方の延長で、後の山崎豊子原作『沈まぬ太陽』という大作が生まれるのである。

『失楽園』は日本経済新聞に一九九五年秋から翌年にかけて連載された。出版社編集者の中年男性と人妻との不倫の恋を描き、連載中からその性愛描写が話題となっていた。角川歴彦と映画製作会社エース・ピクチャーズの原正人とがこの小説を話題にしたのは、連載開始から数ヵ月後で、まだそれほど話題になっていない時期だった。

原正人は日本ヘラルド映画出身のプロデューサーである。角川春樹が映画製作に乗り出すきっかけを作った一人でもある。日本ヘラルド映画は配給会社だったが、映画製作にも乗り出し、ヘラルド・エースを設立し、原はそこで『瀬戸内少年野球団』（篠田正浩監督）や黒澤明の『乱』などを手がけた。親会社のヘラルドとの関係がギクシャクしてきた時に、角川歴彦が声をかけ、ヘラルド・エースは日本ヘラルドから分かれ、角川書店と提携していくことになり、新会社エース・ピクチャーズが作られた。

その最初の作品として、角川歴彦と原は『失楽園』を考えたのだ。

渡辺淳一クラスの大ベストセラー作家になると、新聞連載が決まると同時に、連載開始前から、単行本の版元も決まる。『失楽園』は講談社から出ることになっていた。角川書店は渡辺淳一作品をそれなりに出しており、とくに、渡辺にとって初の文庫となったのは角川文庫の『死化粧』だった。そんな関係から、一九九五年十月、角川書店は創立五十周年記念として『渡辺淳一全集』全二十四巻を刊行していた。さらに九六年三月からは『高杉良経済小説全集』（全十五巻）も刊行され、これが一九九九年の映画『金融腐敗列島　呪縛』（原田眞人監督）へつながる。

こうした角川書店と渡辺淳一との個人的信頼関係から、まだ新聞連載中でどのように物語が終わるのかも分からない段階で映画化の話は決まった。角川歴彦にはこの小説が角川書店から出せないことは初めから分かっていた。『失楽園』は予定通り、講談社から九七年二月に刊行された。この小説が角川文庫に入るのは、映画とは何の関係もなくなる二〇〇四年のことだ。

原は日本ヘラルド映画時代に『エマニエル夫人』を担当した際に、女性に客層を絞った宣伝をしたことで大ヒットさせた経験から、この作品も女性客を狙えば大ヒットすると考えていた。

監督には森田芳光が起用され、主人公の二人には役所広司と黒木瞳が決まる。この二人は激しい性愛描写があることから出演をかなり迷ったという。

出資会社を募るのは角川歴彦の役割で、角川書店とエース・ピクチャーズの他、東映と出版取次の日販、そして三井物産が決まった。当初、テレビ局にも声をかけたが、原作の性愛描写の過激さがあまりにも有名になっていたことから敬遠された。それでいて、映画が大ヒットすると、日本テレビはドラマ化するのである。

『失楽園』は五月十日に封切られ、東京の丸の内東映は満員札止めとなるほど観客が押しかけた。この年はジブリの『もののけ姫』が百億円を超える配給収入で日本映画の一位なのだが、『失楽園』はそれに次ぐ第二位（実写では一位）の二十三億円の配給収入、興行収入では四十五億円で約三百万人を動員した。

こうして一九九七年、新生角川映画は順調なスタートを切ったのである。

その勢いで翌九八年の『リング』『らせん』も成功させると、その年の四月、住友商事の子会社である映画配給とビデオ制作、さらにはゲームソフトの製作をしていたアスミックと、エース・ピクチャーズが合併し、アスミック・エース・エンタテインメントとなった。同社が製作するもの以外にも、角川書店はさまざまな映画に出資、提携していく。そのなかにはたとえば松竹の山田洋次監督の『学校Ⅲ』といった作品もあるが、それを「角川映画」と認識する者はいない。

角川書店グループは、日本のメディアミックスの中心にあった。

もうひとつの『時をかける少女』

こうして角川書店の映画が拡大していくなか、角川春樹も映画界へ戻ってきた。

逮捕されたのが一九九三年八月二十八日で、容疑を否認したため、起訴後もなかなか保釈とならず、一年四ヵ月後の九四年十二月十三日にようやく保釈された。保釈金は一億円だった。

この時点で角川書店は歴彦社長の下で新体制が動いていた。新生角川書店が抱える問題のひとつが、角川春樹が依然として大株主であることだった。所有割合は角川春樹本人だけで二三・五九パーセント、長男・太郎と妻・佳子名義のものも含めると二七・六パーセントとなる。角川歴彦は「年商五五〇億円、従業員約五〇〇名を擁する企業になっているので、同族経営の枠組みを超えなければならない」と宣言していた。

弁護士が間に入り、一九九五年三月二十日、角川春樹は持ち株全てを売却した。といっても、角川歴彦あるいは角川書店へ売ったのではなく、日本生命保険をはじめとする二十一社に売却された。その額は一株あたり三二〇〇円で、総額四八億五三四二万四〇〇〇円だった。

『全てがここから始まる』にはその株式譲渡が弁護士の事務所で行なわれた時の角川春

樹のことをこう記している。

株券の最後の受け渡しが終わった時、元社長（角川春樹）は、肩に掛けるカバンに小切手を無造作に詰め込み、その場の一同に「ご苦労さん」と声を掛け、大雨の中を小さな折り畳み傘をさして、濡れながら帰って行った。

この瞬間、角川春樹と角川書店とは関係がなくなった。

かつての角川春樹事務所は春樹在任中に角川書店に合併されたため、その映画の諸権利も角川書店にあるわけだが、これについて角川春樹は納得できなかったようで、裁判を起こすが、敗訴した。したがって、『犬神家の一族』以後『REX恐竜物語』までの作品の権利は現在のKADOKAWAにある。

角川春樹は角川書店の株を三二〇〇円で売ったわけだが、一九九八年十一月二十六日に角川書店が上場した時は、取引開始直後に四二七〇円の値が付いた。翌年には一万円を超え、四月には二万円台、九月中旬までに三万円台に乗り、さらに十一月二十六日の上場一年後には四万四〇〇〇円台になったという。角川春樹が「おれは一割弱の金額で角川書店の株を手放したことになる」と語るのは、そのためだ。「その点では膨大な損をしたことになるが、もうそんなことはどうでもいいことだ」とも語っている。

株譲渡から半年後の一九九五年九月十二日付けで、角川春樹は新たに株式会社角川春樹事務所を設立した。映画会社ではなく出版社であり、二〇一六年現在も続いている。

一方、国家との裁判闘争が続いていた。彼はあくまで保釈の身なのである。

そんな時期の一九九七年十一月八日、角川春樹事務所製作の筒井康隆原作『時をかける少女』が封切られた。監督は角川春樹が自らが担った。主演は中本奈奈で、原田知世がナレーションをし、野村宏伸、伊武雅刀、中村俊介、榎木孝明、渡瀬恒彦、倍賞美津子といった、かつての角川映画の出演者たちも顔を出している。モノクロームで撮られ、主人公が暮らす家は角川源義邸で撮影されたという、プライベート・フィルムのような作品だ。この時点で角川春樹事務所はハルキ文庫を創刊しており、筒井の『時をかける少女』もその一冊となっていた。

しかし、かつてのような大規模な宣伝が展開されたわけでもなく、この角川春樹監督版『時をかける少女』の知名度は低い。

大映を買収

角川書店は上場し、さらに規模を拡大していった。出版社や映像会社の買収もしていった。そのなかで最大規模のものが、大映の買収だった。

大映が倒産したのは一九七一年十二月だった。ワンマン社長の永田雅一による放漫経営が原因とされたが、映画界全体が低迷していたのが最大の理由だろう。

その大映の経営を引き受けたのが、徳間書店の徳間康快だった。一九七四年に大映は徳間書店傘下の子会社となった。撮影所はテレビ映画を製作するなどしてずっと継続していたが、自社で製作する劇場用映画は数年に一本、大作を製作するくらいだった。徳間の人脈から中国との合作の『未完の対局』や『敦煌』、あるいはロシアで撮影した『おろしや国酔夢譚』など、他の映画会社では作れない規模の作品もあった。しかし、バブル崩壊後は徳間書店グループ全体の赤字が累積し、銀行の管理下に置かれるようになっていた。

そんな最中の二〇〇〇年九月二十日、徳間康快が七十八歳で亡くなった。総帥の死により、この巨大メディアグループは解体を余儀なくされ、大映は角川が買収することになった。

正式に買収されたのは二〇〇二年七月で、大映が保有する全映画の権利と、調布市にあった大映スタジオを含む全事業が徳間書店から角川書店に売却され、十一月、角川の子会社として「株式会社角川大映映画」が設立された。

角川歴彦が大映買収を決めたのは、病床の徳間との間で約束していたからだとの説もあるが、二人の友情・信義が根底にあったとしても、ビジネスとして勝算がなければならない。大映の資産はこれからの映画を作るためのスタジオと、過去六十年間に製作した約千六百本の映画にあった。

すでにDVDの時代が始まろうとしており、ビデオテープにとって代わるのは間違いがなかった。この時期、パッケージソフトには将来性があったのである。さらに先のインターネットでの映像配信まで視野に入れていたのかもしれない。

二〇〇四年、「角川大映映画」はグループの再編により、他の映像子会社と合併し、「角川映画株式会社」となった。一九七六年以後、自他共に「角川映画」と呼んでいたが、それはブランド名に過ぎず、角川映画という名の会社はなかった。それが初めて、角川映画を名乗る企業が誕生したのだ。さらに配給会社の日本ヘラルド映画も角川が買い取ることになる。

大映買収との直接の関係はないが、山崎豊子の大作『沈まぬ太陽』の映画化は、かつての大映が継続していると思わせるものとなった。

山崎豊子の著作は大半が映画、あるいはテレビドラマとなっていた。だが、長編小説では共産党系音楽鑑賞団体をモデルにした『仮装集団』と、日本航空の労働組合運動と御巣鷹山の事故をモデルにして描いた『沈まぬ太陽』だけが映像化されていなかった。『沈まぬ太陽』については単行本が発行された直後の二〇〇〇年に徳間康快が自分の大映と東映との合作で映画化すると発表したのだが、徳間の死もあり、頓挫していたのである。

大映と山崎豊子作品とは縁が深く、田宮二郎の代表作となった『白い巨塔』(山本薩夫監督)をはじめ、『ぼんち』(市川崑監督)、『女の勲章』(吉村公三郎監督)、『女系家族』(三隅研次監督)は大映作品である。

その大映を手に入れた角川歴彦は、『沈まぬ太陽』の映画化を決断した。

社会派大作としては、一九九九年に高杉良原作の『金融腐蝕列島 呪縛』（原田眞人監督）を作っており、実績もあった。

こうして二〇〇九年に角川書店の出版とは関係のない原作でありながら、同作品は角川映画の超大作として製作された。監督は若松節朗で、渡辺謙が主演である。

『失楽園』の時は、その本こそ講談社から出たものだったが、角川文庫の渡辺淳一作品は二十冊以上あったので、映画と連動しての渡辺淳一フェアが可能だった。しかし『沈まぬ太陽』の時は、他の作品を含めた山崎豊子の本を大々的に宣伝して売ったのは角川書店のライバルの新潮社である。

「角川の本を売るための映画作り」として始まった角川映画は、大映やヘラルドを吸収したことで、純然たる映画会社に成長したのであった。

以後も角川グループは映画・映像関連会社を買収し、社名変更・組織変更を何度も繰り返し、映画事業を拡大していった。

二〇一三年六月、角川歴彦率いる株式会社角川グループホールディングスは株式会社KADOKAWAとなり、同年十月にグループ企業を吸収合併したので、現在、「角川映画」という会社はなく、「角川映画」はブランドのひとつとなっている。

原田知世と宮沢りえの競演

角川春樹事務所の出版事業も順調だった。しかし角川春樹は法定廷闘争では最高裁まで争いながらも二〇〇〇年十一月、懲役四年の実刑判決が確定してしまった。その直後に胃癌の手術を受けた。東京拘置所に収監されたのは二〇〇一年十一月五日で、八王子医療刑務所、静岡刑務所と移され、二〇〇四年四月八日、未決勾留分が換算されたこともあり、二年五ヵ月三日で、仮釈放された。

親しい作家や友人、知人たちを招いての角川春樹の「復活の日」祝宴会が開かれたのは、六月二十四日である。角川歴彦にも招待状を送ったが、来なかったという。

翌二〇〇五年十二月十七日、角川春樹の実姉である辺見じゅん原作の『男たちの大和／ＹＡＭＡＴＯ』が終戦六十周年記念映画として封切られた。監督は『人間の証明』『野性の証明』で角川と組んだ佐藤純彌で、製作費は公称二十五億円と謳われた。主演は反町隆史、中村獅童、松山ケンイチ、仲代達矢らで、広島県尾道市に原寸大の戦艦大和のセットを作ったことも話題になり、長渕剛が歌う主題歌もヒットし、約四百万人の観客動員、興行収入五十一億一千万円と大ヒットした。この映画以降の角川春樹の映画も製作委員会方式が取られ、この作品では角川春樹事務所と東映の他、テレビ朝日と朝日新聞とその系列会社等が出資した。

以後の角川春樹プロデュース作品も製作委員会方式で作られていくが興行的には成功しない。

二〇〇七年三月三日、チンギス・ハーンを描いたモンゴルとの合作映画『蒼き狼～地果て海尽きるまで～』（澤井信一郎監督）が封切られた。これは井上靖の同名の小説ではなく、森村誠一が書いた『地果て海尽きるまで』が原作である。チンギス・ハーンがモンゴルを統一したのが一二〇六年なので、モンゴル建国八百年記念映画としてモンゴルで撮影された。しかし登場人物はチンギス・ハーンに反町隆史が扮したのをはじめ、全て日本人俳優でセリフも日本語だ。戦闘シーンは『天と地と』を思い出させた。三十億円を投じた大作だったが、興行収入は十三億九千万。十億円を超えているのでヒットしたとは言えるが、大赤字だ。

二〇〇七年十二月一日には黒澤明作品のリメイク権を得て、『椿三十郎』を森田芳光監督で製作した。角川春樹は黒澤映画に憧れていながらも、黒澤明とは映画を作ることができなかったが、こういうかたちで黒澤映画を作ろうとしたのだ。しかし「興行収入四十億円が最低ライン」と語っていたが、十一億四千万円だった。

二〇〇八年六月七日には機本伸司原作のSF青春コメディ『神様のパズル』(三池崇史監督)が公開された。これはもともと大作ではない。

二〇〇九年十一月十四日には佐々木譲原作『笑う警官』を製作した。当初、監督は別の者だったが、角川春樹が途中で自分がやったほうがいいと決断し、『時をかける少女』以来の監督もした。封切り前には「最低でも十五億円の興行収入は保証できる。二十億は自信がある」と語っていたが、とても達成できなかった。

角川春樹事務所が発行する小説等の映像化はその後もいくつもあるが、角川春樹が製作に直接関わったものはない。

同社が刊行した角田光代の『紙の月』は、二〇一四年にテレビドラマと映画になった。NHKのドラマでは原田知世が、映画では宮沢りえが主演した。偶然ではあろうが、角川春樹事務所の小説が、角川春樹が映画の世界へ招き入れた二人の女優による競演で映像化されたのだ。

二〇一四年十二月、ちょうど映画が公開された直後に角川春樹氏にインタビューした際、その話題になると、「そうなんだよ。二人とも私が女優にしたんです」と、とても嬉しそうだった。

しかし、自分ではもう映画を作らないのかと質問すると、角川春樹はきっぱりと、「いまの日本映画界には興味がない」と言い切った。

文庫版のためのあとがき

こうして、角川映画は二〇一六年に四十周年となる。

四十周年記念作品として、この文庫版が出る頃には二作が公開される予定だ。ひとつは、赤川次郎原作『セーラー服と機関銃―卒業―』(橋本環奈主演、前田弘二監督)で、もうひとつは夢枕獏原作『エヴェレスト　神々の山嶺』(岡田准一、阿部寛主演、平山秀幸監督)だ。

かつて新興にして異端であり風雲児だった角川映画は、いまや松竹、東宝、東映に次ぐ大手映画会社となった。かつてはオフィスだけだったが、いまやスタジオを持ち、洋画を含めて配給もし、映画館まで持つ垂直統合型映画会社であり、「角川映画」と銘打たれない作品でも角川映画が関係している作品は多く、その全貌を把握することは不可能に近くなっている。

この、現在の角川映画と、この本で歴史として描いた角川春樹時代の角川映画とは断絶がある。なぜ、どのように断絶が生じたのか――文庫版で大幅に加筆した終章では、その断絶の経緯を記した。その過程で角川春樹・角川歴彦兄弟に何があったのかは、関係者の証言も食い違い、まだまだよく分からないことがあるが、この本のテーマはあく

「角川映画」ではないので、深入りはしなかった。「角川映画」がどうなったかを説明するために必要最低限のことを記すのに留めたのは、この本の版元が片方の当事者だから遠慮したわけではない。興味深い題材ではあるが本筋から外れると判断したからである。

以下は単行本のあとがきを再録する。

中学生のとき、映画監督という仕事があることを知った。それまでは、映画スターにしか関心がなかったが、生意気盛りの中学生は、何かのきっかけで「映画はスターではなく、監督に着目して観るものだ」ということを知った。そして高校一年の秋に『犬神家の一族』が封切られると、「角川春樹」という名と共に、「映画プロデューサー」という職業を知った。

小学校三年でシャーロック・ホームズと出会いミステリ・ファンになった私は、中学時代に創元推理文庫はあらかた読んでしまい、それから森村誠一を皮切りに日本のミステリを読んでいた。そんな私のミステリ熱が高まる時期に、横溝正史ブームとなった。何のためらいもなく、私は横溝、森村をはじめ、角川文庫が次々と出す日本のミステリを夢中になって読んでいた。バイクには乗らないし銃にも興味はないのに大藪春彦をかなり読んだのも、角川文庫のおかげだ。

この本はそういう、芸術志向ではないミステリ・ファンが書いたものとご理解いただきたい。映画の本とうたいながら、角川文庫の作家たちについてもかなりの字数を割いたのは、もちろん、映画と文庫とが連動していたことを示すためでもあるが、私自身の思い出のためでもある。

高校時代に、角川文庫と角川映画に出会わなかったら、「つまらない文学青年」になっていたかもしれず、その点は角川書店に感謝している。

この本を書くにあたっては、ＤＶＤやブルーレイを買い求めて『野性号の航海』と『ボビーに首ったけ』以外はすべて見たし、原作ももう一度手に取って読み直した。

十年・四十四作を書くにあたっては、一作ずつをほぼ同じ文字数で書くのではなく、一年ごとにほぼ同じ文字数で書くことにした。そのため、前半の年に一作ずつの時代と後半とでは、映画ごとに割いた文字数はかなり異なる。それは、多分、製作者の熱意と比例しているはずだ。

私が角川映画と再会したのは、二〇一一年三月のことだった。東京電力福島第一原発の事故後、「日本最後の日」が来るのではないかと憂鬱な気分が続いた。何もやる気がせず、そんな日々、テレビを観る気にもなれず、「そうだ映画でも観るか」と、ＤＶＤを観ることにした。半ば自暴自棄になっていたので、どうせ日本最後の日が近いのなら、人類最後の日の話にしようと、『復活の日』を観た。あまりに面白かったので、しばらく角川映画を観る日々が続いた。そんなある日、大阪へ行く用があり、「関西ウォーカー」の玉置泰紀編集長と会った。雑談しているうちに、「角川映画についてのまとまった本を作ろう」と盛り上がった。

そこで、まずは「関西ウォーカー」に連載しようとなり、二〇一三年夏から『すべては、角川映画からはじまった。』と題して書くようになった。この連載では大林宣彦監督、井筒和幸監督とそれぞれ対談する機会も得て、当時の雰囲気の一端を実感できた。

連載も一年が過ぎて、そろそろ本にしようとなり、その過程でいろいろあったが、玉置氏がねばり、こうして刊行できることになった。かなり加筆したので、書き下ろしに近いものとなり、担当の若林毅氏には、お待たせしてしまった。

文庫版のための追記

「角川映画」という書名ではあるが、「角川映画と角川文庫」としてもおかしくはない内容のこの本が、他ならぬ角川文庫の一冊となるのは感慨深い。

一冊の本を書くと、さまざまな出会いが生まれる。

「はじめに」に記したように、単行本としてこの本が出てから、角川春樹氏にインタビューする機会を得た。それは双葉社の雑誌でのアイドル特集のための取材で、角川アイドル映画について聞くためだった。「わたしはアイドル映画を作っていた意識はない」と最初に言われてしまったが、それは多分、「アイドル映画」の定義が角川春樹氏と私と、そして世間一般とで異なるのだろう。そのインタビューは、双葉社の「EX大衆」二〇一五年一月号に掲載されているので興味のある方は探してご覧いただきたい。

また、角川映画に最も多く原作を提供した作家・赤川次郎氏にも、KKベストセラーズのムック『語れ！80年代アイドル』で角川映画のページを担当した時に、インタビューした。

単行本の執筆中にも大林宣彦監督とは何度かお会いして角川映画についてもいろいろと聞いていたが、その後もPHP新書『大林宣彦の体験的仕事論』を作る過程で、さらに多くの話を聞いた。この文庫版ではそれらも反映してある。

終章「その後」の増補にあたっては、株式会社KADOKAWA代表取締役専務執行役員である井上伸一郎氏に時間をとっていただき、文献資料では分からない部分について話を聞き、参考にした。

単行本が出てからたった二年ではあるが、その間に高倉健氏をはじめ、登場人物の何人かが亡くなり、校正の過程で生没年の没年を入れなければならなかったのは、直接面識があった方々ではないが、寂しいものだった。その一方で、この二年間に、角川映画に関係した人々の回想録や評伝が何点か出ている。ようやくこの時代が「歴史」として語られるようになったのである。気が付いた範囲でそれらの本も目を通し、改めるべきところは直したが、まったくの新事実として加えた事柄はない。

資料編

参考文献

最も参考にしたのは各映画の劇場プログラムで、各映画の原作小説もいちいち挙げないが参考にした。

角川書店発行「バラエティ」は全号が参考文献で、それ以外の雑誌で資料として使用したものは、
・「キネマ旬報」一九九三年十月下旬号「特集・角川映画の功と罪」
・「映画芸術」一九九四年冬「特集　角川春樹と角川映画」
・「週刊ポスト」一九九八年三月から六月にかけての連載・生江有二「阿修羅を見たか 角川春樹と日本映画の二〇年」
・「プレジデント」一九七七年十月号「わが闘争　角川春樹」
・「季刊映画宝庫」9（一九七九）「日本映画が好き!!!」
書籍・ムックとしては以下を参照した。

■角川映画・角川書店・角川春樹関係
・バラエティ別冊『角川映画大全集』角川書店（一九八六）
・角川春樹著『試写室の椅子』角川書店（一九八五）
・鎗田清太郎著『角川源義の時代——角川書店をいかにして興したか』角川書店（一九九五）
・角川春樹著『わが闘争　不良青年は世界を目指す』イースト・プレス（二〇〇五）
・佐藤吉之輔著『全てがここから始まる——角川グループは何をめざすか』角川グループホールディングス（二〇〇七）

・山北真二著『角川春樹の功罪——出版界・映画界を揺るがせた男』東京経済（一九九三）
・塩澤実信著『出版社の運命を決めた一冊の本』流動出版（一九八〇）

■映画作家関係

・キネマ旬報社編『シネアスト　市川崑』キネマ旬報社（二〇〇八）
・映画秘宝編集部編『市川崑大全』洋泉社（二〇〇八）
・市川崑・森遊机著『市川崑の映画たち』ワイズ出版（一九九四）
・和田誠・森遊机著『真実と影——市川崑監督作品を語る』河出書房新社（二〇〇一）
・小谷充著『市川崑のタイポグラフィ「犬神家の一族」の明朝体研究』水曜社（二〇一〇）
・佐藤純彌著『シネマ遁走曲』青土社（一九八六）
・山口猛著『松田優作　炎静かに』立風書房（一九九〇）
・『松田優作クロニクル』キネマ旬報社（一九九八）
・大下英治著『蘇える松田優作』リム出版（一九九〇）
・深作欣二・山根貞男著『映画監督　深作欣二』ワイズ出版（二〇〇三）
・大林宣彦著『4／9秒の言葉——4／9秒の暗闇＋5／9秒の映像＝映画』創拓社（一九九六）
・大林宣彦著『ぼくの映画人生』実業之日本社（二〇〇八）
・石塚良太・野村正昭（責任編集）『A MOVIE・大林宣彦』芳賀書店（一九八六）
・高林陽一著『魂のシネアスト　高林陽一の宇宙』ワイズ出版（二〇〇三）
・桂千穂著／北里宇一郎・北川れい子編『多重映画脚本家　桂千穂』ワイズ出版（二〇〇五）
・古東久人（責任編集）『相米慎二　映画の断章』芳賀書店（一九八九）

・キネマ旬報社編『シネアスト　相米慎二』キネマ旬報社（二〇一一）
・木村建哉・藤井仁子・中村秀之編『甦る相米慎二』インスクリプト（二〇一一）
・森田芳光著『森田芳光組』キネマ旬報社（二〇〇三）
・井筒和幸著『ガキ以上、愚連隊未満。』ダイヤモンド社（二〇一〇）
・井筒和幸著『サルに教える映画の話』バジリコ（二〇〇五）
・和田誠著『聞いたり聞かれたり』七つ森書館（二〇一三）
・澤井信一郎・鈴木一誌著『映画の呼吸——澤井信一郎の監督作法』ワイズ出版（二〇〇六）
・笠原和夫・荒井晴彦・絓秀実著『昭和の劇——映画脚本家・笠原和夫』太田出版（二〇〇二）
・大野雄二著『ルパン三世　ジャズノート＆ＤＶＤ』講談社（二〇〇四）
・『薬師丸ひろ子フォトメモワール　Ｐａｒｔ１～Ｐａｒｔ３』角川文庫（一九八四）
・原田知世著『時の魔法使い』角川文庫（一九八四）
・金澤誠著『徳間康快　夢を背負って、坂道をのぼり続けた男』文化通信社（二〇一〇）
・佐高信著『飲水思源（メディアの仕掛人、徳間康快）』金曜日（二〇一二）
・伊地智啓著、上野昂志・木村建哉編『映画の荒野を走れ　プロデューサー始末半世紀』インスクリプト（二〇一五）
・長谷川康夫著『つかこうへい正伝　1968-1982』新潮社（二〇一五）
・大林宣彦・中川右介著『大林宣彦の体験的仕事論』ＰＨＰ新書（二〇一五）
・山本俊輔・佐藤洋笑著『映画監督村川透　和製ハードボイルドを作った男』ＤＵ　ＢＯＯＫＳ（二〇一六）

■映画界
・樋口尚文著『『砂の器』と『日本沈没』70年代日本の超大作映画』筑摩書房（二〇〇四）
・山根貞男著『日本映画の現場へ』筑摩書房（一九八九）
・文化通信社編著『映画界のドン　岡田茂の活動屋人生』ヤマハミュージックメディア（二〇一二）
・高岩淡著『銀幕おもいで話』双葉文庫（二〇一三）
・春日太一著『あかんやつら　東映京都撮影所血風録』文藝春秋（二〇一三）
・斉藤守彦著『映画宣伝ミラクルワールド　東和・ヘラルド・松竹富士独立系配給会社黄金時代』洋泉社（二〇一三）
・『キネマ旬報ベスト・テン85回全史　１９２４→２０１１』キネマ旬報社（二〇一二）
・『語れ！　80年代アイドル』ＫＫベストセラーズ（二〇一四）
■映画
・山田誠二著『18人の金田一耕助』光栄（一九九八）
・映画秘宝ex『金田一耕助映像読本』洋泉社（二〇一三）
・ダ・ヴィンチ特別編集『金田一耕助 The Complete——日本一たよりない名探偵とその怪美な世界』メディアファクトリー（二〇〇四）
・小山正・日下三蔵（監修）『越境する本格ミステリ——映画・ＴＶ・漫画・ゲームに潜む本格を探せ！』扶桑社（二〇〇三）
・別冊映画秘宝『アイドル映画30年史』洋泉社（二〇〇三）
・岩佐陽一編著『戦国自衛隊大全——『戦国自衛隊』『戦国自衛隊１５４９』の世界』双葉社（二

〇〇五）
・映画秘宝ex『鮮烈！　アナーキー日本映画史1959‐1979』洋泉社（二〇一二）
・映画秘宝ex『鮮烈！　アナーキー日本映画史1980‐2011』洋泉社（二〇一二）

■作家

・横溝正史著『真説金田一耕助』角川文庫（一九七九）
・小林信彦編『横溝正史読本』角川文庫（一九七九）
・江藤茂博・浜田知明・山口直孝（編）『横溝正史研究2　ビジュアライズ横溝正史ミステリー』戎光祥出版（二〇一〇）
・森村誠一著『ロマンの切子細工』角川文庫（一九八四）
・森村誠一著『ロマンの象牙細工』講談社文庫（一九八八）
・森村誠一著『遠い昨日、近い昔』バジリコ（二〇一五）
・山前譲編著『森村誠一読本』ケイエスエス（一九九八）
・文藝別冊『半村良』河出書房新社（二〇〇七）
・つかこうへい著『つか版・男の冠婚葬祭入門』角川文庫（一九八六）
・三谷薫・中村圭子編『山川惣治――「少年王者」「少年ケニヤ」の絵物語作家』河出書房新社（二〇〇八）
・郷原宏著『「赤川次郎」公式ガイドブック――赤川ワールドのすべて』三笠書房・王様文庫（二〇〇一）
・『山崎豊子　全小説を読み解く』洋泉社（二〇〇九）

角川映画 作品データ
1976-2016

掲載のリストでは本書で取り上げた作品および株式会社KADOKAWAが中心となって製作した作品を紹介している。
スタッフやキャストなどの情報はムービーウォーカー（HP:movie.walkerplus.com）を参照している。

〔原〕：原作　〔歌〕：主題歌
〔監〕：監督　〔収〕：配給収入
〔出〕：出演または声の出演

犬神家の一族

1976年11月13日公開〈東宝配給〉
〔原〕横溝正史／〔監〕市川崑／〔出〕石坂浩二、高峰三枝子、三条美紀、草笛光子／〔歌〕『愛のバラード』（大野雄二）／〔収〕15億5900万円／キネマ旬報ベストテン第5位（読者選出ベストテン第1位）

人間の証明

1977年10月8日公開〈東映配給〉
〔原〕森村誠一／〔監〕佐藤純彌／〔出〕岡田茉莉子、松田優作、三船敏郎、鶴田浩二／〔歌〕『人間の証明』（ジョー山中）／〔収〕22億5100万円／キネマ旬報ベストテン第50位（読者選出ベストテン第8位）

野性号の航海 翔べ怪鳥モアのように

1978年5月27日公開〈日本ヘラルド映画配給〉
〔監〕門田得三／ナレーション西田敏行／〔歌〕『終わりのない旅（ENDLESS WAY）』（井上幸之）

野性の証明

1978年10月7日公開
〔原〕森村誠一／〔監〕佐藤純彌／〔出〕高倉健、薬師丸ひろ子、中野良子、夏八木勲／〔歌〕『戦士の休息』（町田義人）／〔収〕21億5000万円／キネマ旬報ベストテン第40位（読者選出ベストテン第7位）

悪魔が来りて笛を吹く

1979年1月20日公開〈東映配給〉
〔原〕横溝正史／〔監〕斎藤光正／〔出〕西田敏行、夏八木勲、鰐淵晴子、宮内淳／〔歌〕『旅ゆく者よ』（榎本るみ）／〔収〕7億3000万円／キネマ旬報ベストテン第57位

白昼の死角

1979年4月7日公開〈東映配給〉
〔原〕高木彬光／〔監〕村川透／〔出〕夏八木勲、竜崎勝、中尾彬、千葉真一／〔歌〕『欲望の街』（ダウン・タウン・ブギウギ・バンド）／〔収〕6億1000万円／キネマ旬報ベストテン第49位

金田一耕助の冒険

1979年7月14日公開〈東映配給〉
〔原〕横溝正史（『瞳の中の女』）／〔監〕大林宣彦／〔出〕古谷一行、田中邦衛、坂上二郎、吉田日出子／〔歌〕『金田一耕助の冒険・青春編』（センチメンタル・シティ・ロマンス）／※『蘇える金狼』と2本立て

蘇える金狼

1979年8月25日公開〈東映配給〉
〔原〕大藪春彦／〔監〕村川透／〔出〕松田優作、風吹ジュン、佐藤慶、成田三樹夫／〔歌〕『蘇る金狼のテーマ』（前野曜子）／〔収〕10億4200万円／キネマ旬報ベストテン第38位（読者選出ベストテン第8位）

戦国自衛隊

1979年12月5日公開〈東宝・東映洋画系配給〉
〔原〕半村良／〔監〕斎藤光正／〔出〕千葉真一、夏八木勲、渡瀬恒彦、江藤潤／〔歌〕『戦国自衛隊のテーマ』（松村とおる）／〔収〕13億5200万円

復活の日

1980年6月28日公開〈東宝配給〉
〔原〕小松左京／〔監〕深作欣二／〔出〕草刈正雄、オリビア・ハッセー、ジョージ・ケネディ、緒方拳／〔歌〕『You are love』（ジャニス・イアン）／〔収〕23億9500万円／キネマ旬報ベストテン第19位（読者選出ベストテン第4位）

野獣死すべし

1980年10月４日公開〈東映配給〉
〔原〕大藪春彦／〔監〕村川透／〔出〕松田優作、小林麻美、室田日出男、根岸季衣／〔歌〕『野獣死すべしのテーマ』（岡野等と荒川バンド）／〔収〕７億3000万円／キネマ旬報ベストテン第24位（読者選出ベストテン第6位）

ニッポン警視庁の恥といわれた二人組　刑事珍道中

1980年10月４日公開〈東映配給〉
〔監〕斎藤光正／〔出〕中村雅俊、勝野洋、金子信雄、大楠道代／テーマソング『マーマレードの朝』（中村雅俊）／キネマ旬報ベストテン第43位／※『野獣死すべし』と2本立て

スローなブギにしてくれ

1981年３月７日公開〈東映配給〉
〔原〕片岡義男／〔監〕藤田敏八／〔出〕浅野温子、古尾谷雅人、浅野裕子、竹田かほり／〔歌〕『スローなブギにしてくれ』（南佳孝）／〔収〕３億8500万円／キネマ旬報ベストテン第11位

魔界転生

1981年６月６日公開〈東映配給〉
〔原〕山田風太郎／〔監〕深作欣二／〔出〕千葉真一、沢田研二、佳那晃子、緒方拳／〔収〕10億300万円／キネマ旬報ベストテン第31位（読者選出ベストテン第10位）

ねらわれた学園

1981年７月11日公開〈東宝配給〉
〔原〕眉村卓／〔監〕大林宣彦／〔出〕薬師丸ひろ子、高柳良一、長谷川真砂美、手塚眞／〔歌〕『守ってあげたい』（松任谷由実）／〔収〕12億6700万円／キネマ旬報ベストテン第38位

悪霊島

1981年10月３日公開〈東映 ＝ 日本ヘラルド配給〉
〔原〕横溝正史／〔監〕篠田正浩／〔出〕鹿賀丈史、岩下志麻、佐分利信、古尾谷雅人／〔歌〕『Let It Be』（THE BEATLES）／〔収〕９億3000万円／キネマ旬報ベストテン第40位

蔵の中

1981年10月３日公開〈東映配給〉
〔原〕横溝正史／〔監〕高林陽一／〔出〕山中康仁、松原留美子、亜湖、中尾彬／〔歌〕『遊びをせむとや生まれけむ』（桃山晴衣）／キネマ旬報ベストテン第43位／※『悪霊島』と２本立て

セーラー服と機関銃

1981年12月19日〈東映配給〉
〔原〕赤川次郎／〔監〕相米慎二／〔出〕薬師丸ひろ子、渡瀬恒彦、風祭ゆき、大門正明／〔歌〕『セーラー服と機関銃』（薬師丸ひろ子）／〔収〕22億円8800万円※「完璧版」と合わせて／キネマ旬報ベストテン第18位

化石の荒野

1982年４月17日公開〈東映配給〉
〔原〕西村寿行／〔監〕長谷部安春／〔出〕渡瀬恒彦、浅野温子、川津祐介、郷えい治／〔歌〕『化石の荒野』（しばたはつみ）／〔収〕２億6000万円／キネマ旬報ベストテン第67位

セーラー服と機関銃 完璧版

1982年７月10日〈東映配給〉
〔原〕赤川次郎／〔監〕相米慎二／〔出〕薬師丸ひろ子、渡瀬恒彦、風祭ゆき、大門正明／〔歌〕『セーラー服と機関銃』（薬師丸ひろ子）

この子の七つのお祝いに

1982年10月９日公開〈松竹配給〉
〔原〕斎藤澪／〔監〕増村保造／〔出〕岩下志麻、根津甚八、辺見マリ、畑中葉子／キネマ旬報ベストテン第61位／※『蒲田行進曲』と２本立て

蒲田行進曲

1982年10月９日公開〈松竹配給〉
〔原〕つかこうへい／〔監〕深作欣二／〔出〕松坂慶子、風間杜夫、平田満、高見千佳／〔歌〕『蒲田行進曲』（松坂慶子　風間杜夫　平田満）／〔収〕17億6300万円／キネマ旬報ベストテン第1位（読者選出ベストテン第1位）

汚れた英雄

1982年12月18日公開〈東映配給〉
〔原〕大藪春彦／〔監〕角川春樹／〔出〕草刈正雄、レベッカ・ホールデン、木の実ナナ、浅野温子／〔歌〕『汚れた英雄』ローズマリー・バトラー／〔収〕16億円／キネマ旬報ベストテン第41位

伊賀忍法帖

1982年12月18日公開〈東映配給〉
〔原〕山田風太郎／〔監〕斎藤光正／〔出〕真田広之、渡辺典子、千葉真一、田中浩／〔歌〕『愚かしくも 愛おしく』(宇崎竜童)／※『汚れた英雄』と2本立て

幻魔大戦

1983年3月12日公開〈東宝東和配給〉
〔原〕平井和正／〔監〕りんたろう／声の〔出〕古谷徹、小山茉美、江守徹、池田昌子／〔歌〕『光の天使(CHILDREN OF THE LIGHT)』(ローズマリー・バトラー)／〔収〕10億5900万円

探偵物語

1983年7月16日公開〈東映配給〉
〔原〕赤川次郎／〔監〕根岸吉太郎／〔出〕薬師丸ひろ子、松田優作、秋川リサ、岸田今日子／〔歌〕『探偵物語』(薬師丸ひろ子)／〔収〕28億400万円／キネマ旬報ベストテン第25位(読者選出ベストテン第10位)

時をかける少女

1983年7月16日公開〈東映配給〉
〔原〕筒井康隆／〔監〕大林宣彦／〔出〕原田知世、高柳良一、尾美としのり、岸部一徳／〔歌〕『時をかける少女』(原田知世)／キネマ旬報ベストテン第15位(読者選出ベストテン第3位)／※『探偵物語』と2本立て

里見八犬伝

1983年12月10日公開〈東映配給〉
〔原〕鎌田敏夫(『新・里見八犬伝』)／〔監〕深作欣二／〔出〕薬師丸ひろこ、真田広之、千葉真一、寺田農／〔歌〕『里見八犬伝』『八剣士のテーマ(White Light)』(ジョン・オバニオン)／〔収〕23億1000万円／キネマ旬報ベストテン第50位

少年ケニヤ

1984年3月10日公開〈東映配給〉
〔原〕山川惣治／〔監〕大林宣彦／声の〔出〕高柳良一、原田知世、大塚周夫、井上真樹夫／〔歌〕『少年ケニヤ』(渡辺典子)／〔収〕6億5000万円

晴れ、ときどき殺人

1984年5月26日公開〈東映セントラルフィルム配給〉
〔原〕赤川次郎／〔監〕井筒和幸／〔出〕渡辺典子、太川陽介、伊武雅刀、松任谷正隆／〔歌〕『晴れ、ときどき殺人(キルミー)』(渡辺典子)／〔収〕3億9000万円／キネマ旬報ベストテン第38位

湯殿山麓呪い村

1984年5月26日公開〈東映セントラルフィルム配給〉
〔原〕山村正夫／〔監〕池田敏春／〔出〕永島敏行、織本順吉、岩崎加根子、永島瑛子／キネマ旬報ベストテン第69位／※『晴れ、ときどき殺人』と2本立て

メイン・テーマ

1984年7月14日公開〈東映配給〉
〔原〕片岡義男／〔監〕森田芳光／〔出〕薬師丸ひろ子、野村宏伸、財津和夫、渡辺真知子／〔歌〕『メイン・テーマ』(薬師丸ひろ子)／〔収〕18億5500万円／キネマ旬報ベストテン第42位

愛情物語

1984年7月14日公開〈東映配給〉
〔原〕赤川次郎／〔監〕角川春樹／〔出〕原田知世、倍賞美津子、ジョニー大倉、山口敦子／〔歌〕『愛情物語』(原田知世)／キネマ旬報ベストテン第38位／※『メイン・テーマ』と2本立て

麻雀放浪記

1984年10月10日公開〈東映配給〉
〔原〕阿佐田哲也／〔監〕和田誠／〔出〕真田広之、鹿賀丈史、大竹しのぶ、加賀まりこ／〔歌〕『東京の花売娘』(岡晴夫)／〔収〕5億1000万円／キネマ旬報ベストテン第4位(読者選出ベストテン第3位)

いつか誰かが殺される
1984年10月10日公開〈東映配給〉
〔原〕赤川次郎／〔監〕崔洋一／〔出〕渡辺典子、古尾谷雅人、松原千明、白竜／〔歌〕『いつか誰かが…』(渡辺典子)／キネマ旬報ベストテン第69位／※『麻雀放浪記』と２本立て

天国にいちばん近い島
1984年12月15日公開〈東映配給〉
〔原〕森村桂／〔監〕大林宣彦／〔出〕原田知世、高柳良一、峰岸徹、赤座美代子／〔歌〕『天国にいちばん近い島』(原田知世)／キネマ旬報ベストテン第69位／※『Wの悲劇』と２本立て

ボビーに首ったけ
1985年３月９日公開〈東映配給〉
〔原〕片岡義男／〔監〕平田敏夫／声の〔出〕野村宏伸、根津甚八、塚本信夫、村田博美／〔歌〕『ボビーに Rock'n Roll』(野村宏伸)／※『カムイの剣』と２本立て

友よ、静かに瞑れ
1985年６月15日公開〈東映セントラルフィルム配給〉
〔原〕北方謙三／〔監〕崔洋一／〔出〕藤竜也、倍賞美津子、原田芳雄、室田日出男／〔歌〕『友よ、静かに瞑れ』(梅林茂)／キネマ旬報ベストテン第14位／※『結婚案内ミステリー』と２本立て

二代目はクリスチャン
1985年９月14日公開〈東宝＝角川春樹事務所配給〉
〔原〕つかこうへい／〔監〕井筒和幸／〔出〕志穂美悦子、岩城滉一、柄本明、室田日出男／〔歌〕『二代目はクリスチャンのテーマ』(BIRDS)／キネマ旬報ベストテン第30位／※『早春物語』と２本立て

彼のオートバイ、彼女の島
1986年４月26日公開〈東宝配給〉
〔原〕片岡義男／〔監〕大林宣彦／〔出〕原田貴和子、渡辺典子、竹内力、高柳良一／〔歌〕『彼のオートバイ、彼女の島』(原田貴和子)／キネマ旬報ベストテン第24位／※『キャバレー』と２本立て

Wの悲劇
1984年12月15日公開〈東映配給〉
〔原〕夏木静子／〔監〕澤井信一郎／〔出〕薬師丸ひろ子、世良公則、高木美保、志方亜紀子／〔歌〕『Woman"Wの悲劇"より』(薬師丸ひろ子)／〔収〕15億4200万円／キネマ旬報ベストテン第2位(読者選出ベストテン第2位)

カムイの剣
1985年３月９日公開〈東映配給〉
〔原〕矢野徹／〔監〕りんたろう／声の〔出〕真田広之、小山茉美、石田弦太郎、山本百合子／〔歌〕『カムイの剣』(渡辺典子)／〔収〕２億1000万円／キネマ旬報ベストテン第51位

結婚案内ミステリー
1985年６月15日公開〈東映セントラルフィルム配給〉
〔原〕赤川次郎／〔監〕松永好訓／〔出〕渡辺典子、渡辺謙、川地民夫、加茂さくら／〔歌〕『野ばらのレクイエム』(渡辺典子)／〔収〕１億3500万円

早春物語
1985年９月14日公開〈東宝＝角川春樹事務所配給〉
〔原〕赤川次郎／〔監〕澤井信一郎／〔出〕原田知世、林隆三、仙道敦子、早瀬優香子／〔歌〕『早春物語』(原田知世)／〔収〕12億5000万円／キネマ旬報ベストテン第９位(読者選出ベストテン第10位)

キャバレー
1986年４月26日公開〈東宝配給〉
〔原〕栗本薫／〔監〕角川春樹／〔出〕野村宏伸、加賀丈史、三原じゅん子、原田知世／〔歌〕『Left Alone』(マリーン)／〔収〕９億5000万円／キネマ旬報ベストテン第36位

オイディプスの刃
1986年９月13日公開〈東宝配給〉
〔原〕赤江瀑／〔監〕成島東一郎／〔出〕古尾谷雅人、清水健太郎、京本政樹、北詰友樹

時空の旅人

1986年12月20日公開〈東宝配給〉
〔原〕眉村卓(『とらえられたスクールバス』)/〔監〕真崎守/声の〔出〕戸田恵子、村田博美、岩田光央、熊谷誠二/〔歌〕『時空の旅人』(竹内まりや)/※『火の鳥 鳳凰編』と2本立て

火の鳥 鳳凰編

1986年12月20日公開〈東宝配給〉
〔原〕手塚治虫/〔監〕りんたろう/声の〔出〕堀勝之祐、古川登志夫、小山茉美、麻上洋子/〔歌〕『火の鳥』(渡辺典子)/〔収〕2億3000万円

恋人たちの時刻

1987年3月14日公開〈東宝配給〉
〔原〕寺久保友哉(『翳の女』)/〔監〕澤井信一郎/〔出〕野村宏伸、河合美智子、真野あずさ、大谷直子/〔歌〕『恋人たちの時刻』(大貫妙子)

黒いドレスの女

1987年3月14日公開〈東宝配給〉
〔原〕北方謙三/〔監〕崔洋一/〔出〕原田知世、永島敏行、藤真利子、菅原文太/〔歌〕『黒いドレスの女』(dip in the pool)

花のあすか組!

1988年8月13日公開〈東宝配給〉
〔原〕高口里純/〔監〕崔洋一/〔出〕つみきみほ、武田久美子、松田洋治、美加里/〔歌〕『(I Can't Get No) Satisfaction』(The Rolling Stones)

迷宮物語

1987年9月25日公開〈東宝配給〉
〔原〕眉村卓/〔監〕りんたろう、川尻善昭、大友克洋/声の〔出〕吉田日出子、津嘉山正種、銀河万丈、水島裕

ぼくらの七日間戦争

1988年8月13日公開〈東宝配給〉
〔原〕宗田理/〔監〕菅原比呂志/〔出〕宮沢りえ、五十嵐美穂、安孫子里香、菊池健一郎/〔歌〕『SEVEN DAYS WAR』(TM NETWORK)

宇宙皇子

1989年3月11日公開〈東宝配給〉
〔原〕藤川桂介/〔監〕吉田憲二/声の〔出〕古谷徹、山田栄子、金内吉男、池田秀一/〔歌〕『夢狩人』(ダ・カーポ)

ファイブスター物語

1989年3月11日公開〈東宝配給〉
〔原〕永野護/〔監〕やまざきかずお/声の〔出〕堀川亮、川村万梨阿、佐久間レイ、若本規夫/〔歌〕『瞳の中のファーラウェイ』(長山洋子)

花の降る午後

1989年10月7日公開〈東宝配給〉
〔原〕宮本輝/〔監〕大森一樹/〔出〕古手川祐子、高嶋政宏、夏友介、室井滋/〔歌〕『花の降る午後』(カルロス・トシキ&オメガトライブ)

天と地と

1990年6月23日公開〈東映配給〉
〔原〕海音寺潮五郎/〔監〕角川春樹/〔出〕榎木孝明、津川雅彦、浅野温子、財前直見/〔歌〕『天と地と〜HEAVEN AND EARTH〜』(小室哲哉)

天上編 宇宙皇子

1990年9月22日公開〈東映クラシックフィルム配給〉
〔原〕藤川桂介/〔総監督〕今沢哲男/声の〔出〕古谷徹、山田栄子、田中秀幸、塩屋翼/〔歌〕『未来への神話』(浜田良美)

天河伝説殺人事件

1991年3月16日公開〈東映配給〉
〔原〕内田康夫／〔監〕市川崑／〔出〕榎木孝明、岸惠子、日下武史、岸田今日子／〔歌〕『天河伝説殺人事件』(関口誠人)

ぼくらの七日間戦争2

1991年7月6日公開〈松竹配給〉
〔原〕宗田理(『ぼくらの秘島探検隊』)／〔監〕山崎博子／〔出〕明賀則和、渋谷琴乃、具志堅ティナ、高良陽一／〔歌〕『ぼくらの七日間戦争～Seven Days Dream～』(B.B.クイーンズ)

サイレントメビウス

1991年8月17日公開〈松竹配給〉
〔原〕麻宮騎亜／総〔監〕菊池通隆／声の〔出〕松井菜桜子、藤田淑子、高島雅羅、鶴ひろみ／〔歌〕『サイレントメビウス～Sailing』(東京少年)

風の大陸
The Weathering Continent

1992年7月18日公開〈松竹配給〉
〔原〕竹河聖／〔監〕真下耕一／声の〔出〕関俊彦、高山みなみ、屋良有作、広中雅志／〔歌〕『風の大陸』(西脇唯)

REX 恐竜物語

1993年7月3日公開〈松竹配給〉
〔原〕畑正憲／〔監〕角川春樹／〔出〕安達祐実、渡瀬恒彦、大竹しのぶ、伊武雅刀／〔歌〕『ときの旅路～REXのテーマ～』(米米CLUB)

スレイヤーズ

1995年7月29日公開〈東映配給〉
〔原〕神坂一／〔監〕やまざきかずお、わたなべひろし／〔出〕林原めぐみ、川村万梨阿、阪脩、玄田哲章／〔歌〕林原めぐみ、川村万梨阿

幕末純情伝

1991年7月6日公開〈松竹配給〉
〔原〕つかこうへい／〔監〕薬師寺光幸／〔出〕渡辺謙、牧瀬里穂、杉本哲太、伊武雅刀／〔歌〕『幕末純情伝』(BY-SEXUAL)

アルスラーン戦記

1991年8月17日公開〈松竹配給〉
〔原〕田中芳樹／〔監〕浜津守／声の〔出〕山口勝平、井上和彦、塩沢兼人、矢尾一樹／〔歌〕『靴跡の花～アルスラーン戦記より～』(遊佐未森)

アルスラーン戦記Ⅱ

1992年7月18日公開〈松竹配給〉
〔原〕田中芳樹／〔監〕浜津守／声の〔出〕山口勝平、井上和彦、塩沢兼人、矢尾一樹／〔歌〕『ときめきをBelieve(アルスラーン戦記Ⅱバージョン)』(谷村有美)

サイレントメビウス2

1992年7月18日公開〈松竹配給〉
〔原〕麻宮騎亜／〔監〕井出安軌／声の〔出〕松井菜桜子、藤田淑子、高島雅羅、鶴ひろみ／〔歌〕『旅立つ朝に』(SAICO)

はじまりの冒険者たち
レジェンド・オブ・クリスタニア

1995年7月29日公開〈東映配給〉
〔原〕水野良／〔監〕中村隆太郎／〔出〕緑川光、弥生みつき

X(1996)

1996年8月3日公開〈東映配給〉
〔原〕CLAMP ／〔監〕りんたろう／〔出〕関智一、岩男潤子、成田剣、皆口裕子／〔歌〕X JAPAN

スレイヤーズ　RETURN
1996年8月3日公開〈東映配給〉
〔原〕神坂一 、あらいずみるい／〔総〕湯山邦彦／〔監〕わたなべひろし／〔出〕林原めぐみ、川村万梨阿、内海賢二、矢尾一樹／〔歌〕林原めぐみ

失楽園
1997年 5 月10日公開〈東映配給〉
〔原〕渡辺淳一／〔監〕森田芳光／〔出〕役所広司、黒木瞳、木村佳乃、寺尾聰

スレイヤーズ　ぐれえと
1997年 8 月2日公開〈東映配給〉
〔原〕神坂一 ／〔総〕湯山邦彦／〔監〕わたなべひろし／〔出〕林原めぐみ、川村万梨阿、井上喜久子、加藤精三／〔歌〕林原めぐみ

らせん
1998年 1 月31日公開〈東宝配給〉
〔原〕鈴木光司／〔監〕飯田譲治／〔出〕佐藤浩市、中谷美紀、真田広之、鶴見辰吾／〔歌〕HIIH

リング(1998)
1998年 1 月31日公開〈東宝配給〉
〔原〕鈴木光司／〔監〕中田秀夫／〔出〕松嶋菜々子、真田広之、中谷美紀、沼田曜一／〔歌〕HIIH

不夜城
1998年 6 月27日公開〈東映＝アスミック・エースエンタテインメント配給〉
〔原〕馳星周／〔監〕リー・チーガイ／〔出〕金城武、山本未來、椎名桔平、ラン・シャン／〔歌〕B'z、レオン・ダニエルズ

スレイヤーズ　ごうじゃす
1998年 8 月 8 日公開〈東映配給〉
〔原〕神坂一 ／〔監〕わたなべひろし／〔出〕林原めぐみ、川村万梨阿、氷上恭子、神谷明／〔歌〕林原めぐみ

死国
1999年 1 月23日公開〈東宝配給〉
〔原〕坂東眞砂子／〔監〕長崎俊一／〔出〕夏川結衣、筒井道隆、栗山千明、根岸季衣／〔歌〕米良美一

リング 2
1999年 1 月23日公開〈東宝配給〉
〔原〕鈴木光司／〔監〕中田秀夫／〔出〕中谷美紀、大高力也、小日向文世、真田広之／〔歌〕今井美樹

金融腐蝕列島　呪縛
1999年 9 月18日公開〈東映配給〉
〔原〕高杉良／〔監〕原田眞人／〔出〕役所広司、仲代達矢、椎名桔平、風吹ジュン／〔歌〕中山美穂

黒い家(1999)
1999年11月13日公開〈松竹配給〉
〔原〕貴志祐介／〔監〕森田芳光／〔出〕内野聖陽、大竹しのぶ、西村雅彦、田中美里／〔歌〕m-flo

ISOLA　多重人格少女
2000年 1 月22日公開〈東宝配給〉
〔原〕貴志祐介／〔監〕水谷俊之／〔出〕木村佳乃、黒澤優、石黒賢、手塚理美／〔歌〕氷室京介

リング0　バースデイ
2000年1月22日公開〈東宝配給〉
〔原〕鈴木光司／〔監〕鶴田法男／〔出〕仲間由紀恵、田辺誠一、田中好子、麻生久美子／〔歌〕ラルク・アン・シエル

仮面学園
2000年8月5日公開〈東映配給〉
〔原〕宗田理／〔監〕小松隆志／〔出〕藤原竜也、黒須麻耶、渡辺いっけい、栗山千明／〔歌〕Do As Infinity

死者の学園祭
2000年8月5日公開〈東映配給〉
〔原〕赤川次郎／〔監〕篠原哲雄／〔出〕深田恭子、加藤雅也、根津甚八、内田朝陽／〔歌〕深田恭子

狗神
2001年1月27日公開〈東宝配給〉
〔原〕坂東眞砂子／〔監〕原田眞人／〔出〕天海祐希、渡部篤郎、山路和弘、原田遊人

弟切草
2001年1月27日公開〈東宝配給〉
〔原〕長坂秀佳／〔監〕下山天／〔出〕奥菜恵、斉藤陽一郎、大倉孝二、松尾れい子／〔歌〕THE YELLOW MONKEY

スレイヤーズ　ぷれみあむ
2001年12月12日公開〈東映配給〉
〔原〕神坂一／〔監〕佐藤順一／〔出〕林原めぐみ、松本保典、白鳥由里、櫻井孝宏／〔歌〕林原めぐみ、白鳥由里

仄暗《ほのぐら》い水の底から
2002年1月19日公開〈東宝配給〉
〔原〕鈴木光司／〔監〕中田秀夫／〔出〕黒木瞳、菅野莉央、小口美澪、水川あさみ／〔歌〕スガシカオ

恋に唄えば♪
2002年11月16日公開〈東映配給〉
〔監〕金子修介／〔出〕優香、竹中直人、玉山鉄二、篠原ともえ

青の炎
2003年3月15日公開〈東宝配給〉
〔原〕貴志祐介／〔監〕蜷川幸雄／〔出〕二宮和也、松浦亜弥、鈴木杏、中村梅雀

着信アリ
2004年1月17日公開〈東宝配給〉
〔原〕秋元康／〔監〕三池崇史／〔出〕柴咲コウ、堤真一、吹石一恵、石橋蓮司

嗤う伊右衛門
2004年2月7日公開〈東宝配給〉
〔原〕京極夏彦／〔監〕蜷川幸雄／〔出〕唐沢寿明、小雪、香川照之、椎名桔平

インストール
2004年12月25日公開〈角川映画＝エンジェル・シネマ配給〉
〔原〕綿矢りさ／〔監〕片岡K／〔出〕上戸彩、神木隆之介、田中好子、小島聖

着信アリ2
2005年2月5日公開〈東宝配給〉
〔原〕秋元康／〔監〕塚本連平／〔出〕ミムラ、吉沢悠、瀬戸朝香、ピーター・ホー

美しい夜、残酷な朝
2005年5月14日公開〈角川映画＝エンジェルシネマ配給〉
〔監〕フルーツ・チャン、パク・チャヌク、三池崇史／〔出〕ミリアム・ヨン、長谷川京子、渡部篤郎、イ・ビョンホン

戦国自衛隊1549
2005年6月11日公開〈東宝配給〉
〔原〕福井晴敏／〔監〕手塚昌明／〔出〕江口洋介、鈴木京香、鹿賀丈史

妖怪大戦争
2005年8月6日公開〈松竹配給〉
〔原〕荒俣宏／〔監〕三池崇史／〔出〕神木隆之介、栗山千明、豊川悦司、菅原文太

疾走
2005年12月17日公開〈角川映画＝エンジェル・シネマ配給〉
〔原〕重松清／〔監〕SABU／〔出〕手越祐也、韓英恵、中谷美紀、豊川悦司

ベロニカは死ぬことにした
2006年2月4日公開〈角川映画配給〉
〔原〕パウロ・コエーリョ／〔監〕堀江慶／〔出〕真木よう子、イ・ワン、風吹ジュン、中嶋朋子／〔歌〕nanagi

超劇場版ケロロ軍曹
2006年3月11日公開〈角川ヘラルド・ピクチャーズ配給〉
〔原〕吉崎観音／〔監〕近藤信宏／〔出〕藤原啓治、渡辺久美子、小桜エツコ、中田譲治／〔歌〕おぎやはぎ

小さき勇者たち　ガメラ
2006年4月29日公開〈松竹配給〉
〔監〕田崎竜太／〔出〕富岡涼、夏帆、津田寛治、寺島進／〔歌〕mink

着信アリ Final
2006年6月24日公開〈東宝配給〉
〔原〕秋元康／〔監〕麻生学／〔出〕堀北真希、黒木メイサ、板尾創路、チャン・グンソク／〔歌〕中孝介

時をかける少女(2006)
2006年7月15日公開〈角川ヘラルド映画配給〉
〔原〕筒井康隆 ／〔監〕細田守／〔出〕仲里依紗、石田卓也、板倉光隆、谷村美月／〔歌〕奥華子 、吉田潔

アジアンタムブルー
2006年11月18日公開〈角川ヘラルド映画配給〉
〔原〕大崎善生／〔監〕藤田明二／〔出〕阿部寛、松下奈緒、小島聖、佐々木蔵之介／〔歌〕デルタ・グッドレム

犬神家の一族
2006年12月16日公開〈東宝配給〉
〔原〕横溝正史／〔監〕市川崑／〔出〕石坂浩二、松嶋菜々子、五代目尾上菊之助、富司純子

バッテリー
2007年3月10日公開〈東宝配給〉
〔原〕あさのあつこ／〔監〕滝田洋二郎／〔出〕林遣都、山田健太、鎗田晟裕、蓮佛美沙子／〔歌〕熊木杏里

超劇場版ケロロ軍曹2　深海のプリンセスであります！
2007年3月17日公開〈角川ヘラルド配給〉
〔原〕吉崎観音／〔総〕佐藤順一／〔監〕山口晋／〔出〕渡辺久美子、小桜エツコ、中田譲治、子安武人／〔歌〕渡辺美里

転校生　さよならあなた
2007年6月23日公開〈角川映画配給〉
〔原〕山中恒／〔監〕大林宣彦／〔出〕蓮佛美沙子、森田直幸、清水美砂、厚木拓郎／〔歌〕寺尾紗穂

サウスバウンド
2007年10月6日公開〈角川映画配給〉
〔原〕奥田英朗／〔監〕森田芳光／〔出〕豊川悦司、天海祐希、田辺修斗、松本梨菜／〔歌〕中島美嘉

超劇場版ケロロ軍曹3　ケロロ対ケロロ　天空大決戦であります！
2008年3月1日公開〈角川映画配給〉
〔原〕吉崎観音／〔総〕佐藤順一／〔監〕山口晋／〔出〕渡辺久美子、小桜エツコ、中田譲治、子安武人／〔歌〕つじあやの、ビート・クルセイダース

ダイブ!!
2008年6月14日公開〈角川映画配給〉
〔原〕森絵都／〔監〕熊澤尚人／〔出〕林遣都、池松壮亮、溝端淳平／〔歌〕大橋卓弥

その日のまえに
2008年11月1日公開〈角川映画配給〉
〔原〕重松清／〔監〕大林宣彦／〔出〕南原清隆、永作博美、筧利夫、今井雅之／〔歌〕クラムボン

旭山動物園物語　ペンギンが空をとぶ
2009年2月7日公開〈角川映画配給〉
〔監〕マキノ雅彦／〔出〕西田敏行、中村靖日、前田愛、堀内敬子／〔歌〕谷村新司

超劇場版ケロロ軍曹　撃侵ドラゴンウォリアーズであります！
2009年3月7日公開〈角川映画配給〉
〔原〕吉崎観音／〔監〕山口晋／〔出〕迫崎史敏、渡辺久美子、小桜エツコ、中田譲治／〔歌〕Kiroro

ドロップ
2009年3月20日公開〈角川映画配給〉
〔原・監〕品川ヒロシ／〔出〕成宮寛貴、水嶋ヒロ、本仮屋ユイカ、上地雄輔／〔歌〕湘南乃風

腐女子彼女。
2009年5月2日公開〈エスピーオー配給〉
〔原〕ぺんたぶ／〔監〕兼重淳／〔出〕大東駿介、松本若菜、古川雄大、ＥＭＩ／〔歌〕バニラビーンズ

いけちゃんとぼく
2009年6月20日公開〈角川映画配給〉
〔原〕西原理恵子／〔監〕大岡俊彦／〔出〕深澤嵐、ともさかりえ、萩原聖人、モト冬樹／〔歌〕渡辺美里

沈まぬ太陽

2009年10月24日公開〈東宝配給〉
〔原〕山崎豊子／〔監〕若松節朗／〔出〕渡辺謙、三浦友和、松雪泰子、鈴木京香

超劇場版ケロロ軍曹 誕生！究極ケロロ 奇跡の時《じ》空《くう》島《じま》であります!!

2010年２月27日公開〈角川ヘラルド映画配給〉
〔原〕吉崎観音／〔総〕佐藤順一／〔監〕山口晋／〔出〕渡辺久美子、小桜エツコ、中田譲治、子安武人／〔歌〕平原綾香

ロストクライム 閃光

2010年７月３日公開〈角川映画配給〉
〔原〕永瀬隼介／〔監〕伊藤俊也／〔出〕渡辺大、奥田瑛二、川村ゆきえ、武田真治／〔歌〕DEEP

ヌードの夜 愛は惜しみなく奪う

2010年10月２日公開〈クロックワークス配給〉
〔監〕石井隆／〔出〕竹中直人、佐藤寛子、東風万智子、井上晴美

漫才ギャング

2011年３月19日公開〈角川映画配給〉
〔原・監〕品川ヒロシ／〔出〕佐藤隆太、上地雄輔、石原さとみ、綾部祐二

日輪の遺産

2011年８月27日公開〈角川映画配給〉
〔原〕浅田次郎／〔監〕佐々部清／〔出〕堺雅人、中村獅童、福士誠治、ユースケ・サンタマリア

人間失格

2010年２月20日公開〈角川映画配給〉
〔原〕太宰治／〔監〕荒戸源次郎／〔出〕生田斗真、伊勢谷友介、寺島しのぶ、石原さとみ

誘拐ラプソディー

2010年４月３日公開〈角川映画配給〉
〔原〕荻原浩／〔監〕榊英雄／〔出〕高橋克典、林遼威、YOU、哀川翔／〔歌〕フラワーカンパニーズ

オカンの嫁入り

2010年9月4日公開〈角川映画配給〉
〔原〕咲乃月音／〔監〕呉美保／〔出〕宮﨑あおい、大竹しのぶ、桐谷健太、絵沢萠子

嘘つきみーくんと壊れたまーちゃん

2011年１月22日公開〈角川映画配給〉
〔原〕入間人間／〔監〕瀬田なつき／〔出〕大政絢、染谷将太、三浦誠己、山田キヌヲ／〔歌〕柴咲コウ

軽蔑

2011年６月４日公開〈角川映画配給〉
〔原〕中上健次／〔監〕廣木隆一／〔出〕高良健吾、鈴木杏、大森南朋、忍成修吾

源氏物語 千年の謎

2011年12月10日公開〈東宝配給〉
〔原〕高山由紀子／〔監〕鶴橋康夫／〔出〕生田斗真、中谷美紀、窪塚洋介、東山紀之

夜明けの街で
2011年10月8日公開〈角川映画配給〉
〔原〕東野圭吾／〔監〕若松節朗／〔出〕岸谷五朗、深田恭子、木村多江、石黒賢／〔歌〕久保田利伸

劇場版テンペスト3D
2012年1月28日公開〈角川映画配給〉
〔原〕池上永一／〔監〕吉村芳之／〔出〕仲間由紀恵、谷原章介、塚本高史、高岡早紀／〔歌〕安室奈美恵

キツツキと雨
2012年2月11日公開〈角川映画配給〉
〔監〕沖田修一／〔出〕役所広司、小栗旬、高良健吾、臼田あさ美／〔歌〕星野源

貞子3D
2012年5月12日公開〈角川映画配給〉
〔原〕鈴木光司／〔監〕英勉／〔出〕石原さとみ、瀬戸康史、高橋努、染谷将太

愛と誠
2012年6月16日公開〈角川映画＝東映配給〉
〔原〕梶原一騎、ながやす巧／〔監〕三池崇史〔出〕妻夫木聡、武井咲、斎藤工、大野いと／〔歌〕一青窈

アナザー Another
2012年8月4日公開〈東宝配給〉
〔原〕綾辻行人／〔監〕古澤健／〔出〕山崎賢人、橋本愛、袴田吉彦、加藤あい／〔歌〕加藤ミリヤ

愛を歌うより俺に溺れろ！
2012年8月25日公開〈角川映画配給〉
〔原〕新條まゆ／〔監〕福山桜子／〔出〕大国男児、大野いと、古川雄大、Takuya ／〔歌〕大国男児

天地明察
2012年9月15日公開〈角川映画=松竹配給〉
〔原〕冲方丁／〔監〕滝田洋二郎／〔出〕岡田准一、宮﨑あおい、佐藤隆太、四代目市川猿之助

私の奴隷になりなさい
2012年11月3日公開〈角川映画配給〉
〔原〕サタミシュウ／〔監〕亀井亨／〔出〕壇蜜、真山明大、板尾創路、古舘寛治／〔歌〕壇蜜

体脂肪計タニタの社員食堂
2013年5月25日公開〈角川映画配給〉
〔原〕田中大祐、タニタ／〔監〕李闘士男／〔出〕優香、浜野謙太、草刈正雄、宮﨑吐夢／〔歌〕矢野顕子

貞子3D2
2013年8月30日公開〈角川映画配給〉
〔原〕鈴木光司／〔監〕英勉／〔出〕瀧本美織、瀬戸康史、大沢逸美、平澤宏々路

甘い鞭
2013年9月21日公開〈角川映画配給〉
〔原〕大石圭／〔監〕石井隆／〔出〕壇蜜、間宮夕貴、中野剛、屋敷紘子

バイロケーション 表
2014年1月18日公開〈KADOKAWA配給〉
〔原〕法条遥／〔監〕安里麻里／〔出〕水川あさみ、千賀健永、高田翔、滝藤賢一／〔歌〕黒夢

バイロケーション 裏
2014年2月1日公開〈KADOKAWA配給〉
〔原〕法条遥／〔監〕安里麻里／〔出〕水川あさみ、千賀健永、高田翔、滝藤賢一／〔歌〕FAKY

赤×ピンク
2014年2月22日公開〈KADOKAWA配給〉
〔原〕桜庭一樹／〔監〕坂本浩一／〔出〕芳賀優里亜、多田あさみ、水崎綾女、小池里奈／〔歌〕芳賀優里亜

パズル
2014年3月8日公開〈KADOKAWA配給〉
〔原〕山田悠介／〔監〕内藤瑛亮／〔出〕夏帆、野村周平、高橋和也、八木さおり

サンブンノイチ
2014年4月1日公開〈KADOKAWA＝吉本興業配給〉
〔原〕木下半太／〔監〕品川ヒロシ／〔出〕藤原竜也、田中聖、小杉竜一、中島美嘉

ライヴ
2014年5月10日公開〈KADOKAWA配給〉
〔原〕山田悠介／〔監〕井口昇／〔出〕山田裕貴、大野いと、森永悠希、津田寛治／〔歌〕片平里菜

最近、妹のようすがちょっとおかしいんだが。
2014年5月17日公開〈KADOKAWA配給〉
〔原〕松沢まり／〔監〕青山裕企、伊基公袁／〔出〕橋本甜歌、小林ユウキチ、藺、矢野未夏／〔歌〕神前美月

ちょっとかわいいアイアンメイデン
2014年7月19日公開〈KADOKAWA配給〉
〔原〕深見真、α・アルフライラ／〔監〕吉田浩太／〔出〕木嶋のりこ、吉住はるな、間宮夕貴、矢野未夏

鬼灯さん家のアネキ
2014年9月6日公開
〈KADOKAWA＝SPOTTED PRODUCTIONS配給〉
〔原〕五十嵐藍／〔監〕今泉力哉／〔出〕谷桃子、前野朋哉、佐藤かよ、川村ゆきえ／〔歌〕浜崎貴司

劇場版 零 ゼロ
2014年9月26日公開〈KADOKAWA配給〉
〔原〕大塚英志／〔監〕安里麻里／〔出〕中条あやみ、森川葵、小島藤子、美山加恋／〔歌〕JAMOSA

Zアイランド
2015年5月16日公開〈KADOKAWA、吉本興業配給〉
〔監〕品川ヒロシ／〔出〕哀川翔、鈴木砂羽、鶴見辰吾、木村祐一／〔歌〕湘南乃風

グラスホッパー
2015年11月7日公開〈KADOKAWA、松竹配給〉
〔原〕伊坂幸太郎／〔監〕瀧本智行／〔出〕生田斗真、浅野忠信、山田涼介、麻生久美子

GONIN サーガ

2015年９月26日公開〈KADOKAWA、ポニーキャニオン配給〉
〔監〕石井隆／〔出〕東出昌大、桐谷健太、土屋アンナ、柄本佑

ピンクとグレー

2016年１月９日公開〈アスミック・エース配給〉
〔原〕加藤シゲアキ／〔監〕行定勲／〔出〕中島裕翔、菅田将暉、夏帆、岸井ゆきの／〔歌〕ASIAN KUNG-FU GENERATION

セーラー服と機関銃 -卒業-

2016年３月５日公開〈KADOKAWA 配給〉
〔原〕赤川次郎／〔監〕前田弘二／〔出〕橋本環奈、長谷川博己、安藤政信／〔歌〕橋本環奈

エヴェレスト 神々の山嶺

2016年３月12日公開〈東宝、アスミック・エース配給〉
〔原〕夢枕獏／〔監〕平山秀幸／〔出〕岡田准一、阿部寛、尾野真千子、佐々木蔵之介／〔歌〕イル・ディーヴォ

作品データ作成／関西ウォーカー編集部

キネマ旬報ベスト・テン
1976-1986

日本の映画ジャーナリズムにおいて当時最も権威のある評価基準が
雑誌「キネマ旬報」が毎年選定していた「ベスト・テン」だった。
数十人の映画評論家がその年に公開された映画から、10作を順位を付けて選んで投票し、
1位を10点、2位を9点…として集計したものだ。
それとは別に同誌の読者が投票したものも発表された。
ここには、その評論家が選んだ「ベスト・テン」と「読者選出のベストテン」、
そしてその年の興行成績の上位10位を掲載する。
当時の興行成績は、映画館での収入にあたる「興行収入」ではなく、
「配給収入」が公表されていた。
映画ごとの契約により異なるが、概ね、映画館が半分を取り、
総収入の50%が配給会社へ渡り、配給会社がプリント代、宣伝費などの経費や
一定の率の手数料を取り、その残りが製作会社に渡される。
したがって、「配給収入10億円」でも角川春樹事務所にその全額が入るわけではなかった。

※本項に掲載のベスト・テン、読者選出ベスト・テン、興行ベスト・テンは、株式会社キネマ旬報社発行「キネマ旬報ムック キネマ旬報ベスト・テン85回全史 1924→2011」より。

（興行ベスト・テン　単位＝万円）

太字は角川映画作品。

1976年

ベスト・テン（日本映画）

①青春の殺人者
②男はつらいよ 寅次郎夕焼け小焼け
③大地の子守歌
④不毛地帯
⑤犬神家の一族
⑥あにいもうと
⑦嗚呼!!花の応援団
⑧やくざの墓場 くちなしの花
⑨さらば夏の光よ
⑩江戸川乱歩猟奇館 屋根裏の散歩者

読者選出ベスト・テン（日本映画）

①犬神家の一族
②大地の子守歌
③青春の殺人者
④あにいもうと
⑤やくざの墓場 くちなしの花
⑥さらば夏の光よ
⑦不毛地帯
⑧男はつらいよ 寅次郎夕焼け小焼け
⑨狂った野獣
⑩嗚呼!!花の応援団

興行ベスト・テン ※数字は番組配給

●日本映画……
①続人間革命（16億700）
②犬神家の一族（13億200）
③男はつらいよ 葛飾立志篇／他（11億9100）
④男はつらいよ 寅次郎夕焼け小焼け／他（9億7400）
⑤絶唱／他（9億1800）
⑥風立ちぬ／他（7億9200）
⑦トラック野郎 爆走一番星／他（7億7700）
⑧嗚呼!!花の応援団／他（6億4000）
⑨不毛地帯（5億4400）
⑩トラック野郎 望郷一番星／他（5億4300）

1977年

ベスト・テン（日本映画）

①幸福の黄色いハンカチ
②竹山ひとり旅
③はなれ瞽女おりん
④八甲田山
⑤青春の門 自立篇
⑥悪魔の手毬唄
⑦ねむの木の詩がきこえる
⑧ボクサー
⑨突然、嵐のように
⑩遠い一本の道

読者選出ベスト・テン（日本映画）

①幸福の黄色いハンカチ
②八甲田山
③八つ墓村
④HOUSE ハウス
⑤ボクサー
⑥やくざ戦争 日本の首領
⑦悪魔の手毬唄
⑧人間の証明
⑨突然、嵐のように
⑩宇宙戦艦ヤマト

興行ベスト・テン ※数字は番組配給

●日本映画……

①八甲田山（25億900）
②人間の証明（22億5000）
③八つ墓村（19億8600）
④トラック野郎 天下御免／他（12億8200）
⑤トラック野郎 度胸一番星／他（10億9600）
⑥男はつらいよ 寅次郎純情詩集／他（10億8600）
⑦泥だらけの純情／HOUSE 八ウス（9億8500）
⑧春琴抄／他（8億8400）
⑨男はつらいよ 寅次郎と殿様（8億4900）
⑩悪魔の手毬唄（7億5500）

1978年

ベスト・テン（日本映画）

①サード
②曾根崎心中
③愛の亡霊
④事件
⑤帰らざる日々
⑥鬼畜
⑦ダイナマイトどんどん
⑧冬の華
⑨人妻集団暴行致死事件
⑩博多っ子純情

読者選出ベスト・テン（日本映画）

①帰らざる日々
②事件
③サード
④冬の華
⑤鬼畜
⑥最も危険な遊戯
⑦野性の証明
⑧曾根崎心中
⑨柳生一族の陰謀
⑩皇帝のいない八月

興行ベスト・テン ※数字は番組配給

●日本映画……

①野性の証明（21億5000）
②さらば宇宙戦艦ヤマト 愛の戦士たち（21億円）
③柳生一族の陰謀（16億2100）
④男はつらいよ 寅次郎わが道をゆく／他（12億2800）
⑤トラック野郎 男一匹桃次郎／他（12億1800）
⑥男はつらいよ 寅次郎頑張れ！／他（11億1600）
⑦キタキツネ物語（9億7000）
⑧霧の旗／惑星大戦争（8億8900）
⑨ふりむけば愛／他（8億6100）
⑩トラック野郎 突撃一番星／他（8億3000）

1979年

ベスト・テン（日本映画）

①復讐するは我にあり
②太陽を盗んだ男
③Ｋｅｉｋｏ
④赫い髪の女
⑤衝動殺人 息子よ
⑥月山
⑦十九歳の地図
⑧もう頬づえはつかない
⑨あゝ野麦峠
⑩その後の仁義なき戦い

読者選出ベスト・テン（日本映画）

①太陽を盗んだ男
②復讐するは我にあり
③衝動殺人 息子よ
④あゝ野麦峠
⑤銀河鉄道999
⑥もっとしなやかに もっとしたたかに
⑦その後の仁義なき戦い
⑧蘇える金狼
⑨十八歳、海へ
⑩夜叉ヶ池

興行ベスト・テン ※数字は番組配給

●日本映画……

①銀河鉄道999（16億5000）
②あゝ野麦峠（14億円）
③男はつらいよ 噂の寅次郎／他（11億6000）
④男はつらいよ 翔んでる寅次郎／他（10億7000）
⑤トラック野郎 一番星北へ帰る／他（10億6000）
⑥トラック野郎 熱風5000キロ／他（10億5000）
⑦ベルサイユのばら（9億3000）
⑧炎の舞／他（9億2000）
⑨ルパン三世（9億1500）
⑩ホワイト・ラブ／他（8億6000）

1980年

ベスト・テン（日本映画）

①ツィゴイネルワイゼン
②影武者
③ヒポクラテスたち
④神様のくれた赤ん坊
⑤遙かなる山の呼び声
⑥父よ母よ！
⑦四季・奈津子
⑧海潮音
⑨狂い咲きサンダーロード
⑩太陽の子 てだのふあ

読者選出ベスト・テン（日本映画）

①二百三高地
②影武者
③遙かなる山の呼び声
④復活の日
⑤神様のくれた赤ん坊
⑥野獣死すべし
⑦ヒポクラテスたち
⑧ツィゴイネルワイゼン
⑨翔んだカップル
⑩狂い咲きサンダーロード

興行ベスト・テン ※数字は番組配給

●日本映画……

①影武者（26億8000）
②復活の日（23億7000）
③二百三高地（17億9500）
④ドラえもん のび太の恐竜（15億5000）
⑤戦国自衛隊（13億5000）

⑤ヤマトよ永遠に　（13億5000）
⑦男はつらいよ　寅次郎ハイビスカスの花／他　（12億5000）
⑧男はつらいよ　寅次郎春の夢／他　（12億2000）
⑨天平の甍　（11億5000）
⑩動乱　（9億5000）

1981年

ベスト・テン（日本映画）

①泥の河
②遠雷
③陽炎座
④駅 STATION
⑤嗚呼！おんなたち　猥歌
⑥幸福
⑦ガキ帝国
⑧北斎漫画
⑨ええじゃないか
⑩近頃なぜかチャールストン

読者選出ベスト・テン（日本映画）

①駅 STATION
②泥の河
③幸福
④遠雷
⑤陽炎座
⑥スローなブギにしてくれ
⑦狂った果実
⑧日本の熱い日々　謀殺・下山事件
⑨の・ようなもの
⑩魔界転生

興行ベスト・テン　※数字は番組配給

●日本映画
①連合艦隊　（19億円）
②ドラえもん　のび太の宇宙開拓史／他　（17億5000）
③典子は、今　（14億6300）
④男はつらいよ　寅次郎かもめ歌／他　（13億7100）
⑤男はつらいよ　浪花の恋の寅次郎／他　（13億1000）
⑥ねらわれた学園／ブルージーンズメモリー　（12億5000）
⑦駅 STATION　（12億3400）
⑧さよなら銀河鉄道999　（11億3000）
⑨スニーカーぶる～す／他　（11億円）
⑩魔界転生　（10億1000）

1982年

ベスト・テン（日本映画）

①蒲田行進曲
②さらば愛しき大地
③転校生
④疑惑
⑤ニッポン国　古屋敷村
⑥TATOO〈刺青〉あり
⑦水のないプール
⑧遠野物語
⑨誘拐報道
⑩怪異談　生きてゐる小平次

読者選出ベスト・テン（日本映画）

①蒲田行進曲
②転校生
③さらば愛しき大地
④誘拐報道
⑤TATOO〈刺青〉あり
⑥鬼龍院花子の生涯
⑦疑惑
⑧水のないプール
⑨ウィークエンド・シャッフル
⑩キャバレー日記

興行ベスト・テン　※数字は番組配給

●日本映画
①セーラー服と機関銃／他　（23億円）
②ハイティーン・ブギ／他　（18億円）
③大日本帝国　（14億円）
④機動戦士ガンダムⅢ　めぐりあい宇宙編　（12億9000）
⑤ドラえもん　のび太の大魔境／他　（12億2000）
⑥男はつらいよ　寅次郎紙風船／他　（12億1000）
⑦鬼龍院花子の生涯　（11億円）
⑧グッドラックLove／他　（10億5000）
⑨男はつらいよ　寅次郎あじさいの恋／他　（10億4000）
⑩1000年女王　（10億1000）

1983年

ベスト・テン（日本映画）

①家族ゲーム
②細雪
③戦場のメリークリスマス
④東京裁判
⑤楢山節考
⑥竜二
⑦魚影の群れ
⑧天城越え
⑨十階のモスキート
⑩ふるさと

読者選出ベスト・テン（日本映画）

①戦場のメリークリスマス
②家族ゲーム
③時をかける少女
④細雪
⑤楢山節考
⑥天城越え
⑦東京裁判
⑧魚影の群れ
⑨竜二
⑩探偵物語

興行ベスト・テン　※数字は番組配給

●日本映画
①南極物語　（56億円）
②探偵物語／時をかける少女　（28億円）
③汚れた英雄／伊賀忍法帖　（16億円）
④男はつらいよ　花も嵐も寅次郎　（15億4000）
⑤刑事物語2　りんごの詩／プルメリアの伝説　（12億円）
⑥ウィーン物語　ジェミニ・YとS／他　（11億円）
⑦プロ野球を10倍楽しく見る方法　（10億8000）
⑧幻魔大戦　（10億6000）
⑨楢山節考　（10億5000）
⑩伊賀野カバ丸／他　（10億4000）

1984年

ベスト・テン（日本映画）

①お葬式
②**Wの悲劇**
③瀬戸内少年野球団
④**麻雀放浪記**
⑤さらば箱舟
⑥おはん
⑦風の谷のナウシカ
⑧伽倻子のために
⑨廃市
⑩チ・ン・ピ・ラ

読者選出ベスト・テン（日本映画）

①風の谷のナウシカ
②**Wの悲劇**
③**麻雀放浪記**
④お葬式
⑤瀬戸内少年野球団
⑥廃市
⑦うる星やつら2 ビューティフル・ドリーマー
⑧おはん
⑨海燕ジョーの奇跡
⑩天国の駅

興行ベスト・テン ※数字は番組配給

●日本映画
①**里見八犬伝**（23億1000）
②**愛情物語／メイン・テーマ**（18億5000）
③ドラえもん のび太の魔界大冒険／他（17億円）
④空海（16億円）
⑤男はつらいよ 口笛を吹く寅次郎／他（12億5000）
⑥男はつらいよ 夜霧にむせぶ寅次郎／他（11億5000）
⑦五福星／他（9億円）
⑧キン肉マン／他（8億3000）
⑨上海バンスキング（8億円）
⑨刑事物語3 潮騒の詩／他（8億円）
⑨天国の駅（8億円）
⑨瀬戸内少年野球団（8億円）

1985年

ベスト・テン（日本映画）

①それから
②乱
③火まつり
④台風クラブ
⑤さびしんぼう
⑥恋文
⑦生きてるうちが花なのよ 死んだらそれまでよ党宣言
⑧ビルマの竪琴
⑨**早春物語**
⑩花いちもんめ

読者選出ベスト・テン（日本映画）

①さびしんぼう
②それから
③乱
④ビルマの竪琴
⑤台風クラブ
⑥ラブホテル
⑦銀河鉄道の夜
⑧火まつり
⑨恋文
⑩**早春物語**

興行ベスト・テン ※数字は番組配給

●日本映画
①ビルマの竪琴（29億5000）
②ゴジラ（17億円）
③乱（16億円）
④**Wの悲劇／天国にいちばん近い島**（15億5000）
⑤男はつらいよ 寅次郎真実一路／他（12億7000）
⑥**早春物語／二代目はクリスチャン**（12億5000）
⑦愛・旅立ち／うる星やつら3（11億7000）
⑧男はつらいよ 寅次郎恋愛塾／他（11億円）
⑧TAN TAN たぬき（11億円）
⑩キン肉マン 逆襲！宇宙かくれ超人／他（10億7000）

1986年

ベスト・テン（日本映画）

①海と毒薬
②コミック雑誌なんかいらない！
③ウホッホ探険隊
④人間の約束
⑤火宅の人
⑥鑓の権三
⑦恋する女たち
⑧天空の城ラピュタ
⑨キネマの天地
⑩ジャズ大名

読者選出ベスト・テン（日本映画）

①火宅の人
②天空の城ラピュタ
③キネマの天地
④海と毒薬
⑤コミック雑誌なんかいらない！
⑥ウホッホ探険隊
⑦鹿鳴館
⑧人間の約束
⑨植村直己物語
⑩野ゆき山ゆき海べゆき

興行ベスト・テン ※数字は番組配給

●日本映画
①子猫物語（54億円）
②野蛮人のように／ビー・バップ・ハイスクール（14億5000）
③植村直己物語（13億5000）
④ドラえもん のび太の鉄人兵団／他（13億円）
④キネマの天地（13億円）
⑥ビー・バップ・ハイスクール 高校与太郎哀歌／他（11億5000）
⑦キャプテン翼 危うし！全日本Jr.／他（10億7000）
⑧男はつらいよ 柴又より愛をこめて／他（10億5000）
⑨火宅の人（10億1000）
⑩**キャバレー**／他（9億5000）

本書は二〇一四年二月に小社より刊行された単行本『角川映画 1976-1986 日本を変えた10年』を一部改題し、加筆・修正したものです。

角川映画《かどかわえいが》

1976-1986

[増補版《ぞうほばん》]

中川右介《なかがわゆうすけ》

平成28年 2月25日　初版発行
令和7年 6月30日　9版発行

発行者●山下直久

発行●株式会社KADOKAWA
〒102-8177　東京都千代田区富士見2-13-3
電話　0570-002-301(ナビダイヤル)

角川文庫 19611

印刷所●株式会社KADOKAWA
製本所●株式会社KADOKAWA

表紙画●和田三造

ISBN978-4-04-102617-5　C0195

◆◇◇

角川文庫発刊に際して

角川源義

第二次世界大戦の敗北は、軍事力の敗北であった以上に、私たちの若い文化力の敗退であった。私たちの文化が戦争に対して如何に無力であり、単なるあだ花に過ぎなかったかを、私たちは身を以て体験し痛感した。西洋近代文化の摂取にとって、明治以後八十年の歳月は決して短かすぎたとは言えない。にもかかわらず、近代文化の伝統を確立し、自由な批判と柔軟な良識に富む文化層として自らを形成することに私たちは失敗して来た。そしてこれは、各層への文化の普及滲透を任務とする出版人の責任でもあった。

一九四五年以来、私たちは再び振出しに戻り、第一歩から踏み出すことを余儀なくされた。これは大きな不幸ではあるが、反面、これまでの混沌・未熟・歪曲の中にあった我が国の文化に秩序と確たる基礎を齎らすためには絶好の機会でもある。角川書店は、このような祖国の文化的危機にあたり、微力をも顧みず再建の礎石たるべき抱負と決意とをもって出発したが、ここに創立以来の念願を果すべく角川文庫を発刊する。これまで刊行されたあらゆる全集叢書文庫類の長所と短所とを検討し、古今東西の不朽の典籍を、良心的編集のもとに、廉価に、そして書架にふさわしい美本として、多くのひとびとに提供しようとする。しかし私たちは徒らに百科全書的な知識のジレッタントを作ることを目的とせず、あくまで祖国の文化に秩序と再建への道を示し、この文庫を角川書店の栄ある事業として、今後永久に継続発展せしめ、学芸と教養との殿堂として大成せんことを期したい。多くの読書子の愛情ある忠言と支持とによって、この希望と抱負とを完遂せしめられんことを願う。

一九四九年五月三日

角川文庫ベストセラー

犬神家の一族
金田一耕助ファイル5
横溝正史

信州財界一の巨頭、犬神財閥の創始者犬神佐兵衛は、血で血を洗う葛藤を予期したかのような条件を課した遺言状を残して他界した。血の系譜をめぐるスリルとサスペンスにみちた長編推理。

八つ墓村
金田一耕助ファイル1
横溝正史

鳥取と岡山の県境の村、かつて戦国の頃、三千両を携えた八人の武士がこの村に落ちのびた。欲に目が眩んだ村人たちは八人を惨殺。以来この村は八つ墓村と呼ばれ、怪異があいついだ……。

本陣殺人事件
金田一耕助ファイル2
横溝正史

一柳家の当主賢蔵の婚礼を終えた深夜、人々は悲鳴と琴の音を聞いた。新床に血まみれの新郎新婦。枕元には、家宝の名琴〝おしどり〟が……。密室トリックに挑み、第一回探偵作家クラブ賞を受賞した名作。

悪魔が来りて笛を吹く
金田一耕助ファイル4
横溝正史

毒殺事件の容疑者椿元子爵が失踪して以来、椿家に次々と惨劇が起こる。自殺他殺を交え七人の命が奪われた。悪魔の吹く嫋々たるフルートの音色を背景に、妖異な雰囲気とサスペンス！

悪霊島 (上)(下)
金田一耕助ファイル19
横溝正史

あの島には悪霊がとりついている――額から血膿の吹き出した凄まじい形相の男は、そう呟いて息絶えた。尋ね人の仕事で岡山へ来た金田一耕助。絶海の孤島を舞台に妖美な世界を構築！

角川文庫ベストセラー

探偵物語
赤川次郎ベストセレクション⑥
赤川次郎

辻山、四十三歳。探偵事務所勤務。だが……クビが危うくなってきた彼に入った仕事は。物語はたった六日間。中年探偵とフレッシュな女子大生のコンビで贈る、ユーモアミステリ。

いつか誰かが殺される
赤川次郎ベストセレクション⑪
赤川次郎

大財閥永山家当主・志津の70回目の誕生日。今年もまた毎年恒例の「あること」をやるために、家族たちが屋敷に集った。それは一言で言うと「殺人ゲーム」である……欲望と憎悪が渦巻く宴の幕が開いた！

愛情物語
赤川次郎ベストセレクション⑭
赤川次郎

赤ん坊のときに捨てられ、今はバレリーナとして将来を期待されている美帆、16歳。彼女には誕生日になると花束が届けられる。「この花の贈り主が、本当の親なのかもしれない」、美帆の親探しがはじまるが……。

早春物語
赤川次郎ベストセレクション⑰
赤川次郎

父母とOL1年生の姉との4人家族で、ごくありふれた生活を過ごす17歳の女子高生、瞳の運命を、1本の電話が大きく変えることになるとは……大人の世界に足を踏み入れた少女の悲劇とは――？

時をかける少女
〈新装版〉
筒井康隆

放課後の実験室、壊れた試験管の液体からただよう甘い香り。このにおいを、わたしは知っている――思春期の少女が体験した不思議な世界と、あまく切ない想いを描く。時をこえて愛され続ける、永遠の物語！

角川文庫ベストセラー

スローなブギにしてくれ　片岡義男

彼の第三京浜は今日も薄曇り。走っても止まっても、うんざりの毎日へ、類は友を呼んであいつが現れた。ヘッドライトを消すと夜明けが来て、いよいよ朝のどんづまり。わかってない奴らは、これを「青春」と呼ぶ。

山田風太郎ベストコレクション 伊賀忍法帖　山田風太郎

自らの横恋慕の成就のため、戦国の梟雄・松永弾正は淫石なる催淫剤作りを根来七天狗に命じる。その毒牙に散った妻、篝火の敵を討つため、伊賀忍者・笛吹城太郎が立ち上がる。予想外の忍法勝負の行方とは⁉

山田風太郎ベストコレクション 魔界転生（上）（下）　山田風太郎

島原の乱に敗れ、幕府へ復讐を誓う森宗意軒は忍法「魔界転生」を編み出し、名だたる剣豪らを魔人として現世に蘇らせていく。最強の魔人たちに挑むは柳生十兵衛！　手に汗握る死闘の連続。忍法帖の最大傑作。

麻雀放浪記　全四巻　阿佐田哲也

終戦直後の上野不忍池付近、博打にのめりこんでいく〝坊や哲〟。博打の魔性に憑かれ、技と駆け引きを駆使して闘い続ける男たちの飽くなき執念を描いた戦後大衆文学最大の収穫‼

火の鳥　全13巻　手塚治虫

永遠の命とはなにか。不死の〈火の鳥〉を軸に、人間の愛と生、死を、壮大なスケールで描く。天才手塚治虫が遺した不滅のライフワーク。各巻カラーイラストの表紙、巻頭に十六頁カラーを掲載。

角川文庫ベストセラー

ぼくらの七日間戦争　宗田　理

1年2組の男子生徒が全員、姿を消した。河川敷にある工場跡に立てこもり、体面ばかりを気にする教師や親、大人たちへ〝叛乱〟を起こす！　何世代にもわたり読み継がれてきた不朽のシリーズ最高傑作。

失楽園（上）（下）　渡辺淳一

出版社に勤める久木は、閑職の資料整理室勤務となり悶々とした日々を送っていた。ある日、市民講座で書道講師をしている凛子と出会う。二人は互いに妻や夫のある身でありながら、惹かれ合い逢瀬を重ねていく。

金融腐蝕列島（上）（下）　高杉　良

大手都銀・協立銀行の竹中治夫は、本店総務部へ異動になった。総会屋対策の担当だった。組織の論理の前に、心ならずも不正融資に手を貸す竹中。相次ぐ金融不祥事に、銀行の暗部にメスを入れた長編経済小説。

呪縛（上）（下）　金融腐蝕列島Ⅱ　高杉　良

金融不祥事が明るみに出た大手都銀。強制捜査、逮捕への不安、上層部の葛藤が渦巻く。自らの誇りを賭け、銀行の健全化と再生のために、ミドルたちは組織の呪縛にどう立ち向かうのか。衝撃の経済小説。

妖怪大戦争　荒俣　宏

「妖怪を見ることができる」という特殊な能力を持った弱虫の少年・タダシ。日本中の妖怪たちと力を合わせ、魔人・加藤保憲と戦うことに――！　愛と勇気の冒険ファンタジー！

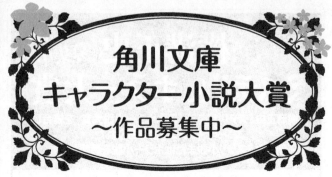